Lebensart *genießen*

in und um Bamberg

© 2015, selekt, 96052 Bamberg
3. und erweiterte Auflage, Juni 2015
Alle Rechte vorbehalten.
ISBN 978-3-9813799-8-3
Printed in Germany

Titelbild: Bamberger Reiter in Schokolade, Preis der Bamberger Kurzfilmtage – Entwurf: Adelbert Heil;
Foto: Eva Hagen; Gestaltung: Claudia Collin / artcollin.

Lebensart *genießen*

in und um Bamberg

Herausgegeben
von Oliver van Essenberg

Essen Trinken Ausgehen

Ausstattung Design Architektur

Kunst Kultur Natur

Inhalt

Editorial 9
Peter Braun – Gebrauchsanweisung................... 10

Karte Bamberg Innenstadt 262
Karte Bamberg Umland................................... 264
Autoren 266
Impressum und Bildnachweis........................... 270

Essen Trinken Ausgehen

Bambergs Gärtner und die Gärtnerstadt
– von Markus Schäfer 16

Gärtner- und Häckermuseum 19

Spezialitäten (1): Süßholz
– von Markus Schäfer 20

MUSSÄROL 21

Spezialitäten (2): Bamberger Hörnla *und*
Spezialitäten (3): Spitzwirsing
– von Georg Lang 22, 23

abokiste 24 • Käserei Oeffner 26 • Delikatess Müller OHG 28 • Forellenzucht Juratal 30 • Naturlandhof Weiß 31

Spezialitäten (4): Zwädschgäbaamäs,
Spezialitäten (5): Dörrfleisch *und*
Spezialitäten (6): Bamberger Rauchbier
– von Georg Lang 32, 33, 34
Touren rund um die Biergeschichte
– von Norbert Krines 35

Brauereigaststätte Schlenkerla 35 • Fränkisches Brauereimuseum 35

Auf ein paar Seidla rund um den Staffelberg *– von Norbert Krines* 38
Bierstreit mit Happy End
– von Christian Fiedler 41

Wirtshaus/Brauereigaststätte Mahrs Bräu 43 • Brauereigasthof Schwarzer Adler 43 • Brauereigaststätte Zehendner 45 • Weyermann® Malzfabrik 46

E.T.A. Hoffmann und der Wein
– von Andreas Reuß 50

Weingut A & E Rippstein 54 • Weinhaus Heinrich & Heinrich 56 • Weingarten Jesserndorf 58 • Vino e Camino 60 • Weingut Bauerschmitt 61

Genussregion Bamberg (1)
Wohin zum Sonntag-Mittag-Essen?
– von Georg Lang 62
Genussregion Bamberg (2) Kirchweih für Genießer *– von Georg Lang* 64

Schindelsee 67 • Messerschmitt 68 • Ristorante da Francesco 70 • KLEEHOF in der Gärtnerstadt 72 • Hofbräu 74 • Josch – Haus der Gaumenfreuden 76 • Restaurant La Villa 78 • Schloss Burgellern 80

Genuss, Gesundheit und Ökologie bei Slow Food *– von Oliver van Essenberg* 82

Brauereigasthof Zum Grünen Baum 85 • Gasthof Schiller 86 • Gasthaus Sassendorf 88 • Brauerei Wagner 88 • Landgasthof Pickel 90 • Schwarzbrennerei 93

Spezialitäten (7): Butterhörnla
– von Georg Lang 94

Bäckerei Loskarn 95 • Café und Bäckerei Stuber 95

Spezialitäten (8): Sauerteigbrot
– von Georg Lang 96

Der Brotladen 97 • Bäckerei Kerling 98 • Confiserie Storath 100 • Pralinenmanufaktur Stübig 100 • Rösterei M.A.G. GbR 102 • Janes Cake Tragedy 103 • Teegießerei 104 • La Tortissima 105

Ein Streifzug durch die Bamberger Kneipenszene *– mit Arnd Rühlmann* 106

Pamina 109 • Café Riffelmacher 110 • Villa Remeis 112 • Kellerhaus Pommersfelden 114 • Teehaus Scharnke 116

Ausstattung Design Architektur

Anregendes vom Apfelweibla
– *von Barbara Dicker* 120

Eigenart Gestaltung 123 • Mohren-Haus 124 • Eberls Genusswelt 126

Junge Architektur
– *von Enrico Santifaller* 128

Küche und Raum Pornschlegel 136 • ducke Inneneinrichtung e.K. 140 • Raumausstattung Thomsen 142 • MÜLLER 7 GmbH 144 • Der Bademeister 146

Alte Architektur in Bamberg
– *von Christine Freise-Wonka* 148

Glaserie Pusch 154 • Urte Benkert 156 • Sybille Thomé 156 • Licht + Design 158 • ADMService / Hagen Digital Media 160 • Feldbaum Laden 162 • Zauberhaft 164 • Optik Kastner On Stage 165

Die Person und die Marke Levi Strauss
– *von Oliver van Essenberg* 166

Levi Strauss Museum und Shop 169 • A.P. Männer 170 • ALI er & sie 170 • Absatz 172

Redensarten und Sprichwörter vom süßen Leben – *von Rolf-Bernhard Essig* 174

Kunst Kultur Natur

Die Villa Concordia bringt internationale Kunst zum Leuchten
– *von Nora Gomringer* 178

Lichtspielkino 181 • Jazzclub Bamberg 181

Eine Spurensuche in die Vergangenheit der Bamberger Symphoniker
– *von Marcus Rudolf Axt* 184

Bamberger Symphoniker – Bayerische Staatsphilharmonie 188

»Bamberg war eigentlich in Italien geplant« – *ein Interview mit dem Gestalter Peter Schmidt* 190

Domberg – Museen um den Bamberger Dom 194 • KunstMühle Mürsbach 197 • Krippenmuseum Bamberg 197 • Kunstraum Kesselhaus 198 • Atelier Bernd Wagenhäuser 199 • Atelier Christiane Toewe 200

Skulpturen im öffentlichen Raum
– *von Bernd Wagenhäuser* 202

Keramik Döppmann 207 • SOUVEN-ART 208 • Bauernmuseum Bamberger Land 210 • Museumsgasthof Schmaus 211 • Kunsthandwerkerhof Königsberg 212 • Schloss Weissenstein 214

Schloss und Park Seehof – ehemalige fürstbischöfliche Sommerresidenz
– *von Marion Dubler* 215

Theater der Schatten 220

Clemens Brentano und Ludwig Emil Grimm in Bamberg
– *von Martin Neubauer* 221

Brentano-Theater 224 • Cleff III. 225 • Atelier Erhard Schütze 226 • Galerie Hoffmannsklause 228 • Antiquariat Lorang 230 • Gabriele Murr Kunst Bildereinrahmung Design 232

Welterbe und Kulturlandschaft
– *von Karin Dengler-Schreiber* 234
Ein Spaziergang an den Ufern der Regnitz
mit Marion Dubler 238

Marion Dubler Gartenführungen 246 • John GmbH Garten-, Landschafts- und Sportplatzbau 248 • Bamberger Staudengarten Strobler 250 • ML Florales 251 • Garten- & Landschaftsbau Luster 252

Früchte in den Deckenmalereien von St. Michael zu Bamberg
– *von Werner Dressendörfer* 254

Bamberg ist am Wasser
und auf Sand gebaut –
ein Grund mehr, wes-
halb hier Urlaubsgefühle
wach werden?

Editorial

Noch ein Bamberg-Buch? Obwohl die Zahl der Bamberg-Literatur beinahe unüberschaubar geworden ist, lässt sich diese Frage mit einem klaren Ja beantworten. Es mag inzwischen so gut wie jeder alte Stein in der Altstadt dokumentiert und kunsthistorisch beschrieben worden sein. Bilderalben und Postkarten können das Weltkulturerbe in allen Facetten abbilden und doch gibt es einen bislang eher unterbelichteten Aspekt: das Innenleben von Bamberg.

Darum geht es in diesem Buch. Denn es ist erstaunlich, wie viele originelle Seiten die Stadt hier offenbart – Geschäfte, nach denen Besucher in vielen anderen Städten nicht suchen müssten, weil es dort kaum noch solche Raritäten gibt. Kulinarische Spezialitäten, die den Namen verdienen, weil es sich um alte Sorten handelt, die vor dem Aussterben gerettet wurden. Originale, die nur hier zu finden sind.

Das Buch stellt darüber hinaus kulturelle Kleinodien und künstlerische Schwergewichter wie den noch jungen Skulpturenweg vor. Und nicht zuletzt immer auch die naturnahe Umgebung. Ganz unmittelbar: die auf sieben Hügeln gebaute Stadtlandschaft mit ihren Flussarmen und den Grünzügen. Aber auch die ländliche Umgebung mit spannenden Adressen in allen Richtungen.

Dieses Buch erhebt keinen fragwürdigen Alleinvertretungsanspruch und wirbt daher nicht damit, die schönsten Orte der Stadt zu präsentieren. Sicher, viele der vielleicht schönsten Orte sollten hier zu finden sein. Als Herausgeber und Autor kam es mir jedoch vor allem darauf an, Menschen zu zeigen, die mit Leidenschaft, Mut, Fleiß, ungewöhnlichen Ideen und Können Außergewöhnliches geschaffen

haben. Es liegt in der Natur der Sache, dass die entsprechende Auswahl niemals vollständig sein kann. Wie schon bei der Erstauflage und den anderen Bänden der Lebensart-Reihe wurde jedoch auch bei dieser Neuauflage großer Wert auf eine sorgfältige Auswahl gelegt. Populäres und „Geheimtipps", Traditionelles und Modernes wechseln sich ab. Kriterien für die Auswahl waren Adressen mit besonderem Ambiente, einem unverwechselbaren Angebot und einer herausragenden Kompetenz. Darüber hinaus galt es die geschichtliche Bedeutung, die Originalität, die Einzigartigkeit und die Vielfalt eines Angebotes zu berücksichtigen.

Die Adressporträts entstanden aus Recherchen und Interviews, die ich mit den vorgestellten Personen geführt habe. Bei jeder einzelnen Referenz handelt es sich zugleich um eine Empfehlung, die intellektuell und finanziell von den Beteiligten unterstützt wird. Profilierte Autoren lieferten Beiträge über Essen, Ausstattung, Architektur, Kultur und Natur, mit Blick auf Lebensart und Genuss, die Leib- und Magenthemen dieses Buches.

Eine Appetit anregende Lektüre!

Oliver van Essenberg
Bamberg im Mai 2015

Gebrauchsanweisung

von Peter Braun

Maulfaul, verschlossen, mürrisch, grob. Was wurde über die Bamberger nicht schon alles gesagt! Zu recht? Ja, aber doch nicht ganz.

> *„Solche alten Pfaffenstädte haben immer etwas Verlottertes und Fideles, wie ich es gerne habe."*
> – *Jacob Burckhardt*

Fest steht: Die Bamberger sind lieber erstmal argwöhnisch. Mit gutem Grund. Wie ganz Franken, so sind sie Beutebayern, und obschon der Bamberger seit weit mehr als tausend Jahren gewohnt ist, dass ihm fremde Völker über die Frankenleber laufen, hat gerade das ihn gelehrt abzuwarten, wer denn da auf ihn zukommt. Und gekommen sind viele. Die ersten im frühen Mittelalter, die letzten zu Napoleons Zeiten: eben die ungeliebten Besatzer, die Bayern. Die letzten? Nicht ganz, denn die titelreiche „Sieben-Hügel-Stadt", das „fränkische Rom", die „Traumstadt der Deutschen", das „Weltkulturerbe" wird längst schon von den Heerscharen unserer Tage eingenommen: Besucher, die im Gassengewirr der Altstadt zwischen dem Kirchenheiligtum Dom und dem Bamberger Tempel des Bieres, dem „Schlenkerla" pendeln. Wichtiger Hinweis für Ortsunkundige: die Verkleinerungsform der Bamberger ist „la", nicht „le" oder sonstwie. Wer sich nicht daran hält, kann Pech haben. Dann wird der Bamberger eben maulfaul, verschlossen, mürrisch, grob. Wer blind vor der Eingangstür des „Schlenkerla" fragt, wo denn bitte das „Schlenkerle" sei, der bekommt unter Umständen eine Wegbeschreibung, mit der er sich nach langem Marsch vor dem Bahnhof wiederfindet als sanften Fingerzeig auf die erwünschte baldige Abreise. Ist der Bamberger unhöflich? Fremdenfeindlich gar? Ganz und gar nicht, im Gegenteil, aber er erwartet von Besuchern ein gerüttelt Maß an Aufmerksamkeit,

> *„Die Bamberger sind im Allgemeinen ein biederes, lebhaftes Völkchen."*
> – *Ludwig Braunfels*

Freundlichkeit, gutem Benehmen, Hingabe an seine Stadt, die er selbst fast abgöttisch liebt. Apropos: Der Bamberger trinkt keine „Maß" und erst recht keine „Halbe", denn das überläßt er frankenstolz den Lederhosenseppeln. Der Bamberger trinkt „a Seidla Bier". Nein, besser gleich zwei, und spätestens beim dritten geht ihm Herz und Mund auf. Wer daher im „Schlenkerla", im „Mahr", „Klosterbräu", „Keesmann" oder „Spezial" „a Seidla" bestellt, der wird selbst als hartgesottener „Preuß" den Bamberger so gar nicht ruppig, sondern gastfreundlich munter kennenlernen, der gern in der Runde zusammensitzt, um stundenlang über Gott, aber lieber noch über seine Stadt zu plaudern, denn der Bamberger ist weltgewandt und sinnenfreudig, gerade weil ihm die immer nahen Domtürme wie sündenverdammende Zeigefinger drohen – die er freilich geflissentlich übersieht. „Lange Bratwurst – kurz Gebet": Bambergs Bürger sind Genussmenschen. Noch ein Hinweis: Welcher Gastwirt auch immer statt „am Seidla Bier" auf seiner Karte „a Preußenseidla", Nullkommavier, anbietet, der wird mit sofortiger Nichtbeachtung gestraft. Ein Gleiches gilt für Gaststätten mit Dirndlbedienungen. Auf Folkloregaukeleien ist zu verzichten, die rein nichts mit der Bamberger Gärtnertracht zu tun haben. „Der Charakter der Bamberger besteht

Bild: Der kleine Bruder des Bamberger Reiters, gesehen beim Antiquitätenhändler István Csonth.

Vieles, nicht nur diese Schwestern im Klostergarten des Michelsbergs, wirkt wie aus der Zeit gefallen. In einer Nische lebt es weiter, und das mit gutem Recht.

im Allgemeinen aus Aberglaube, Phlegma und häufigem Biertrinken", hatte Friedrich Heinrich Wackenroder dereinst geschrieben – und er hat Recht, denn alles drei hat Bamberg geholfen, seine Geschichte zu überstehen, die hier genauso hinter jeder Altstadtecke lauert, wie die unvermeidlichen Besuchergruppen, um die der Bamberger kopfschüttelnd einen weiten Bogen macht, weil er „Kuck mal, da hängt ja ein Beinchen raus" oder „Ist das alles billig hier" schon lange nicht mehr hören kann. Und doch: Sooft sich die Kernaltstadt zur Seniorenbegegnungsstätte zu wandeln scheint, ist die Haltung des Bambergers gegenüber dem wegverstopfenden Treiben zwischen Oberer Brücke und Dom dennoch meist die des Mitleids. Mitleid? Aber ja. Weil die leminggleich einhertrottenden Busladungen trotz gar lustigen

„Wenn Nürnberg mein wär', wollt' ich's in Bamberg verzehren."
– *Albrecht von Eyb*

Stadtführergebrabbels zwar Fassaden, aber nicht Bamberg sehen. Und das Bamberg der Bamberger schon gar nicht, das für seine Bürger mitsamt der nahen Fränkischen Schweiz, den Haßbergen und dem Steigerwald mit rein nichts auf der Welt zu vergleichen ist. Gelten daher bereits die Franken gemeinhin als die Fußkranken der Völkerwanderung, so sind die Bamberger deren fußamputierte, denn wer sich einmal hier festgelebt hat, muss gewaltsam zum Wegzug gezwungen werden. Warum? Tausend Gründe einer tausendjährigen Stadt: ein lauer Sommerabend auf den Bierkellern über der Stadt, ein Spaziergang durch den Hain, ein Blick durch die Schaufenster der Antiquitätenläden, die selbst kleine Museen sind, ein Glas Wein an den Tischen vor den Gaststätten, ein Bummel zu Bambergs besonderen Läden oder brotzeiten auf dem Land – Bamberg und Umgebung hält soviel Ungewöhnliches bereit, dass auch für den eingefleischtesten Bamberger lebenslang

Blaue Stunde beim Altstadtfest der Bamberger Universität – was für den einen betörend schön ist, kann ein anderer womöglich kitschig finden. Beides gehört zur Vielschichtigkeit der Stadt.

„Alles gedeiht wunderbar in diesem Landstriche, auch die Gärtnerinnen."
– C. Gottlieb Frege

Überraschendes zu entdecken und auszukosten ist. Wer daher als Bamberger glaubt, sein Bamberg wie die eigene Westentasche zu kennen, der täuscht sich gründlich. Von versteckter Weinhandlung bis Schafssalami, von Konzert bis Lesung, von tangfrischem Regnitzfisch bis heimischem Flußkrebs – über Bambergs heilige Dreifaltigkeit Bier, Barock und Bratwörscht hinaus ist die Vielfalt der Einmaligkeiten auch für ihn viel zu groß, und für den Bamberg-in-zwei-Stunden-Besucher sowieso. Nimmt sich aber gerade auch Letzterer drei Tage für die Stadt und gleich nochmal drei für das Umland, setzt sich hin und trinkt „a Seidla", dann wird ihm der stadtverliebte Bamberger die eine oder andere Entdeckung seiner eigenen Suche nach dem Besonderen preisgeben, denn in seiner Stadt findet sich viel an offensichtlichen, aber noch weit mehr an versteckten

Einzigartigkeiten. Für Bamberg gilt nach wie vor, was Karl Immermann schrieb: „Das ist eine Stadt, die steckt voll Raritäten, wie die Commode einer alten Großmama, die viel zusammenscharrte." Werden ihre Schubladen aufgezogen, ist in ihnen neben Altehrwürdigem eine erstaunliche Vielfalt an Modernem zu finden. Feines ist in ihnen verborgen und Erlesenes, Bodenständiges und Hausbackenes im besten Sinn. Bamberg und das Bamberger Land haben viel mehr zu bieten als das architektonische Hintergrundrauschen von Michelsberg bis Dom. Was und wo? Umblättern!

„Die Stadt als großes Ganzes ist lebendig, ohne sich zu überschlagen, und zugleich bedächtig verschlafen, ohne im Koma zu liegen."
– Hans Wollschläger

Essen
Trinken
Ausgehen

Aushänger in der Königstraße, Bamberg.

Ein historischer Glücksfall für die Stadt

Bambergs Gärtner und die Gärtnerstadt

von Markus Schäfer

Seit 1993 steht die Altstadt von Bamberg auf der UNESCO-Liste des Welterbes. In der Begründung des Internationalen Rates für Denkmalpflege (ICOMOS) heißt es dazu u.a.: „Von besonderem Interesse ist die Art und Weise, wie die gegenwärtige Stadt die Verbindung zwischen Landwirtschaft […] und Gliederung des Stadtkerns widerspiegelt."

Sichtbar wird diese einmalige Symbiose in der Bamberger Gärtnerstadt, die gemeinsam mit der Bergstadt und der Inselstadt das Welterbe Bamberg bildet. Zumindest ungefähr, denn der Grenzverlauf des Welterbes ist nicht immer ganz nachvollziehbar und selbst bei der Stadt Bamberg weiß niemand so ganz genau, wie es zur Grenzziehung kam.

Der Begriff Gärtnerstadt ist relativ neu und bezeichnet in etwa das Gebiet zwischen rechtem Regnitzarm und Bahnlinie. Im Norden endet die Gärtnerstadt unge-

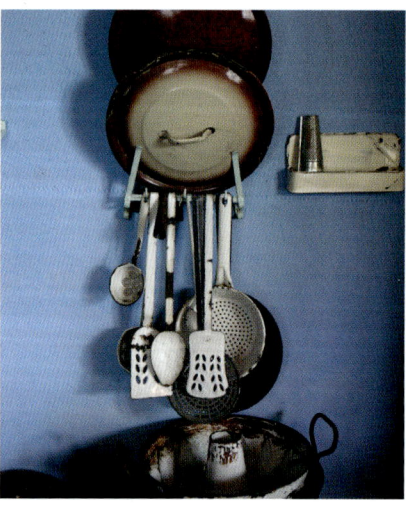

fähr in Höhe des Bamberger Friedhofs, die südliche Grenze bildet der Stadtteil Wunderburg. Im Wesentlichen umfasst das Gebiet also genau die Flächen, die bereits seit dem Mittelalter durch die Bamberger Gärtner bewirtschaftet werden. Vermutlich entstand hier bereits im 13. Jahrhundert ein landwirtschaftlich geprägtes „Gärtnerviertel" vor den Toren der spätmittelalterlichen Großstadt Bamberg.

„Für das Leben nützlich"

Der „erste" Bamberger Gärtner war Fritz Pleinser, der 1368 als „Gerttner zu Teurstat" schriftlich benannt wurde. Bereits um 1400 lassen sich mindestens 30 Gärtnerfamilien belegen. Im 16. Jahrhundert hatten Bambergs Gärtner einen hervorragenden Ruf und zahlreiche Reisende rühmten die Qualität ihrer Produkte. So schrieb der bedeutende Humanist Philipp Melanchthon 1538 in „Declamatio de encomio Franciae": „Im Bamberger Land ist eine wundersame Lieblichkeit und Fruchtbarkeit der Gärten, und wenn in ihnen auch nicht – wie in den Gärten des Alkinoos – punische Aepfel, Feigen und Oliven wachsen, so gibt es doch eine Riesenmenge Früchte, die für das Leben nützlich sind."

Im 18. Jahrhundert erlebte die Bamberger Gärtnerei eine erste Blütezeit und die Produktion von Frischgemüse wurde durch Fernhandelsprodukte wie Süßholz, Samen und Kräuter erweitert. Die größte Zahl an Gärtnern gab es im Jahr 1858, als 540 Meister und 400 Gehilfen gezählt wurden. Durch den Ausbau der Verkehrswege, vor allem aber durch den Anschluss an das Eisenbahnnetz 1844 kam es zu erheblichen Umstrukturierungen. Die Produktpalette verlagerte sich auf den Gemüseanbau, und Bambergs Gärtner belieferten Märkte in Thüringen, im südlichen Sachsen und im Sudetenland. Mit dem Wegbruch dieser Märkte nach Ende des Zweiten Weltkriegs erlitten die Gärtner gravierende Einbußen.

Eine Blumengärtnerei in der Gärtnerstadt. Im Hintergrund die neoromanische Pfarrkirche St. Otto, für die ein Gärtner Bauplatz, Pfarrhaus und Kapital stiftete.

Mangelnde Rentabilität und der zunehmende innerstädtische Expansionsdruck führten zu einer Reduzierung der Betriebe und Anbauflächen, die noch immer anhält.

Einige Gärtner haben dem Strukturwandel dennoch getrotzt und so gibt es gegenwärtig noch immer knapp 30 Betriebe, die zusammen immerhin rund 150 Menschen beschäftigen. Bambergs Gärtner arbeiten heute überwiegend im Gemüse- und Kräuteranbau sowie im Bereich der Beet- und Balkonpflanzen. Einige Betriebe haben sich auch auf den Anbau von Stauden, Sträuchern und Hecken oder auf andere Produkte wie beispielsweise Obst oder Beeren spezialisiert. Doch nur die wenigsten sind noch in der Gärtnerstadt aktiv. Die idyllischen, innenstadtnahen Flächen reichen für herkömmliche Betriebe längst nicht mehr aus. Fast alle Gärtner besitzen oder pachten daher Flächen außerhalb der Stadt, um ihre Produkte großflächiger anpflanzen zu können.

Gärtner wehren sich erfolgreich

Dass die Gärtnerstadt noch existiert, muss heute als Glücksfall gesehen werden, denn fast wäre ein großer Teil des Gebiets in den sechziger Jahren des letzten Jahrhunderts einem ehrgeizigen Bauprojekt zum Opfer gefallen. Die Vision einer autogerechten Stadt sollte – wie in fast allen Städten der 60er Jahre – auch in Bamberg umgesetzt werden. Eine mehrspurige Straße sowie moderne Scheibenhochhäuser wurden damals geplant, um das Gebiet gemäß dem Trend der Zeit zu erneuern. Dass es nicht so gekommen ist, ist auch den Bamberger Gärtnern zu verdanken, die sich erfolgreich gegen die Planung gewehrt haben.

Inzwischen ist man in Bamberg mit Visionen sehr vorsichtig geworden und setzt stattdessen auf das Bewahren der Stadtstruktur. Der mit stolz getragene Welterbe-

Seit über 700 Jahren wird die so genannte Hofstadt zwischen Mittelstraße und Heiliggrabstraße gärtnerisch bewirtschaftet. Charakteristisch sind die schmalen und tiefen Parzellen, die häufig von Sandsteinmauern gefasst werden.

titel bietet zumindest ausreichend Schutz vor größeren Bausünden. Das „Zentrum Welterbe", die zentrale Koordinierungsstelle der Stadt Bamberg rund um das Thema Welterbe, engagiert sich seit einigen Jahren auch für den Erhalt und die Sicherung der gärtnerischen Flächen. 2009 enstand das mit Mitteln des Investitionsprogramms „Nationale Welterbestätten" geförderte Projekt „Urbaner Gartenbau", das u.a. eine Reaktivierung der brachliegenden Flächen in der Gärtnerstadt sowie eine Unterstützung der noch aktiven Gärtner zum Ziel hat.

In Bamberg ist man zuversichtlich, dass die Gärtner den noch immer andauernden Strukturwandel meistern werden. 700 Jahre Erfahrung, beste Böden und Tausende potenzieller Kunden in nächster Umgebung bewegen manchen sogar zum Neuanfang. Im Kampf gegen die großen Anbieter setzen sie auf Direktvermarktung, regionalen Anbau und alte Bamberger Kulturpflanzen. So werden neben der bekannten Kartoffelsorte „Bamberger Hörnla" auch andere alte

Sorten wie der Bamberger Wirsing wieder verstärkt angebaut und entsprechend vermarktet. Auch das Süßholz, das Jahrhunderte lang in Bamberg angebaut wurde, erlebt als touristisches Souvenir eine Renaissance. Die Gärtner und ihre Produkte verfügen aufgrund ihrer Tradition und dem Welterbestatus in jedem Fall über ein Alleinstellungsmerkmal, dessen Vermarktung noch ausbaufähig ist.

Die Geschichte zeigt, dass sich die Bamberger Gärtner über Jahrhunderte hinweg immer wieder den wechselnden Rahmenbedingungen angepasst haben. Mehr denn je sind heute wieder Kreativität und Idealismus gefragt, damit die Tradition des Gartenbaus in Bamberg auch im 21. Jahrhundert weitergeführt werden kann. Dies liegt auch im gesamtstädtischen Interesse, denn Bambergs Gärtner und ihre einzigartige Gärtnerkultur sind nicht nur elementarer Bestandteil des Welterbes, sondern auch Teil der städtischen Ökonomie. Und genau das schätzen die Bamberger: ein vitales Welterbe mit einer lebendigen Tradition.

Von der Gärtnerei zum Kulturerbe

Im Gärtner- und Häckermuseum, inmitten der Bamberger „Gärtnerei", erlebt der Besucher die in Mitteleuropa einzigartig erhaltene Vielfalt gärtnerischer Kultur. Diese entstand, als im 14. Jahrhundert durch Klimaverschlechterung und Pest mit Getreide kein Geld mehr zu verdienen war.

Ein typisches Gärtnerhaus der Stadt wurde zum Museum. Im Garten wachsen alte Bamberger Gemüsesorten.

Gärtner- und Häckermuseum

Mittelstr. 34
96052 Bamberg
Tel. 0951 / 30179455
www.
ghm-bamberg.de

Öffnungszeiten:
1. Mai bis 31. Oktober
Mittwoch bis Sonntag
und Pfingstmontag
11 – 17 Uhr
Termine für Führungen
auch nach Verein-
barung

Gärtnerheilige Magda-
lena für die Prozession.

In der klimatisch günstigen, wachsenden Bischofsstadt nahm das Geschäft mit Gemüse einen Aufschwung. Von hier aus wurde später halb Europa mit Gemüsesamen und Süßholz versorgt.

Erhalten blieb die „Gärtnerei" wegen der knappen fruchtbaren Böden in der Flussaue sowie der erfolgreichen Gemüsevermarktung. Süßholz, Knoblauch, „Miaschling" (Wirsing), Rettich und Zwiebel werden als Bamberger Lokal- bzw. Haussorten nur hier gezogen. Die Gärtner betreiben bis heute den urbanen Erwerbsgemüsebau und pflegen ihre vielfältigen sozialen, religiösen und korporativen Traditionen: lebendiges immaterielles Kulturerbe.

Um den Domberg leben und arbeiten die Weinbauern, die Häcker, wie die Gärtner Ackerbürger. Sie haben ihre Sonderkultur des Weinbaus betrieben und sich in der „Urbani-Bruderschaft der Häckerzunft" organisiert. Als das Geschäft 1820 unrentabel wurde, „sattelten" sie von Wein auf Hopfen um, was sich bis um 1900 lohnte. Seither sind sie „normale" Landwirte oder betreiben Obstbau. Als Erinnerungsort der einst durch europaweiten Samen- und Süßholzexport bekannten Gärtner entstand 1979 das Gärtner- und Häckermuseum. Leben und Wirtschaften in Gärtnerhaus und Hausgarten, Sprache, Kleidung, Zunft, Handel und die religiösen Bräuche werden im Durchfahrtshaus Mittelstraße 34 amüsant und informativ vermittelt.

Die „schwarze Küche" der Bauzeit um 1767, der Hof mit geteiltem Brunnen und Remise sowie die Vielfalt der Gemüse und Kräuter im Hausgarten ergänzen das Freilichtmuseum. Im Haus wird die mit repräsentativen Schablonenmalereien geschmückte Wohnsituation einer wohlhabenden Gärtnerfamilie um 1900 gezeigt. In den übrigen Räumen werden Trinkgefäße und Fahnen der Zünfte sowie deren noch heute zur Fronleichnamsprozession mitgetragene Heiligenfiguren präsentiert und die Handelsgeschichte dokumentiert. Um den Charme des Hauses zu bewahren, sind die Informationen unterhaltsam aufbereitet und im Audioguide verpackt. Abgerundet wird die Ausstellung durch Filme, die Prozessions-„Bilder" und historische Werkzeuge in der Anwendung präsentieren.

Einladung zum Süßholzraspeln

Spezialitäten (1): Süßholz

von Markus Schäfer

Süßholz ist eine eigentlich subtropische Pflanze aus der Familie der Schmetterlingsblütler und wurde in Bamberg nachweislich bereits im späten Mittelalter angebaut.

der Pflegeaufwand unbekannt und die Erntemenge nicht vorhersehbar war.

Verkauf von Genuss-Scheinen

Um das Risiko zu minimieren, legte die Gesellschaft Genuss-Scheine zu je 100 Euro auf, sodass sich interessierte Menschen an dem Projekt beteiligen und im besten Fall davon profitieren können. Die Verkaufssumme reichte aus, um eine rund 800 qm große brachliegende Fläche mit Süßholz zu bepflanzen. Inzwischen haben etwa 150 Süßholzfreunde Genuss-Scheine gezeichnet und freuen sich jedes Jahr über eine Ausschüttung in Naturalien.

Seine Süßkraft ist gut 50 Mal stärker als die von Zucker und es schmeckt zunächst etwas gewöhnungsbedürftig. Unmittelbar nach den ersten erdig-holzigen Aromen stellt sich jedoch der charakteristische Lakritzgeschmack ein.

Bis weit ins 18. Jahrhundert war das Süßholz eines der wichtigsten Exportgüter der Bamberger Gärtner und die kostbaren Wurzeln wurden bis nach Ungarn geliefert. Mit dem Aufkommen des Rübenzuckers verlor das Süßholz rasch an Bedeutung und blieb zunächst ein Nischenprodukt, das nur noch auf einigen Jahrmärkten in der Umgebung Bambergs angeboten wurde, bis es schließlich ganz verschwand.

Mittlerweile verfügt die Süßholz-Gesellschaft über knapp 3000 qm Anbaufläche, die von der Gesellschaft gepachtet und von Bamberger Gärtnern gepflegt werden. Gemeinsam mit einer Designerin und einem Künstler wurden nicht nur ein Logo und die Genuss-Scheine gestaltet, sondern auch eine ansprechende Verpackung für das das geerntete, getrocknete und geschnittene Süßholz.

Süßholz gibt es in Bamberg an folgenden Verkaufsstellen:

Mohrenhaus (S. 124), Tourist Information, Hofapotheke, Gärtner- und Häckermuseum (S. 19), Pamina Bio (S. 109), Gärtnerei Mussärol (S. 21) sowie online unter www. bamberg.info/shop

2009 gründete sich anlässlich der Landesgartenschau 2012 die Bamberger Süßholz-Gesellschaft, die dem Süßholzanbau zu einer Renaissance verhalf. Der Anfang war schwierig, da kein Bamberger Gärtner Süßholz anbauen wollte. Das ökonomische Risiko war einfach zu groß bei einer Pflanze, die vier Jahre bis zur Ernte braucht, bei der

Trotz des immensen Aufwands beim Pflanzen, bei der Pflege und der Ernte kann der Süßholzanbau in Bamberg eine Zukunft haben. Eine halbe Million Übernachtungsgäste und mehrere Millionen Tagestouristen sind potenzielle Abnehmer für die kostbaren Wurzeln und zumindest die erste Ernte war in nur wenigen Tagen ausverkauft.

Vorwärts
zu den Wurzeln

MUSSÄROL

Bamberger
Kräutergärtnerei
Nürnberger Str. 86
96050 Bamberg
Tel. 0951 / 22023
leumer
@biokraeuter.info
www.biokraeuter.info

Öffnungszeiten:
April bis Oktober
Mittwoch 14 – 18 Uhr
Freitag 10 – 18 Uhr
Samstag 9 – 14 Uhr
November – März
nach Vereinbarung

Seit 1992 leistet Gertrud Leumer Pionierarbeit. Als das Gärtnerland noch nicht unter dem Schutz des Welterbes stand, setzte sie sich bereits für den Erhalt der historischen Freiflächen in Bambergs Stadtlandschaft ein.

Sie ist obendrein die einzige Gärtnerin in Bamberg, die ein Flächendenkmal für einen konsequent ökologischen Anbau nutzt. Nachhaltigkeit ist für Gertrud Leumer so selbstverständlich, dass sie darum kein großes Aufheben machen muss. Die Bio-Gärtnerin, die aus einer traditionsreichen Gärtnerfamilie stammt, ist es gewohnt, über die eigene Lebensspanne hinaus zu denken. Die Bewahrung des Bamber-

In Gertrud Leumers Schaukräutergärten können die Kunden während der Verkaufszeiten die verschiedensten Kräuter in natura bewundern oder einfach nur die Idylle der historischen Gärtnerstadt genießen.

ger Gärtnerlandes sowie der Schutz von Natur und Umwelt liegen ihr seit jeher am Herzen. „ Manchen Leuten kann man das vielleicht nicht so ganz erklären. Aber meiner Meinung nach sind die historischen Gärtnerflächen genau so erhaltenswert wie der Dom und das Alte Rathaus", lautet

„Die historischen Gärtnerflächen
sind genauso erhaltenswert wie der Dom
und das Alte Rathaus."
– Gertrud Leumer

Leumers Überzeugung. Heute hat ihre Einstellung in vielfacher Hinsicht Vorbildcharakter, obgleich es um die Perspektiven der Gärtner in der Stadt insgesamt besser stehen könnte.

Gertrud Leumer brachte für ihren Betrieb von familiärer Seite aus die Flächen mit. Das Wissen erwarb sie sich über die Ausbildung zur Gärtnerin und das Studium der Landschaftsplanung. Ihrem Charakter hat sie den Willen und die Ausdauer zu verdanken. „Ich denke, dass es diese Konstellation in Bamberg nicht allzu häufig gibt."

Gartenliebhaber und Balkonfreunde schätzen ihr großes Angebot an Topfkräutern. Für eine aromatische Frischeküche empfehlen sich die Gewürzmischungen und frisch geschnittenen Kräuter, die Leumer in der Saison von Mitte April bis Mitte Oktober verkauft.

Der allseits bekannte und beliebte Majoran, der auf Altbambergerisch „Mussärol" heißt und der Kräutergärtnerei ihren Namen gibt, ist hier schon seit Generationen erhältlich. Zuletzt sind spezielle Bamberger Kultursorten wie Süßholz und das Kartoffelhörnla hinzugekommen. Veredeltes im Glas aus der Eigenproduktion, darunter Basilikumpesto und Tomatenaufstrich, runden das Angebot ab. Dabei berücksichtigt die Gärtnerin alles, was im ökologischen Lehrbuch steht: Sie verzichtet komplett auf chemische Spritzmittel sowie Kunstdünger und achtet sorgsam auf eine intakte Kreislaufwirtschaft. Ihre speziellen Kenntnisse auf diesem Gebiet machen sie zu einer grünen Expertin.

Die Rückkehr der Edelknolle

Spezialitäten (2): Bamberger Hörnla

von
Georg Willibald Lang

In der traditionellen Bamberger Küche kam für den wirklich guten Kartoffelsalat lange Zeit nur eine einzige Kartoffelsorte in Frage: das „Bamberger Hörnla".

So sehen preisgekrönte Kartoffeln der Bamberger Gärtner aus. Die Bamberger Hörnla erleben seit der Auszeichnung zur Kartoffel des Jahres 2008 einen Aufschwung.

Keine andere ist so delikat im Geschmack, so bissfest und zartweich-saftig, so „speckig", wie die Bamberger sagen. Keine andere ist aber auch ein so zartes Gewächs mit so hohem Pflegeaufwand und so wenig Ertrag. Wer sie richtig genießen will, sollte sie erst im späten September ernten und nach längerer Lagerreifung frühestens um die Weihnachtszeit verarbeiten. Das Bamberger Hörnla ist ganz wörtlich „slow food", ein langsames Lebensmittel und von daher ein bisschen fremd in einer schnelllebigen Zeit.

In der Konkurrenz mit festkochenden Zuchtsorten ging seit der Mitte des letzten Jahrhunderts der Anbau in der Heimatstadt des Bamberger Hörnla stetig zurück, bis er um 2000 fast zum Erliegen kam. Gleichzeitig verbreitete sich der Ruhm des Hörnla als erlesene Gourmetkartoffel über ganz Deutschland. Die Nische auf dem Spezialitätenmarkt füllten Anbauer außerhalb Frankens. Erst das wachsende Bewusstsein für die Erhaltung der Artenvielfalt bei den Nutzpflanzen und für die Pflege der kulinarischen Schätze der Regionen leiteten eine Trendwende ein. Seit das Bamberger Hörnla 2008 zur Kartoffel des Jahres gekürt wurde, ist es auch auf den fränkischen Wochenmärkten von heimischen Erzeugern wieder zu haben. Sein Preis liegt zu recht im Bereich des Feingemüses, denn diese alte Kartoffelsorte hat Ausnahmequalitäten wie kaum eine andere.

Im Kartoffelsalat kommen die Hörnla sicher am besten zur Geltung, aber sie bleiben nicht auf diese Zubereitung beschränkt. Als feine Pellkartoffel ist diese „Edelknolle" ebenfalls unübertroffen, Ofenkartoffeln und sautierten Kartoffeln gibt sie eine besonders elegante Note. Die neue Küche experimentiert erfolgreich mit heißem Kartoffelsalat und Kartoffelchips vom Bamberger Hörnla und setzt es auch in asiatisch angehauchten Kreationen ein. Auf die lange Lagerfähigkeit der Kartoffel baut schließlich der Geheimtipp der fränkischen Spargelbauern: Zum feinsten Spargel ist ein altes Bamberger Hörnla zehnmal besser als jede neue Kartoffel.

Feingemüse von beachtlichem Format

Spezialitäten (3): Spitzwirsing

von
Georg Willibald Lang

Der Wirsing gilt offenbar als rauer Geselle und harter Knochen, außen holzartig verhärtet und selbst im innersten Kern noch von rohem Wesen.

Auf den harten und festen Rundkopf des normalen Wirsings bezogen, mag diese Betrachtungsweise verständlich sein, sie wirkt aber schon fast frevelhaft, legt man den Bamberger Spitzwirsing zugrunde. Seine lockeren Köpfe sind mittelgroß bis groß im Umfang und längsoval bis herzförmig in der Form. Die Blätter sind zart und von vollendeter Feinheit des Geschmacks. Länger als drei bis fünf Minuten dürfen sie nicht blanchiert werden, sonst sind sie schon zerfallen. Für alle Verwendungen in der Küche von feinen Wirsingstreifchen in Sahne bis zu zarten Umhüllungen von Fleisch und Fisch ist er bestens geeignet und bürgt für ein Aha-Erlebnis. Dieses Gewächs hat ein so beachtliches Format, dass es selbst das Wagnis des vielgescholtenen original fränkischen Wirsingpürees mit einem bemerkenswert feinem Ergebnis belohnt, vorausgesetzt man reduziert die Mehlschwitze auf ein Minimum oder bindet gleich mit Buttermehlkloß.

Umso mehr verwundert es, dass die fränkische Küchentradition den Wirsing so stiefmütterlich behandelt. Mit Mehlschwitze wird er traktiert, als ob er die Sättigungsbeilage und nicht die Gemüsebeilage eines Gerichtes darstellen sollte. Sein Eigengeschmack wird ihm dabei so nachdrücklich ausgetrieben, dass niemand recht versteht, warum man ihn als ideale geschmackliche Ergänzung der gebratenen Ente oder Gans beigesellt. Hat sich da möglicherweise nahezu unbemerkt ein Traditionsbruch vollzogen, der dem bedenkenlosen Ersatz des alten guten Bamberger Wirsings durch moderne Zuchtsorten geschuldet ist?

Die Fangemeinde des Spitzwirsings ist nicht riesig, aber beständig. Die meisten

Um den Spitzwirsing muss man sich geschmacklich keine Sorgen machen, wenn es um sein Verschwinden geht, dagegen schon.

Bamberger Gärtner bauen ihn denn auch noch an. Da jeder Gärtner den Samen aus eigenen Pflanzen selber nachzog, gab es eine große Menge von Varietäten. Mit jedem Gartenbaubetrieb, der aufgibt, schrumpft diese Vielfalt. Will man nicht in wenigen Jahren unwiederbringliche Verluste beklagen, wird es höchste Zeit, dass sich jemand um die Sammlung, Sichtung und Erhaltung dieser und anderer alter Gemüsesorten der Bamberger Gärtnerstadt ernsthaft bemüht.

Vollwertige Abokisten aus dem Schloss

Auf dem Landgut Schloss Hemhofen zieht sich nachhaltiges Wirtschaften wie ein grüner Faden durch die Familiengeschichte. Das Landgut verfügt über einen traditionsreichen Gutshof, der seit 1980 ökologisch bewirtschaftet wird, und bietet mit der abokiste einen zuverlässigen Lieferdienst für hochwertige Lebensmittel an. Diese stammen zu hundert Prozent aus ökologischer, möglichst aus regionaler Erzeugung oder aus eigenem Anbau.

abokiste
Landgut Schloss
Hemhofen
91334 Hemhofen
www.abokiste.de
info@abokiste.de

Persönliche Beratung:
Tel. 09195 / 8381
Montag bis Freitag
8 – 12.30 Uhr

Das Nürnberger Patriziergeschlecht der Winkler von Mohrenfels findet erstmals Erwähnung im „Geschlechtsregister der reichsfreien unmittelbaren Ritterschaft des Landes zu Franken". Ulrich Winkler lebte 1156 zu Nürnberg in besonderem Ansehen und besaß den „Edelmannshof und seiner Zugehörung". Die Winklerstraße westlich vom Nürnberger Hauptmarkt zeugt noch heute vom ehemaligen Stammsitz. Seit 1722 befindet sich das „Reichs-Freye-Ritterguth Hemhofen" im Eigentum der

Familie. Auf über 145 Hektar hat sich hier entgegen dem Trend zur industriellen Agrarproduktion eine große Bandbreite an landwirtschaftlichen Betriebszweigen entwickelt.

Die Freilandgärtnerei liefert erntefrisch über 60 verschiedene Sorten Salate, Kräuter, Gemüse und Obst. Im Ackerbau wird neben Gemüse, Getreide und Kartoffeln auch das Futter für die Tiere angebaut. Die Schweine leben artgerecht in Familiengruppen, auf Stroh mit reichlich Platz und Licht. Durch selbst gemischtes Futter ohne Soja, Fischmehl oder tierisches Eiweiß wachsen die Tiere langsam, ihrer natürlichen Lebensweise entsprechend, auf. Das Fleisch erreicht dadurch eine herausragende Qualität. Wie es sich für einen fränkischen Hof gehört, werden auch Weiher mit Aischgründer Karpfen, Schleie, Hecht und Zander bewirtschaftet.

In den Anfängen der abokiste gab es in Franken noch keine etablierten Vermarktungsstrukturen für ökologische Lebensmittel. Die Abhängigkeit vom Großhandel, lange Transportwege, ineffizienter Zwischenhandel und die steigende Nachfrage in der Region forderten neue

Auf dem traditionsreichen Hoffest lässt sich die natürliche Wirtschaftsweise hautnah erleben.

Ideen. Mit dem Slogan „Natürlich beliefern wir Sie" wurde 1992 die Werbetrommel für die kostenlose Frei-Haus-Lieferung gerührt. Die abokiste war erfunden. Von Anfang an kooperierte der Gründer, Haiko Winkler von Mohrenfels, mit befreundeten Ökobauern und Verarbeitern aus der Region. Diese ergänzen seitdem mit Brot, Käse, Milch, Eiern, Marmeladen, Nudeln, Saft, Wein, Bier und vielen weiteren Spezialitäten das Angebot. Aus den behelfsmäßigen Anfängen mit Karteikärtchen und VW-Bulli als Lieferwagen entwickelte sich ein Betrieb, der inzwischen etwa 2000 Kunden mit einem sehr großen Sortiment beliefert, darunter Privathaushalte, Schulen, Kindergärten, Büros und Arztpraxen.

Wöchentlich wird im Großraum Bamberg, Erlangen, Nürnberg und Fürth geliefert. Die Kunden können sich ihre Kiste per Internet oder Telefon zusammenstellen oder sich jede Woche mit einer von erfahrenen Mitarbeitern zusammengestellten Kiste verwöhnen lassen.

Trotz des enormen Zuwachses hat sich die abokiste nicht von ihren Wurzeln gelöst. Diese fassen die Inhaber mit den Worten nachhaltig, transparent und fair zusammen. „Für Kontinuität ist gesorgt", betont Haiko Winkler von Mohrenfels. Denn die Übergabe an Tochter Hannah ist schon in vollem Gange. Neben der Fortführung der abokiste ist geplant, das frühbarocke Schloss als Herz des Betriebs zukünftig für besondere Anlässe, wie z.B. Hochzeiten, nutzbar zu machen.

Immer am letzten Sonntag der Sommerferien feiert das Landgut sein legendäres Hoffest mit Kurzweil und Information, großem Kinderprogramm, leckerem ökologischen Essen, bäuerlichem Markt sowie Hof-, Stall-, und Felderführungen. Die ökologische Wirtschaftsweise lässt sich so vor Ort unmittelbar erfahren.

Das frühbarocke Schloss ist das Wahrzeichen des geschichtsträchtigen Landguts.

„Für Kontinuität ist gesorgt."
– Haiko und Hannah Winkler von Mohrenfels

Eine runde Sache

Käserei Oeffner
Weiher 3
96178 Pommersfelden
Tel. 09548 / 712
info@kaeseundbrot.de
www.kaeseundbrot.de

Öffnungszeiten:
Hofladen in Weiher
Dienstag und Freitag
16 – 18 Uhr

Marktzeiten:
Bamberger
Bauernmarkt auf der
nördlichen Promenade
Samstag 8 – 13 Uhr

Vor dem
Rewemarkt Rudel,
Würzburger Straße,
Bamberg
Donnerstag 9 – 18 Uhr

Die Käserei Oeffner behandelt ihre wertvollsten Mitarbeiterinnen fürsorglich. Glückliche Kühe sind das wichtigste Kapital des Bioland-Betriebes. Das Futter von den eigenen Feldern sorgt für gute Milch und die kontrollierte Weiterverarbeitung für abwechslungsreiche, feine Käsesorten.

Die Tiere haben auf dem Hof nahe Pommersfelden, etwa 15 Kilometer von Bamberg entfernt, ein schönes Leben: Bewegungsfreiheit, ein eigenes Ruheplätzchen mit Stroh, eine Futtertheke mit kräuterreichen Leckereien und im Sommer eine große Terrasse. Gerade das Futter ist wichtig, da dieses auch die Qualität des Käses beeinflusst. Die Käserei Oeffner arbeitet als ökologischer Betrieb vollständig ohne synthetische Hilfsmittel. Landwirtschaftsmeister Helmut Oeffner verlässt sich auf handwerkliches Know-how und das richtige Timing. „Bis ich den Bogen für einen guten Käse raus hatte, dauerte es etwa zwei Jahre", betont er. Mit einer ordentlichen Ausbildung und etwas Experimentieren haben er und seine Frau Birgit, die schon früher Käseliebhaber waren, sich immer mehr an das Endprodukt herangetastet. Die Kunden seien sehr angetan gewesen und wünschten weitere, neue Sorten, so Oeffner. Daraufhin baute die Käserei das Angebot auf unwiderstehliche Weise aus.

Kuhmilchkäse ist ein eiweißreiches und ausgesprochen aromatisches Produkt mit vielen Variationsmöglichkeiten. Im

Oeffnerschen Käsekeller entsteht milder Weichkäse nach Camembert-Art, Mozzarella, Kuhmilch-Feta in Salzlake, kräftiger Schnittkäse nach Tilsiter Art, cremiger Frischkäse mit pikanten Zutaten, aber auch Hartkäse aus Rohmilch sowie Quark und Joghurt. Feiner Ziegenkäse wird von einem Hof nahe Bayreuth zugekauft. Selbstgemacht und nicht minder verlockend ist das deftige Steinbackofenbrot, das Birgit Oeffner nach ländlicher Art als Vollkornbrot und als Bauernbrot backt.

Bei der Käseherstellung haben viele Faktoren, selbst jahreszeitliche Schwankungen Einfluss auf den Geschmack. „Es ist das Spannende an unserem Beruf, dass das Produkt nicht immer das gleiche ist", verrät Helmut Oeffner. „Wir können das Angebot zum Teil auch nach individuellen Interessen ausrichten, zum Beispiel wenn jemand eine etwas längere Reifezeit für einen Hartkäse wünscht." Auf die Nähe zu den Kunden wird bewusst großer Wert gelegt. Die Käserei ist daher nicht nur mit einem Hofladen im kleinen Örtchen Weiher, sondern auch mit einem Stand regelmäßig in Bamberg vertreten.

„Es ist das Spannende an unserem Beruf, dass das Produkt nicht immer das gleiche ist."

– Helmut und Birgit Oeffner

Kräuteraufstrich Mussärol

von Gertrud Leumer

Kräutermischungen mit Majoran (=Mussärol) geben jedem Gericht einen ganz eigenen kräftigen Geschmack. Die Kräuterpfannkuchen gehören zu meinen Lieblingsgerichten aus unserem neuen Kochbuch „Kochen mit Kräutern – Kräuterwissen und Küchenkunst". Immer wenn sie auf den Tisch kommen, denke ich an die Anfangszeit der Kräutergärtnerei zurück, als eine gute Freundin das ganze Team einmal die Woche mit viel Liebe bekocht hat. Der Kräuteraufstrich Mussärol ist eine Abwandlung davon für die schnelle Küche.

Zutaten für 4 Personen:
500 g Magerquark
8 EL Kürbiskernöl
je 1 Bund Majoran, Schnittlauch und Petersilie
Salz und Pfeffer

Majoran- und Petersilienblätter von den Stielen abstreifen und zusammen mit dem Schnittlauch fein hacken. Den Magerquark in eine Schüssel geben und gut mit dem Kürbiskernöl verrühren. Die gehackten Kräuter unterheben und das Ganze dezent mit Salz und Pfeffer abschmecken. Der Kräuterquark passt sehr gut zu Pellkartoffeln (z.B. Bamberger Hörnla) oder auf kräftiges Schwarzbrot.

Käsekuchen

von Birgit Oeffner

Dieser Käsekuchen schmeckt „nur" mit unserem cremigen Quark, sprich „Birgits cremiger Quark", sooo lecker!

Teig:
125 g Mehl
60 g Butter, 50 g Zucker, 1Ei
1 TL Backpulver

Quarkmasse:
1 kg cremigen Quark
100 g Zucker nach Geschmack
3 Eier
100 g Naturjoghurt
1 EL Vanillepuddingpulver

Zutaten des Teigs verkneten und in einer Springform gleichmäßig verteilen, den Teig am Rand hoch drücken. Die Quarkmasse sehr gut verrühren und auf den Teig geben. Bei 150–170 Grad ca. 1 Stunde backen.

Feinkost –
Genuss mit Variationen

Es war im Jahr 1982, als Inge und Walter Müller ein neues Kapitel in der Geschichte Ihres Unternehmens aufschlugen. Der Käs Müller wurde zur Legende und der Familienbetrieb wandelte sich zum stadtbekannten Feinkosthaus Delikatess-Müller. Die jüngste Generation im Unternehmen schreibt die Erfolgsgeschichte fort.

Delikatess Müller OHG

Obere Königstr. 28
96052 Bamberg
Tel. 0951 / 25534
www.mueller-delikatessen.de
service@mueller-delikatessen.de

Öffnungszeiten:
Montag bis Freitag
9 – 18 Uhr
Samstag
9 – 14 Uhr

Der Delikatess-Müller ist mehr als ein Haus mit Delikatessen, wobei dessen Sortiment allein schon sehr beachtlich, für die Region sogar einzigartig ist. Zu den weiteren Besonderheiten des gesamten Unternehmens gehören das neue Tagesrestaurant „delikatESSEN", das an das Delikatessen-Geschäft angrenzt; ein professioneller Cateringservice, der keine Wünsche offen lässt; das Restaurant-Cafe Schloß Seehof in Memmelsdorf sowie Gastronomie auf der Sandkerwa, bei Canalissimo und auf dem Bamberger Weihnachtsmarkt am Gabelmannbrunnen – ein Muss und ein Treff für Kenner. Hier gibt es die fünf beliebten Sorten selbstgemachter Müller Punsch.

Wie bei so vielen Erfolgsgeschichten fing auch hier alles klein an. Aus dem 1924 gegründeten Kleinhandel mit Milch und Milcherzeugnissen, der seinen Sitz in der Langen Straße 23 hatte, wurde 1931 ein Ladengeschäft in der Oberen Königstr. 28 mit sage und schreibe 28 Quadratmetern. Um den massiven Ausbau der Geschäftsräume und die Spezialisierung auf Spitzenprodukte machten sich vor allem Inge und Walter Müller ab 1965 verdient. Ihr über Jahrzehnte hinweg leidenschaftlicher Arbeitseinsatz sollte große Früchte tragen.

Walter Müller kann sich noch gut an die von Unverständnis zeugenden Reaktionen seiner Freunde erinnern, als er ihnen Anfang der 80er Jahre zum ersten Mal seine Pläne für ein Feinkosthaus erläuterte. Damals war der „Käs Müller" noch in die Gruppe der Rewe-Organisation eingebunden. Um ihre Vision leben zu können, mussten die Firmeninhaber den Weg im Alleingang gehen. Die Kunden aus Bamberg und Umgebung wussten die kulinarischen Anstrengungen zu schätzen und tun dies nach wie vor.

Mit Käse fing im Familienbetrieb Müller alles an, nach und nach kamen ein Feinkostgeschäft und ein Catering-Service dazu (im Bild: ein Arrangement in der Orangerie von Schloss Seehof).

„Es ist gerade die Summe der Dinge, die die Leute schätzen." – Tanja Müller (li.) mit Klaus, Inge und Walter Müller

Im Jahr 2006 wurde die Ladenfläche nochmals erweitert. Seitdem finden die Kunden im hinteren Teil des Hauses, der zu den hauseigenen Parkplätzen führt, das Tagesrestaurant „delikatESSEN" mit überdachter Sonnenterrasse. Verwöhnt werden die Gäste mit einem umfangreichen Frühstücksangebot, einer vielfältigen Auswahl an frisch zubereiteten Speisen sowie einem täglich wechselnden „schnellen" Mittagsgericht. Das Lokal kann ab 20 Personen für geschlossene Veranstaltungen gebucht werden.

Heute befinden sich über 2.000 feinste Gourmetprodukte im Sortiment. Aus eigener Herstellung und in höchster Qualität erhält man Salate aller Art, Fonds, Käsegebäck, feinste Konfitüren und traditionelle Speisen – auch tiefgekühlt. Zum exquisiten Essen gehört natürlich auch ein edler Tropfen – nicht nur die Weinabteilung des Hauses ist Passion von Inge Müller und bestens sortiert: Weine und Champagner werden direkt importiert und bieten somit ein hervorragendes Preis-Leistungs-Verhältnis. „Es ist gerade die Summe der Dinge, die die Leute schätzen", merkt Tanja Müller an. Mit ihrem Mann Klaus Müller, der den Cateringservice und das Restaurant-Café in Seehof aufgebaut hat, bildet sie die vierte Generation innerhalb des Familienbetriebes. 2009 wurde 85-jähriges Bestehen gefeiert – Grund genug, sich mit den Müllers und den fleißigen Mitarbeitern über die Geschichte des Hauses zu freuen.

Frisch herausgefischt

Erst war es nur ein Hobby, dann Nebenerwerb, heute ist es die Hauptarbeit. Die Familien Hänel und Lederer aus Burgkunstadt fingen 1979 mit der Forellenzucht klein an und entwickelten sich in der Region und auch darüber hinaus zu einem gefragten Anbieter heimischer Fischspezialitäten.

Forellenzucht Juratal
Hainweiherer Str. 32
96224 Burgkunstadt
Tel. 09572 / 60186
m.lederer@gmx.net
www.forellenzucht-juratal.de

Öffnungszeiten:
Verkaufsraum
in Burgkunstadt
Täglich
nach Vereinbarung

Marktzeiten:
Bamberger
Bauernmarkt auf der
nördlichen Promenade
Samstag
7.30 – 13 Uhr

Hollweg, Lichtenfelser
Str. 50, Kulmbach
Donnerstag
9 – 13.30 Uhr

„Wir wollen, dass die Menschen es schätzen, wo der Fisch herkommt."
– Michaela Hänel-Lederer und Matthias Lederer

Die Beliebtheit gründet sich auf bewährte Qualitäten: Natürlichkeit, Frische und gesunde Ernährung. Der Anblick der insgesamt 19 Naturteiche, von denen elf im Kleinziegenfelder Tal liegen, lässt einen idyllischen Beruf vermuten – Fischzucht im Einklang mit der Natur – und der Eindruck stimmt. Michaela Hänel-Lederer, die den Betrieb im Jahr 2000 von ihrem Vater übernahm, hat für das Idyll folgende Worte: „Wir wollen, dass die Menschen es schätzen, wo der Fisch herkommt und wie alles gemacht ist, dass man nicht einfach wie ein Massenbetrieb arbeitet, sondern auch mit Liebe." Ihr Mann Matthias drückt die Wertschätzung nüchterner, aber nicht weniger aufrichtig aus. Während manche Züchter 100 bis 200 Kilo Fisch pro Kubikmeter zusammenpferchen, kämen bei ihm zehn Kilo auf dieselbe Fläche. Die Qualität des quellnahen Wassers sei tadellos, und das Wichtigste: „Der Fisch, den wir verkaufen, wurde am Tag vorher geschlachtet."

Die Fischwirtin und ihr Mann, der an der Universität Weihenstephan Fischerei studierte, haben den Lebensraum für Forellen, Saiblinge und Karpfen bewusst nicht auf große Umsatzzahlen ausgerichtet. Das Geschäft läuft im Wesentlichen über Direktverkauf: zum einen im eigenen Verkaufsraum in Burgkunstadt, zum anderen in Bamberg, wo der Betrieb zweimal wöchentlich mit einem Stand vertreten ist. Anders als in benachbarten Städten Oberfrankens werde in Bamberg aufgrund der Nähe zum Aischgrund immer noch gerne Fisch gegessen, weiß Matthias Lederer. Besonders mit würzigen Kräutern sei frischer Fisch eine nahezu unschlagbare Verbindung.

Das Lob kann man nach einer Kostprobe nur teilen. Zu jeder Jahreszeit ein Genuss: die äußerst schmackhaften Saiblinge und Forellen. Von September bis April im Programm: der allseits bekannte und geschätzte Karpfen. Waller, Zander und Hecht sind auf Bestellung erhältlich. Besonders empfehlenswerte Schmankerl: die geräucherten Filets, Fischmousse und Salate aus eigener Herstellung. Gäbe es einen Ehrentitel für Fischfreunde, hätte ihn die Forellenzucht Juratal redlich verdient.

Im Einklang mit der Natur

Irene und Otto Weiß tun alles dafür, dass ihre Kunden mit einem guten Gefühl zu ihnen kommen. Selbst bei Regen oder Schnee scheuen viele nicht den Weg zu den Direktvermarktern des Naturlandhofes, die mit einem Stand auf dem Bamberger Bauernmarkt vertreten sind. Die Öko-Bauern haben das Leben im Einklang mit der Natur und ihre Arbeit in schöner Weise vereint.

Naturlandhof Weiß
Laibarös 12
96167 Königsfeld
Tel. 09207 / 667
naturlandhofweiss@
t-online.de
www.weiss.
bamberger-
bauernmarkt.de

Öffnungszeiten:
Hofladen in Laibarös
Freitag 15 – 18 Uhr
und nach
Vereinbarung

Marktzeiten:
Ökomarkt Köppl,
Forchheim
Freitag 9 – 14 Uhr

Bamberger
Bauernmarkt auf der
nördlichen Promenade
Samstag 8 – 13 Uhr

„Von der Aufzucht bis zum Verkauf liegt bei unserem Naturlandhof alles in einer Hand."

– Irene und Otto Weiß

Massentierhaltung fanden Irene und Otto Weiß schon während ihrer Ausbildungs- und Studienzeit nicht erstrebenswert. „Für mich ist es brutal, wie Tiere in der Industrie als Fabrikprodukt gehandelt werden", meint Otto Weiß, der 1989 gemeinsam mit seiner Frau Irene den elterlichen Hof in Laibarös bei Königsfeld (Fränkische Schweiz) übernahm. Aufgrund ihrer Einstellung und dem Respekt gegenüber Tieren kam für sie nichts anderes in Frage als Öko-Landbau. Die Familie Weiß hat sich daher konsequent den „Naturland"-Richtlinien verpflichtet. Der Einsatz synthetischer Hilfsmittel ist wie bei allen Öko-Verbandsbetrieben ein absolutes Tabu. „Von der Aufzucht bis zum Verkauf liegt bei unserem Naturlandhof alles in einer Hand", betont Otto Weiß. Wichtig ist ihm dabei auch, dass die Schlachtung für die Tiere „stressarm" vollzogen wird. Diese Aufgabe obliegt einem ortsansässigen Metzger.

Besucher von außerhalb sind stets beeindruckt, wie die Rinder und Schweine des Hofes behandelt werden. Anders als in der Milchviehhaltung werden die Kühe zum Beispiel nicht gemolken, da sie mit ihrer Milch die Kälber groß ziehen. Nach einem Jahr Muttertierhaltung werden die Kälber geschlachtet. Das Fleisch, nicht ganz so weich wie Kalbfleisch und nicht ganz so kräftig wie Rindfleisch, zeichnet sich durch eine sagenhafte Zartheit aus. Ein weiterer Faktor, der der Qualität der Lebensmittel zugute kommt: Die Tiere, auch die Schweine, erhalten neben dem eigenen Getreide viel Grünfutter, sie haben einen komfortablen Platz im Stall und dürfen sich draußen bewegen.

Was für das Fleisch gut ist, trifft auch für die herzhaften Wurstwaren zu. Der Naturlandhof führt alle gängigen Wurstsorten, verschiedene Räucherwaren, einiges an reinen Rinderprodukten und unter anderem dreierlei fränkische Bratwürste (grobe, feine und reine Rinderbratwürste) sowie kräftiges Bauernbrot aus dem Steinbackofen. Es gibt mindestens drei gute Gründe, bei der Familie Weiß vorbeizuschauen: die Naturland-Philosophie, der Geschmack und sympathischerweise immer auch die Freundlichkeit der Inhaber.

Ein Brotzeitklassiker ersten Ranges

Spezialitäten (4): Zwädschgäbaamäs

Eine große Seltenheit ist der Zwädschgäbaamäs an sich nicht. Nur wenige Metzgereien in der Stadt und ihrem östlichen Umland haben ihn nicht im Sortiment. Wenn man aber den Ehrgeiz hat, ihn in der ursprünglichen Machart zu bekommen, wird die Sache schwierig.

von
Georg Willibald Lang

Die Meinungen über das, was richtig ist, gehen auch unter Kennern weit auseinander. Ganz einfach dürfte die Suche nach dem Original nicht werden. Denn wer ist schon bewandert in der Geschichte dieses köstlichen Rinderschinkens, aus dem Jura-Vorland zwischen dem Steilabfall der Frankenalb und der Regnitz bei Bamberg? Ob man ihn früher im alten Bauernhaushalt zart-weich oder trocken-fest servierte, war vielleicht nur davon abhängig, wie lange ihm der Hunger nach etwas wirklich Feinem Zeit zum Reifen ließ.

Der Zwädschgäbaamäs hat viele Gesichter, von den vielen Schreibweisen gar nicht zu reden. Von einem einheitlichen Geschmacks- und Erscheinungsbild ist er weit entfernt. Dem namengebenden Holz des Zwetschgenbaumes am nächsten kommt die Variante mit tiefrotbrauner Farbe und einer feinen weißen Fettäderung, nicht mehr feucht und noch nicht trocken, fest und doch geschmeidig, in der Mehrzahl

der Fälle das Lendenstück vom Rind. Weitere nicht weniger wohlschmeckende Varianten nutzen auch andere Fleischstücke und bieten sie kaum getrocknet schmelzend weich und zart an oder so fest getrocknet, dass sie fast dem Bündner Fleisch gleichkommen. Die Fettäderchen können sich rar machen oder ganz fehlen. Die Würzung ist im Allgemeinen zurückhaltend, in Einzelfällen aber auch recht kräftig.

Unter den Spezialitäten auf dem fränkischen Brotzeitteller gebührt ihm ohne Zweifel der erste Rang. Bis zu einem Minimalkonsens über die historische Richtigkeit des Produkts dürfte es aber noch ein weiter Weg sein. Beschreiten sollte man ihn erst, wenn der Gefahr, dass der typische Rinderschinken des östlichen Bamberger Umlandes in der Beliebigkeit seiner Macharten untergeht, nicht mehr anders begegnet werden kann.

Der klassische Zwädschgäbaamäs ist nicht mehr feucht und noch nicht trocken. In der Stadt und im Umland gibt es einige nicht-klassische, aber geschmacklich auch sehr interessante Varianten. Zum persönlichen Favoriten führt nur ein Geschmackstest.

Eine Spezialität mit vielen Namen

Spezialitäten (5): Dörrfleisch

Dörrfleisch ist ein schillernder Begriff. Was man darunter zu verstehen hat, erschließt sich nach und nach mit jedem weiteren Versuchseinkauf bei einem jeweils anderen Metzger.

von
Georg Willibald Lang

Dörrfleisch kommt manchmal auch als Dürrfleisch oder noch schlichter als Schweinebauch auf den Tisch.

Nur selten greift die Verkäuferin ohne Rückfrage zum geräucherten Schweinebauch. Denn der verdient den Namen Dörrfleisch eigentlich nur, wenn er wie ein echter roher Schinken veredelt ist, also in Salzlake mit Gewürzen eingelegt, ausreichend lange darin gebeizt und dann vorsichtig im Rauch heimischen Buchenholzes „blond" geräuchert wurde. Eine Diskussion über den wahren Charakter des angebotenen Räucherbauches ist an der Verkaufstheke schwerlich zu veranstalten. Restlose Aufklärung bleibt dem suchenden Kunden also verwehrt.

Dörrfleisch ist der Dritte im Bunde beim fränkischen Küchenklassiker „Linsen und Spatzen", einem typischen Wintergericht, das am Dreikönigstag gekocht jedem, der daran glaubt, den Geldbeutel das ganze Jahr über nicht leer werden lässt. Dörrfleisch gehört auch zu den Bohnenkernen mit Klößen, einem weiteren mit weniger Glaubensdruck beladenen fränkischen Leibgericht.

Dörrfleisch müsste eigentlich Rauchfleisch oder Räucherfleisch heißen. Verlangt man solches in der Metzgerei, wird man regelmäßig auf das Dörrfleisch zurückverwiesen und landet beim Räucherbauch mit all seinen Unwägbarkeiten. Nur selten wird alternativ ein wie auch immer vorbehandeltes geräuchertes Stück vom Kamm angeboten, fast gar nicht mehr eines von noch edleren Teilen des Schweines. Das Beharren darauf, dass es früher so etwas gegeben haben muss, führt nicht weiter.

Der Verlust wiegt nicht mehr ganz so schwer, seit die verfeinerte Regionalküche den Dörrfleisch-Schweinebauch nicht mehr in dicken Scheiben gekocht, sondern in dünnen Scheiben kross gebraten serviert. Bis der Dörrfleisch-Rücken wieder Einzug findet in hiesige Küchen, müssen wir uns mit der alten Spruchweisheit unserer Väter trösten, die da lautet: „Ein schöner Rücken kann entzücken – ein schöner Bauch tut's auch."

Die Originale gibt es nur hier

Spezialitäten (6): Bamberger Rauchbier

von
Georg Willibald Lang

Kein Bamberger ging einst nur deshalb in das „Schlenkerla" und das „Spezial", weil es allein da und sonst nirgends das Bamberger Rauchbier gab. Heute ist ein Besuch in Bamberg ohne den Genuss der Spezialität nahezu undenkbar.

Das Schlenkerla in der Dominikanerstraße gilt Einheimischen wie Touristen als die Rauchbierbrauerei schlechthin. Gebraut und abgefüllt wird das Bier mit dem markanten Aroma aber am Stephansberg, wo es in den historischen Stollen reifen darf.

In vorindustrieller Zeit konnte das für den Geschmack charakteristische Malz in den Ländern unserer Breitengrade nur durch Trocknen über offenem Feuer hergestellt werden. Die Biere waren also alle mehr oder weniger „rauchig". Dass die Wirte der beiden Schankstätten auch nach der Erfindung rauchfreier Malze noch dieses Bier aus alten Zeiten hochhielten, nahm man in ortsüblicher Gelassenheit hin. Offensichtlich schmeckte es vielen sogar wirklich. Es als hochwertige regionale Spezialität mit internationaler Reputation zu betrachten, wäre jedoch ein ziemlich schlechter Stammtischwitz gewesen, der mit Sicherheit mehr als eine Runde gekostet hätte. Zum Exportschlager entwickelte sich das Rauchbier erst in der zweiten Hälfte des 20. Jahrhunderts.

Echte Rauchbiere, die aus handwerklich selbsterzeugtem Rauchmalz hergestellt werden, sind nur die beiden Märzen vom Schlenkerla und vom Spezial. Andere fränkische Rauchbiere, die es in zunehmender Zahl gibt, enthalten einen kleinen Anteil von industriell hergestelltem Rauchmalz in ihrer Malzmischung. Sie entsprechen offensichtlich dem Zeitgeschmack mehr als die wuchtigeren Originale. Das „Spezial" hat als normales Schankbier seit eh und je sein zurückhaltend rauchiges Lagerbier im Ausschank, das Spezial-Märzen gibt es für Kenner und Liebhaber aus der Flasche. Das Schlenkerla erwehrt sich bisher tapfer aller Versuchungen, offen geäußerten Kundenwünschen nachzugeben und neben dem Schlenkerla-Märzen auch andere weniger rauchige Biere seiner Braustätte in den Ausschank zu nehmen.

Bier auf Wein – das wird fein

Touren rund um die Biergeschichte

von Norbert Krines

Ins Schlenkerla, dem historischen Brauereiausschank der gleichnamigen Brauerei, zieht es jeden Bamberger immer wieder einmal. Nicht ohne Grimm fühlt sich der heimische Besucher dazu verpflichtet, es nicht komplett den Touristen zu überlassen.

Brauereigaststätte Schlenkerla

Dominikanerstr. 6
96049 Bamberg
Tel. 0951 / 56060
service@schlenkerla.de
www.schlenkerla.de

Öffnungszeiten:
täglich
9.30 – 23.30 Uhr

Fränkisches Brauereimuseum

Michelsberg 10f
96049 Bamberg
Tel. 0951 / 53016
info@brauereimuseum.de

Öffnungszeiten:
April bis Oktober
Mittwoch bis Freitag
13 – 17 Uhr
Samstag, Sonn- und Feiertag
11 – 17 Uhr

Gruppenführungen nach Absprache auch außerhalb dieser Zeiten

Im Fränkischen Brauereimuseum kann man nicht nur lernen, wie Bier im Maischebottich, Sudkessel und Kühlschiff entsteht. Auch die nötigen Arbeitsschritte rund ums Malz, den Hopfen, die Fassherstellung und die Flaschenabfüllung in der „guten alten Zeit" lassen sich nachvollziehen.

Bei unvoreingenommener Betrachtung würde er leicht feststellen, dass sich in dieser „Institution" der Familie Trum ein gutes Stück unverfälschter Bamberger Gastlichkeit und traditioneller Küche erhalten hat, das vom Tourismus stetig belagert, aber nie wirklich eingenommen wurde.

Wer aus dem Schlenkerla kommt und im Schatten der Domtürme steht, erkennt, wie sehr die Stadt von der Kirche und dem Bier geprägt ist. Dabei war Bamberg bis ins 17. Jahrhundert eine Weinstadt, schon weil die vielen Kirchen und Klöster Unmengen an Messwein benötigten. Im Gegensatz zu heute wurde der direkt in der Stadt am Kaulberg von den Häckern angebaut. Kriege, Klimaveränderungen und Schäd-

linge verhinderten aber, dass aus Bamberg ein zweites Würzburg wurde.

Auf den Wein folgte das Bier und am Michelsberg treffen sie sich heute wieder (s. Seite 61). Schon früh baute das Kloster neben Wein auch Hopfen und Gerste an. Spätestens seit dem Jahr 1122 wird auf dem Michelsberg nachweislich gebraut. Kein Geringerer als der heilige Bischof Otto I. bestätigte das Braurecht. Dort, wo bis 1969 durchgängig gebraut wurde, befindet sich heute das Fränkische Brauereimuseum. Auf 900 Quadratmetern machen über 1300 Exponate die fränkische Brauereigeschichte und Bierkultur erlebbar. Höhepunkt ist der Besuch im Eiskeller, an dessen Wände auch heute noch eingravierte Kreuze von

Die Kellerhäuser der Brauereien, die das Bild des Oberen Stephansberg prägen, entstanden zumeist im 18. Jhdt. Sie spiegeln den Wandel von einer Wein- zur Bierstadt wider.

tragischen Unfällen durch herabstürzendes Eis zeugen.

Der Wandel von der Wein- zur Bierstadt zeigt sich aber auch an anderen Stellen. Was wäre die Königstraße ohne die vielen ehemaligen Brau- und Gasthäuser mit ihren schmucken Auslegern! Den wirtschaftlichen Aufschwung durch die Brauereien und den Hopfenhandel sieht man deutlich

Als reine Wirtschaftsgebäude waren die Hopfendarren schlichter geschmückt als die herrschaftlichen „Hopfenvillen". Aber ganz schmucklos baute man dennoch nicht: Lisenen und Bänder zieren die ehemalige Darre des Hopfenhändlers Gustav Buxbaum in der Hainstraße.

in der Hainstraße. Hinter so mancher herrschaftlicher Hopfenvilla steht noch heute die Hopfendarre. In diesen meist dreigeschossigen Gebäuden mit ihren zahlreichen Fenstern und Öffnungen wurde im 19. Jahrhundert „das grüne Gold" geschwefelt, getrocknet, gepresst und danach verpackt. Ganze 76 Hopfenhandlungen gab es 1872 in der Stadt. Bamberg war damals das Zentrum des fränkischen Hopfenhandels. Aus den Weinbergen in und um Bamberg wurden Hopfengärten.

Kein Bier ohne die Keller

Dabei wäre dieser Wandel ohne die tiefen Katakomben kaum denkbar gewesen. Das „Wirtschaftsjahr" der Brauer ging von Anfang Oktober bis zum Brauersilvester am 30. September. Brauen konnte und durfte man früher sowieso nur in der kalten Jahreszeit. Die berühmte bayerische Landesordnung von 1516 legt als Brausaison die Zeit zwischen Michaeli (29. September) und Georgi (23. April) fest. In den Sommermonaten war es zum einen zu warm für die untergärige Hefe, zum anderen auch das Brauen zu gefährlich. Malz darren, die Maische erhitzen, das Bier sieden – all das geschah in kleinen

Fachwerkhäusern über offenem Feuer. Um das im Herbst, Winter und Frühling gebraute Bier bis zur nächsten Brauperiode zu lagern, nutzte man die kühlen Temperaturen der Keller und Gänge unterhalb der Bamberger Hügel.

Im Winter wurde zudem das Eis aus den Auen und Weihern um die Stadt gebrochen oder Eiszapfen von den Eisgalgen, großen Holzgerüsten, die im Winter bewässert wurden, geerntet. Dann schaffte man es durch die kleinen Straßen wie die Eisgrube den Stephansberg hinauf und oben in die Keller der Brauereien. Den oberen Stephansberg hinauf reihte sich ein Brau- und Kellerhäuschen ans andere. Selbst als 1935 die Bamberger Polarbär- und Löwenbrauerei fusionierten, baute man auf dem Stephansberg eine komplett neue Brauerei im Gründerzeitstil.

Die Vorteile durch die Naturkühlung überwogen die Nachteile einer schlechteren Verkehrsanbindung. Auch das beliebte Schlenkerla wird auf dem Stephansberg gebraut und darf tief darunter im eigenen Felsenkeller reifen (Führungen durch die Katakomben des Stephansberges bietet die Städtische Volkshochschule an).

Von Brotzeiten, Kies und umgelegten Bierkrügen

Das Aussehen der Bierkeller wie der Wilden Rose oder dem Spezial sind der Kühlung des Biers geschuldet: die ausladenden Kastanien spenden im Sommer Schatten, der gekieste Boden erleichtert die Verdunstung und trägt so auch zum unterirdischen Klima bei. Daran denkt aber kaum einer der Besucher, die im Sommer in wahren Strömen aus der Stadt den Stephansberg hochpilgern. Nirgendwo sonst lässt sich die fränkische Bierkultur unmittelbarer erleben. Zum Seidla Bier in der Sonne gehört natürlich auch eine Brotzeit, die man auf dem Spezikeller wie auch auf der Wilden Rose im eigenen Picknickkorb mitbringen darf. „Verbrieft" ist dieses Recht dank König Maximilan I. und schaffte es bis in unsere Tage in die Bayerische Biergartenverordnung. Auf wen die Idee, seinen Steingutkrug zur Bierbestellung umzulegen, zurückgeht, ist dagegen nicht bekannt. Es muss aber ein pfiffiger Kopf gewesen sein. Schließlich kann man so ungestört weiter auf dem Keller sitzen und seinen Blick über die von Kirchen und Bier geprägte Stadt schweifen lassen.

Offiziell hat Bamberg sieben Hügel – einige „heilige Berge" (im Bild: der Spezi-Keller) sind dabei allerdings nicht mitgezählt.

„Ich wollt' mir wüchsen Flügel!"

Auf ein paar Seidla rund um den Staffelberg

„Ich wollt' mir wüchsen Flügel!" – das denkt so mancher Wanderer heute noch, wenn er oben auf dem Staffelberg steht. Mit einer Höhe von 539 Metern über dem Meer ist der Staffelberg sicher nicht der höchste Berg, doch steht man auf dem Plateau, liegt einem das ganze nördliche Franken zu Füßen.

von Norbert Krines

In einem weiten Schwenk sieht man bei guter Sicht bis Bamberg, in den Grabfeldgau, die Rhön, hinüber zur Veste Coburg, zum Thüringer Wald, zurück zum Steigerwald und natürlich auch auf die Haßberge. Dort oben fühlt man Viktor von Scheffel nach, den diese Aussicht zu seinem bekannten Wanderlied inspirierte:

> Zum heil'gen Veit von Staffelberg
> bin ich emporgestiegen
> und seh' die Lande um den Main
> zu meinen Füßen liegen.
> Von Bamberg bis zum Grabfeldgau
> umrahmen Berg und Hügel
> die breite stromdurchglänzte Au.
> Ich wollt' mir wüchsen Flügel!

Ob es die gute Fernsicht war, die zur frühen Besiedlung des Staffelbergs führte, ist nicht bekannt. Um 5000 v. Chr. jedenfalls lebten dort die ersten Menschen. Ab 600 v. Chr. besetzen Kelten den Berg. Im zweiten Jahrhundert v. Chr. wurde daraus eine stadtähnliche Siedlung, wohl das Oppidum Menosgada. 2010 haben Archäologen ein Stück der Mauer um das Bergplateau aus originalen Steinen rekonstruiert. Das kurze

„Gottesgarten" nennt man das Gebiet um den Staffelberg.
Dass das nicht übertrieben ist, zeigen die vielen Wallfahrtskirchen und Kapellen. Am schönsten ist zweifelsohne das Rokkoko-Kleinod Vierzehnheiligen.

Stück und der auch heute noch sichtbare Wall rund um den Berg machen die lange Geschichte dieses nördlichsten Oppidums in Bayern deutlich.

Im Gottesgarten

Der Staffelberg ist der Mittelpunkt einer nahezu einzigartigen Kulturlandschaft, dem fränkischen Gottesgarten. Die Adelgundis-Kapelle im Rücken sieht man zur Linken, mit Blick über den Markt Ebensfeld, den Ansberg mit der Kapelle des Heiligen St. Veit. Im Sommer versteckt sie sich hinter einem geschlossenen Kreis von Lindenbäumen. Ein solches Ensemble aus Natur und barocker Kirche sucht europaweit seinesgleichen. Auf der anderen Seite des Maintals thront majestätisch Kloster Banz. Bis zur Säkularisation war die Benediktiner-Abtei Banz, die um das Jahr 1070 gegründet wurde, das älteste Kloster am ganzen Obermain. Beliebt ist der Ausflugsort auch durch das jährliche Musikfestival *Songs an einem Sommerabend*, das auf den Klosterwiesen über die Bühne geht.
Zur Rechten grüßen endlich die Glocken von Vierzehnheiligen herüber. Die zwischen 1743 und 1772 von Balthasar Neumann erbaute Basilika gilt als eine der schönsten Kirchen Bayerns. Bemerkenswert ist der ungewöhnliche Innenraum, dessen sich überschneidende Kreise und Ovale scheinbar nichts mit den geraden Außenmauern zu tun haben und die den Blick des Besuchers auf den zentralen Gnadenaltar lenken. Der Legende nach soll er genau an dem Ort stehen, wo einem Schäfer 1445 das Jesuskind umringt von den 14 Nothelfern erschien.

> Wallfahrer ziehen durch das Tal
> mit fliegenden Standarten.
> Hell grüßt ihr doppelter Choral
> den weiten Gottesgarten.

Die ausgeprägten Schichtstufen an den Hängen des Staffelbergs erinnern an eine gigantische Treppe, im Dialekt „Staffel", und gaben dem Berg seinen Namen. Die Gipfelfelsen aus Riffkalk und Riffdolomit verwittern langsamer als das umgebende Gestein und geben dem Staffelberg sein markantes Aussehen.

So ist es auch heute noch. Zahlreiche Wallfahrten ziehen im Sommer den Pilgerweg zur Basilika hinauf, wo sie vom Kirchenschweizer in vollem Ornat empfangen werden und „Großer Gott, wir loben dich" schmetternd feierlich einziehen.

Wo der Name Programm ist

Zum Teil kommen die vielen Touristen, Wanderer und Pilger auch wegen des berühmten Bieres. Denn bei der Alten Klosterbrauerei Trunk ist der Name Programm. Vor allem der Nothelfer Trunk hat es Wanderern angetan – das dunkle, tiefbraune bis ins Schwarze spielende Exportbier mit breit malzigem Geschmack. Halleluja! Zum Sauerbraten mit Blaukraut und Semmelkloß passt das genauso wie zur fränkischen Brotzeit. Da sitzt man gerne im Biergarten in der Sonne und stärkt sich für den weiteren Weg. Wenn es einen Ort der barocken Bierseligkeit gibt, dann dort. Und mancher soll sogar zugunsten des himmlischen Trunks ganz auf den Besuch der Basilika verzichten. Schließlich locken auch noch ein Pils, ein Bio-Weizen, ein helles, süffiges Lagerbier und je nach Jahreszeit ein Fastenbock, ein Erntebier aus Gersten-, Weizen und Roggenmalz und zur Weihnachtszeit ein Festbier und ein Bock. Der jüngste Spross in diesem Bierreigen ist im Sommer ein unfiltriertes Kellerbier, das – wie sollte es anders sein

– auf den Namen Scheffel-Trunk hört. Zu lange sollte man bei dem aber nicht verweilen, denn die Bierregion rund um den Staffelberg bietet noch viel mehr.

Von Brauereien umgeben

Auch wenn es in der Kurstadt Bad Staffelstein mittlerweile keine Brauerei mehr gibt, ist die Bierregion rund um den Staffelberg mehr als nur einen Besuch wert. Würde man sich oben auf dem Staffelberg einmal um seine eigene Achse drehen, könnte man rund herum die Brauereien wie an einer Perlenkette aufgereiht finden. Zehn Brauereien umgeben die Stadt und den Berg, die sich in gemütlichen Touren erwandern lassen. Wer dann noch bei jeder Brauerei ein Bier trinkt und sich das auf seiner Stempelkarte bestätigen lässt, erhält als Lohn dafür das Staffelsteiner Bierdiplom. Man kann es sich aber auch leichter machen: Jedes Jahr findet am 15. August auf dem Staffelsteiner Marktplatz das Bierbrauerfest statt. An Mariä Himmelfahrt dreht sich dort von zehn in der Früh bis zehn Uhr nachts alles um den leiblichen Genuss. Alle zwei Jahre wird dabei der Staffelsteiner Bierkönig gekürt. Die Thronanwärter müssen sich dadurch würdig erweisen, dass sie bei einer Blindverkostung die Biere der zehn teilnehmenden Brauereien erkennen können. Ein wenig Training bei den Brauereien Dinkel und Hennemann in Stublang,

Wo die Zwerge Rauchbier trinken: Den prächtigen Ausleger vom Staffelberg Bräu zieren neben den typischen Brauerinsignien außerdem der Staffelberg und eines der legendären Querkerla. Auf diesen Namen hört auch das Rauchbier der Brauerei.

beim Hetzel in Frauendorf, dem Adler in End, dem Reblitz in Nedensdorf und dem Thomann in Wiesen kann nicht schaden. Außerdem lohnt ein kurzer Abstecher „beim Manni" in Ützing. Der Metzger Manfred Reichert betreibt dort einen Dorfladen, in dem neben seinen beliebten Würsten und Schinken auch sein selbstgebrautes Bier lockt – und zwar so viele Gäste, dass über der Metzgerei mittlerweile eine richtige Brauerei entstanden ist.

Rauchbierige Zwerge

Hinter dem Staffelberg liegt das kleine Dorf Loffeld mit der Staffelberg-Bräu. Die führt nicht nur ihren „Hausberg" in ihrem Logo, sondern auch eines der sagenumwobenen Querkerla. Diese kleinen Kobolde hausten einstmals auf dem Staffelberg im Querkerlaloch, das man noch heute besichtigen kann. Sie halfen den Bauern bei der Arbeit und wussten Rat bei Krankheiten.

Der Lindenkranz um die Veitskapelle auf dem Ansberg bietet im Sommer Wanderern Schatten bei ihrer Rast. Von der Burg, die bis ins 14. Jhdt. das Plateau krönte, ist nichts mehr erhalten.

Dafür stibitzten sie sich hier und da einen der Klöße, die die Bäuerinnen am Sonntag drehten. Die klugen Bäuerinnen duldeten dies stillschweigend und kochten einfach ein paar mehr. Als aber einmal eine geizige Bauersfrau ihre Klöße genau abgezählt ins Wasser gab, sodass für die kleinen Zwerge keiner abfiel, zogen sie vom Staffelberg weg und waren nie mehr gesehen.

Vielleicht liegt deshalb bei den Brauhäusern um den Staffelberg oft ein zweiter Kloß neben dem Fleisch. Das stammt beim Staffelberg Bräu übrigens vom eigenen Hof oder aus der Region. Und verarbeitet wird es in der hauseigenen Metzgerei. Dazu kommen noch Biere mit internationalem Renommee: Seit ein paar Jahren ist man regelmäßiger Gast auf dem Siegertreppchen der European Beer Awards. Da wundert es nicht, dass es neben den üblichen Bieren, einem himmlischen Märzen und dem eigenen Rauchbier mit Namen Querkerla auch mit Champagnerhefe vergorene oder im Lagertank mit Hopfen gestopfte „Bierschätzchen" gibt. Bei so viel Auswahl weiß man gar nicht, wo man anfangen und wo man aufhören soll.

Am Ende einer derart bierigen Rundwanderung fühlt man sich fast ein wenig wie der „verfahr'ne Schüler" aus dem Frankenlied:

Du heil'ger Veit von Staffelstein,
verzeih mir Durst und Sünde!

Kostenlose Parkmöglichkeiten nahe Staffelberg in Loffeld und Romansthal.

Parkmöglichkeit nahe Vierzehnheiligen: unterhalb der Basilika, kostenpflichtig.

Anfahrt ÖPNV:
Lichtenfels und Bad Staffelstein sind von Bamberg aus mit RB/RE gut zu erreichen. Die Wege vom Bahnhof zum Ausgang der Wanderungen sind jedoch z.T. sehr lang.

Wandermöglichkeiten:
Rund um und über den Staffelberg führen zahlreiche regionale und auch Fernwanderwege. Von Romansthal lässt sich der Staffelberg in 1 km „erwandern". Von Loffeld aus in knapp 2 km.

Ein ca. 5 km langer Wanderweg verbindet den Staffelberg mit der Basilika Vierzehnheiligen.

Ein 8 km Rundweg führt von Staffelstein aus über das Kloster Banz.

Der Veitsberg ist vom Staffelberg aus in ca. 5 km zu erreichen.

Alle Wege sind überwiegend befestigt und gut ausgebaut. Die Auf- und Abstiege sind z.T. steil. Entlang der Wege gibt es zahlreiche Bänke zum Ausruhen. Festes Schuhwerk ist empfehlenswert.

Wanderwege im Internet: Zahlreiche Wanderwege um Staffelstein und den Staffelberg finden sich auf der Homepage der Stadt Bad Staffelstein.

Öffnungszeiten Staffelberg-Klause:
April bis Ende Oktober: Mittwoch bis Montag 10 – 22 Uhr.
Dezember bis Ende März: Fr. 14 – 22 Uhr, Sa. 12 – 22 Uhr, Sonntag 9 – 22 Uhr.

Bierstreit mit Happy End

Eine Anekdote aus der Welt des Bieres

von
Christian Fiedler

Selten endete eine „kriegerische" Auseinandersetzung so friedlich wie am 7. Oktober 1907. An diesem Tag beschlossen die 33 Bamberger Brauereibesitzer, den Preis für den halben Liter Bier von elf auf zehn Pfennige zu senken. Zähneknirschend.

Regionalbrauer behaupten sich mit ihren Bieren gegen die Massenprodukte des Weltmarkts – damals wie heute. Im Bild: Die Belegschaft der Brauerei Keesmann im Jahr 1927.

Damit machten sie eine Preiserhöhung rückgängig, die sie erst eine Woche vorher gemeinschaftlich durchgesetzt hatten. Doch sie hatten die Rechnung ohne die Wirte und die Wirtshausbesucher gemacht, denn nach Meinung der ansässigen Bürger schlug die Verteuerung des Gerstensaftes sprichwörtlich dem Fass den Boden aus. Die Vokabel „Bierpreiserhöhung" existierte im Bamberger Sprachgebrauch schlichtweg nicht. Tatsächlich lag die letzte Anhebung über einhundert Jahre zurück: 1797 hatte die fürstbischöfliche Regierung den Preis per Bestimmung letztmalig festgelegt. Deshalb trat die Bamberger Bürgerschaft nun geschlossen in den Konsumentenstreik.

Unterstützung fand sie in den beiden Gastwirten Georg Weierich und Anton Mohr. Die beiden findigen Geschäftsleute ließen sich den begehrten Gerstensaft aus der Nachbarstadt Forchheim liefern. Zuerst wollten die ansässigen Braumeister die Krise aussitzen, als aber immer mehr Pferdegespanne mit Bierfässern aus Forchheim anrollten, gaben sie ihren Widerstand auf und beugten sich dem (trink-)festen Widerstand der durstigen Bürger. Damit endete nach nur sieben Tagen der so genannte „Bamberger Bierkrieg".

Diese kurze Anekdote aus der langen Geschichte der Stadt belegt eindrucksvoll,

Die Belegschaft der Wilde-Rose-Bräu legt während der Arbeit eine Brotzeitpause ein (wohl vor 1900).

‹ wie wichtig den Bambergern ihr „Seidla Bier" war – und immer noch ist. Als im Herbst 2004 im Herzen der Altstadt eine Gasthausbrauerei eröffnete, wurde dies von den Einheimischen skeptisch beäugt. Eine Erlebnisbrauerei in Bamberg? Das hieße doch Eulen nach Athen zu tragen. Tatsächlich mangelt es der 70.000 Einwohner zählenden Stadt an der Regnitz nicht an Brauereien – acht traditionelle Betriebe setzen hier Bier an. Und im angrenzenden Landkreis sind es weitere 75. Nicht selten existieren in kleinen Ortschaften wie in Lohndorf (385 Einwohner) oder in Merkendorf (840 Einwohner) zwei

Die Biersteuer als wichtigste Einnahmequelle des Staates, der „Bierpfennig" als „zeitlich begrenzte Zugabe" …

eingesessene Brauhäuser nebeneinander. Mit Recht schmückt sich die Region „Bierfranken" im Städtedreieck Bamberg - Forchheim - Bayreuth mit dem Prädikat der höchsten Brauereidichte der Welt.

Ein Grund für die Häufung der Braubetriebe auf relativ kleinem Gebiet liegt in der liberalen Wirtschaftspolitik der früheren Landesherren. Beantragte ein Bürger einst das große Feuer- und Braurecht, welches er zum (legalen) Bierbrauen benötigte, so wurde ihm diese Erlaubnis meist wohlwollend erteilt. Die Bamberger Fürstbischöfe ließen in der Stadt selbst zwei eigene Staatsbrauereien bewirtschaften und waren einem guten Trunk nicht abgeneigt. Und doch verbarg sich hinter der Großzügigkeit der Landesherren wirtschaftliches Kalkül, denn die Biersteuer entwickelte sich zur wichtigsten Einnahmequelle des Staates. Für die Realisierung wichtiger öffentlicher Bauvorhaben wie Schulen oder Brücken wurde einst sogar der „Bierpfennig" auf jede verkaufte Maß erhoben – als Zusatzabgabe und „zeitlich begrenzt", wie es hieß. Aber auch damals war es nicht anders als heute: Eine einmal eingeführte Steuer wurde in der Regel nicht wieder zurückgenommen.

weiter auf Seite 44 ▸ ▸

Urige Bierkultur

**Wirtshaus/
Brauereigaststätte
Mahrs Bräu**

Wunderburg 10
96050 Bamberg
Tel. 0951 / 915170
info@mahrs.de
www.mahrs.de

Öffnungszeiten:
Mai bis Ende
September:
Täglich von
9 – 23 Uhr
Oktober bis April:
Montag 16 – 23 Uhr
Dienstag bis Samstag
9 – 23 Uhr
Sonntag 9 – 15 Uhr

Der Mahrs Bräu im alten Stadtteil Wunderburg eilt nicht ganz so sehr wie dem „Schlenkerla" der Ruf voraus, eine Institution zu sein, sie ist jedoch unzweifelhaft eine. Davon zeugt nicht nur das historische Inventar mit dem gemütlichen Gastraum. Zum besonderen Flair der Mahrs Bräu trägt vor allem das Gesamtensemble bei. Die Brauerei, die Gaststätte und der vorgelagerte Biergarten bilden eine authentische Einheit, die in dieser Form selbst in der Bierhochburg Bamberg einzigartig ist. Dass sich dies mit Technik auf neuestem Stand verträgt, beweisen die Anlagen der Brauerei, die der Inhaber Ingmar Michel ab 1988 einbauen ließ.

Hier entstehen süffige Biere wie das Helle und das Ungespundete. Die beiden Sorten werden in der Gaststätte aus Eichenholzfässern ausgeschenkt und genießen Favoritenstatus. Dazu werden Braten und bodenständige Gerichte, überwiegend aus der fränkischen Küche, serviert.

Eine Skurrilität der Brauereigaststätte bildet die Tradition der „Stehgammler". Damit sind Menschen unterschiedlicher Berufsgruppen und Generationen gemeint, die sich im Flur der Mahrs Bräu auf ein oder zwei schnelle Seidla treffen. In der Regel handelt es sich um alteingesessene Wunderburger. Die Krüge der eingefleischten Stammgäste werden in einem eingemauerten Schrank im Gang verwahrt. Dieses Maß an Kundenbindung dürfte kaum eine andere Gaststätte erreichen.

Typisch fränkisch und frisch

**Brauereigasthof
Schwarzer Adler**

Am Marktplatz 6
96132 Schlüsselfeld
Tel. 09552 / 359
gasthof-schwarzer-
adler@t-online.de

Öffnungszeiten:
Dienstag bis Sonntag
10 – 24 Uhr

Rund ums ganze Jahr kommen Stammgäste und Durchreisende im Brauereigasthof Schwarzer Adler zusammen, um ihren Durst mit einem verlockend frischen Gerstensaft zu stillen. Das süffige Vollbier und das spritzige Weißbier, das Hans Dieter Amtmann herstellt, schmecken Kennern, aber auch Gelegenheitskonsumenten ungemein.

Frisches Bier und leckere Brotzeiten waren Jahrzehnte lang die einzigen Erfolgsgaranten der Gaststätte im schmucken Örtchen

Schlüsselfeld, am südlichen Rand des Ebrachtals (Autobahnausfahrt A3 Richtung Schlüsselfeld). Eva Amtmann-Maatz führt den Betrieb bereits in vierter Generation, inzwischen gemeinsam mit ihrer Tochter Martina, und hat ihn Mitte der 90er Jahre um eine gutbürgerliche, fränkische Küche erweitert. Alle Gerichte des Hauses, insbesondere die Sonntagsbraten, kommen in sehr schöner, schmackhafter Qualität auf den Tisch. Fränkische Weine von ausgezeichneten Winzern und Edel-Spirituosen prämierter Brenner der Region tun ein Übriges dazu, auch feinere Geschmäcker zu verwöhnen und das leckere Essen abzurunden. Mittlerweile hat sich der gute Ruf des Brauereigasthofs bis Bamberg und über die Grenzen des Landkreises hinaus herumgesprochen. Deswegen sollten Gäste für Sonntag unbedingt vorbestellen. Den Charakter eines typisch fränkischen Gasthauses hat die Familie im Zuge der Modernisierungen bewusst beibehalten – eine gute Entscheidung, mit der sich der Betrieb vom austauschbaren Einerlei unterscheidet.

Im schattigen Garten der Brauerei Murrmann auf dem Jakobsberg (ca. 1933).

◀◀ Das reiche historische Brauereien-Erbe genießen heute Einheimische und Touristen gleichermaßen. Mehr als 300 verschiedene Biere setzen die Brauer in Stadt und Landkreis Bamberg an; einige, wie die Starkbiere, nur saisonal. Jedes hat seinen eigenen Charakter und unterscheidet sich wohltuend vom Einheitsgebräu der großen Brauereikonzerne.

In Franken werden vorwiegend „untergärige" Biersorten gebraut. Diese Biere, bei denen die Hefe nach der Fermentation auf den Boden des Gärgefäßes absinkt, benötigen zur Gärung Temperaturen zwischen 4 und 9 Grad Celsius. Zur Kühlung mussten die Brauer früher große Mengen Eis in ihre Felsenkeller verfrachten. Noch heute sind in der Region unfiltrierte Kellerbiere weit verbreitet, denen bei der Nachgärung im Fass kein Gegendruck durch einen „Spund" entgegengesetzt wird. Deshalb haben „ungespundete" Biere nur wenig Kohlensäure, was sie so bekömmlich macht. Doch der Strukturwandel im Braugewerbe bedroht auch das fränkische Bierparadies

mit seinen kleinen Familienunternehmen. Vor allem auf dem Land, wo die Bierbrauerei meist als Zuerwerb zur Landwirtschaft oder einem Gasthof betrieben wird. Nicht selten ist die Arbeitsteilung so geregelt, dass der Großvater einmal wöchentlich im Sudhaus steht und Gerstensaft ansetzt. Wenn der Braumeister aus Altersgründen aufgibt oder verstirbt, endet oftmals auch die Bierherstellung.

Biere als Botschafter des Heimatgefühls

Mit jeder Betriebsschließung geht nicht nur Jahrhunderte altes Anwenderwissen verloren, sondern auch ein Stück Wirtschaftsgeschichte und lokale Identität. Alleine in den letzten 15 Jahren haben über 100 selbstständige Brauereien in Franken das Brauen eingestellt – ein Rückgang um etwa ein Viertel.
Im Bundesvergleich ist die Zahl der Braustätten hingegen konstant geblieben; in erster Linie deshalb, weil viele kleine Gasthausbrauereien neu eröffnet haben. Adäquater Ersatz für den Verlust histo-

risch gewachsener Brautradition sind sie allerdings nicht.

Den globalen Wettstreit internationaler Brauereikonzerne um immer höhere Absatzzahlen sehen die Bamberger Bierbrauer gelassen. Eine andere Möglichkeit haben die Familienbetriebe auch nicht, denn bei Ausstoßmengen von weniger als 10.000 hl pro Jahr liegen die Personalkosten pro Liter um ein Vielfaches über denen der industriellen Bierfabriken. Dass die heimischen Braustätten der Konkurrenz trotzdem standhalten können, hat einen einfachen Grund: Bei den fränkischen Kleinbrauern liegt das Erfolgsrezept in der Rezeptur. Die Produkte sind bodenständig und rein, die Ökobilanz aufgrund kurzer Transportwege und der Verwendung heimischer Rohstoffe erstklassig. Die ansässigen Brauer machen das, was ihre Vorfahren über Jahrhunderte hinweg auch gemacht haben – in Zeiten der Globalisierung und von Lebensmittelskandalen kommt dieses Konzept bei Verbrauchern an. Auch deshalb ist heimisches Bier in Bamberg weit mehr als ein Getränk – es ist zum Objekt lokaler Identifikation geworden, zum Botschafter eines selbstbewussten Heimatgefühls.

Auch wenn in Zukunft die Preise für Bier wieder steigen sollten – einen neuerlichen „Bierkrieg" wie vor mehr als 100 Jahren wird es in Zukunft wohl kaum mehr geben. Selbst in Bamberg nicht. Und das ist eigentlich ganz gut so.

Im Gärkeller der Brauerei Mahr.

Brauereigaststätte Zehendner
Haus Nr. 18
96138
Mönchsambach
Tel. 09546 / 380
brauerei.zehendner
@t-online.de
www.
moenchsambacher.de

Öffnungszeiten:
Di, Mi, Do ab 14 Uhr
Fr, Sa, So und
Feiertage ab 10 Uhr

Gewachsene Tradition

Der Mönch, der mit einem kräftigen Augenzwinkern vom Etikett der Flasche schaut, ist zum Markenzeichen der Brauereigaststätte Zehendner geworden. Er vermittelt eine einfache Botschaft: Dieses Bier zu trinken, macht Freude. Wie recht er doch hat! Das würzige Export, das naturtrübe Lagerbier und das vollmundige Weißbier von Stefan Zehendner sind ein wahres Vergnügen. Die Brauerei nahe Burgebrach könnte angesichts der Nachfrage die Angebotsmenge steigern und steigern. Der Braumeister will an den Rahmenbedingungen jedoch nichts ändern, zugunsten der Qualität.

Ähnlich wie bei der Brauerei, die im Millenniumsjahr mit einer neuen Anlage ausgestattet wurde, legt der in dritter Generation geführte Familienbetrieb auch beim Gasthaus großen Wert auf gewachsene Tradition. Das Haus erhielt im Frühjahr 2010 einen neuen Saal, der sich für gesellige Veranstaltungen aller Art eignet. Wer fränkische Wirtshauskultur erleben möchte, wie sie auf dem Land noch vor ein bis zwei Generationen allgegenwärtig war, sollte die Wirtsstube und im Sommer den Biergarten besuchen. Stefan Zehendners Mutter Barbara und seine Frau Susanne sorgen mit selbst gebackenem Kuchen, Brot aus eigener Herstellung und zum größten Teil selbst gemachter Wurst für wohlschmeckende Beilagen. Spezialitäten: der Gerupfte, die Sülze und das Dörrfleisch, ein kalter, auf ganz besondere Weise zubereiteter Schweinebauch. Damit wird das Bier noch delikater.

Spezialmalze erobern den Globus

Die Welt der Malzfabrik Weyermann® kann klein sein. Das Grundprodukt des Unternehmens fällt im Alltag den wenigsten Menschen auf. Unscheinbar begleitet es sie vom Frühstücksmüsli bis zum Feierabendbier.

Weil das rund um den Globus funktioniert, ist die Welt des Unternehmens andererseits ziemlich groß.

Wie man es auch wendet, ob vom Kleinen ins Große oder vom Großen ins Kleine: Die Welt von Weyermann® Malz hat in jeder Hinsicht etwas ganz Spezielles.

Weyermann®
Malzfabrik

Brennerstr. 17-19
96052 Bamberg
Tel. 0951 / 932200
info@weyermann.de
www.weyermann.de

Sabine Weyermann im Technikum. Hier werden neue Rezepturen für die Lebensmittelbranche entwickelt.

Dass Braumeister eine feine Nase haben sollten und ihr Handwerk beherrschen müssen, ist bekannt. Dass Bier darüber hinaus auch mal zum Feinschmecker-Getränk werden kann, ist landläufig noch die Ausnahme. Wo, in welcher Gaststätte oder in welchem Betrieb, begegnet man schon Bier-Sommeliers, die genau das können, was dem Spezialisten mit Wein gelingt? Weyermann® Malz leistet sich diesen Luxus, der jeden Bierliebhaber mit größtem

Stolz erfüllen dürfte. Das sollte aber nicht darüber hinwegtäuschen, dass die Biersommeliere von Weyermann®, Andreas Richter und Ulrich Ferstl (2 von 16 Weyermann® Biersommeliere), eine große Aufgabe zu bewältigen haben. Sie müssen sehr präzise und nüchtern beschreiben können, ob ein Bier zum Beispiel nach kalifornischen Aprikosen oder nach sonnengereiften Rosinen aus dem Iran schmeckt. Allerdings ist das nur ein Teil ihrer Aufgabe. Andreas Rich-

Festung, Industriedenkmal, Malzfabrik – die Assoziationen zum historischen Gebäudekomplex in der Brennerstraße sind vielfältig. Das Unternehmen lebt die Philosophie des offenen Hauses.

Nach dem Einweichen der Gerste muss das Malz etwa eine Woche lang im Keimkasten ruhen. Malzmeister Josef Gimmer prüft den Zustand mehrmals täglich.

ter, der zudem das Qualitätsmanagement leitet, und Ulrich Ferstl, der Kundenberater für Deutschland, sind immer auch dann gefragt, wenn es um die Entwicklung neuer Rezepturen geht. Hierfür arbeiten sie eng mit dem Braumeister des Unternehmens, Dominik Maldoner, zusammen, der in der

„Die hohe Lebensqualität hier bietet etwas, das viele am liebsten exportieren würden."

– Sabine Weyermann mit Thomas Kraus-Weyermann

Braumanufaktur den Probesud für neue, bierige Genussmittel ansetzt.

Die Vermarktung eines Allerweltproduktes steht, anders als der Unkundige vermuten könnte, nicht im Mittelpunkt der Malzfabrik. „Die spannende Geschichte", erklärt Geschäftsführerin Sabine Weyermann, „ist, dass wir technologisch und kreativ immer schon einen Schritt voraus waren, ob das für das Warenzeichen eines Produktes der Fall ist, das der Firmengründer Johann Baptist Weyermann frühzeitig eingetragen hat, ob es Wärmerückgewinnung ist aus den 70er Jahren oder ob es Bier-Sommeliers in der heutigen Zeit sind." Die Geschäftsführerin und ihr Mann Thomas Kraus-Weyermann waren es auch, die das Unternehmen auf globalen Expansionskurs brachten. Sie lernten sich bei ihrer Ausbildung an der Universität München-Weihenstephan, dem „Oxford der Brauer", kennen. Nachdem beide die höheren akademischen Weihen des Brauwesens empfangen hatten, waren sie reif für einen Prozess, der in der Marketingsprache „strategische Neuaus-

Malz von Weyermann® begleitet den Genießer vom Frühstückstisch bis zum Feierabendbier.

In der Braumanufaktur – die Anlage wurde von der Brauereimaschinenfabrik Kaspar Schulz, Bamberg, gebaut.

richtung des Unternehmens" heißt. Im Grunde handelte es sich um eine Rückbesinnung. Denn was das neue Führungsduo ab 1989 forcierte, waren die alten Stärken, mit denen das Unternehmen 1929 schon einmal zum Weltmarktführer wurde: Spezialmalze.

Die ins Jahr 1879 zurückreichende Firmengeschichte liefert reichlich Stoff für eine Legende. Alles begann unter äußerst bescheidenen Umständen mit einer Rösttrommel unter einer Zeltplane, die Johann Baptist Weyermann am Bamberger Laurenziplatz betrieb, zunächst noch als Getreideröster für Malzkaffee. Schlag auf Schlag folgten neue Techniken, neue Produkte, neue Märkte und Mitarbeiter, die das Unternehmen zu einer Malzfabrik mit Weltruf formten. Und heute? „Heute ist Weyermann® bei Malz Weltmarktführer, wenn es um die Kapazität und die kreativen Ideen geht", sagt Sabine Weyermann. In Zahlen, Daten und Fakten ausgedrückt heißt das: Die gerösteten Spezialmalze bilden das Kernsortiment innerhalb einer Produktpalette mit mehr als 80 verschiedenen Sorten. Pro Jahr wandern 95.000 Tonnen Malz aus Bamberg in über 135 Länder, ein Großteil davon für die Beeinflussung von 50.000 (!) verschiedenen Bieren. Neben hellen Bieren der böhmischen Linie, typischen Braunbieren wie einem „Ale" und schwarzen Bieren wie einem „Stout" gibt es unzählige weitere Lebensmittel mit Malz von Weyermann®. Es steckt in Hunderten von Broten, in Müslis, Sportriegeln, Pralinen und im Whiskey, aber auch in Produkten, die auf natürliche Weise mit Malzextrakten gefärbt werden.

Für Bierliebhaber, die tiefer in die Materie einsteigen: der Weyermann® Fan Shop.

Es hat also mehrere Gründe, weshalb Kunden aus aller Welt zu Weyermann® Malz kommen. Tief beeindruckt sind die Besucher nicht zuletzt auch von der geschichtsträchtigen Atmosphäre, die das Anwesen zwischen Brennerstraße und Memmelsdorfer Straße in großen Mengen verströmt. Gästen aus Übersee erscheint die denkmalgeschützte Fabrik mitunter wie ein Museum und Bamberg wie ein Themenpark, der keinen Eintritt kostet. „Die hohe Lebensqualität hier bietet etwas, das viele am liebsten exportieren würden", erzählt Sabine Weyermann. So kommt es zum Beispiel auch, dass sich in Sao Paulo eine Gaststätte „Bamberg" nennt.

Weyermann® Malz lebt die Philosophie des offenen Hauses. Kunden werden wenn möglich in ihrer Heimatsprache angeredet. Das sei ein „Herzöffner", sagt die Geschäftsführerin. Sie selbst spricht immerhin fünf Sprachen. Dank der Offenheit und der Unternehmungslust des Weyermann®- Teams sind aus vielen Kunden Freunde des Hauses geworden – die 150 Mitarbeiter des Unternehmens gehören ohnehin praktisch zur Familie.

Weyermann®
Fan Shop

Öffnungszeiten:
Montag bis
Donnerstag
13 – 18 Uhr

Freitag
10 – 12 Uhr und
13 – 18 Uhr

Nahrung
für Bauch und Kopf

Es sind Menschen und deren Leidenschaft, die eine Spezialmälzerei und eine Brauerei erfolgreich machen. Weyermann® Malz berät viele Kunden bei der Produktentwicklung und hat schon den einen oder anderen Hobbybrauer auf seinem Weg zum Medaillen gewinnenden Profibrauer begleitet. Um der Begeisterung für das Produkt Malz Ausdruck zu verleihen, eröffnete Weyermann® auf seinem Firmengelände im Jahr 2006 einen Fan Shop. Stärkung versprechen die Fläschchen „Johann Baptist Bratenbraun", das sich zum Bräunen und Aromatisieren von Braten eignet, ein ungewöhnliches „Bohemian Dunkel", ein dezent mit Majoran gewürztes „Mussärol-Bier" … Die gelb-roten Firmenfarben leuchten von Kissen, Decken, Einkaufstaschen, Schals und Eiskratzern. Mit den Artikeln werden Kunden und Mitarbeiter zu Botschaftern. Für den Wissensdurst stehen Bücher bereit.

Träumen darf man immer

E.T.A. Hoffmann und der Wein

von Andreas Reuß

Träumen darf man immer. Von Bühne zu Bühne fahren, als reisender Enthusiast Opernaufführungen vergleichen, Orte und Menschen studieren.

Carl Friedrich Kunz (li.), Hoffmanns erster Verleger sowie Buch- und Weinhändler mit Weinlager am Maxplatz, lässt sich vom Arzt untersuchen. Diese Szene skizzierend stellt sich E.T.A. Hoffmann selbst dar.

In einer Stadt angekommen würde man Champagner trinken, woraufhin der Diener einen mit „Eure Exzellenz" anrede und die Suite zuweise, von der aus man einen Zugang zur Theaterloge hätte. Darin erlebe man Mozarts „Don Giovanni" und genieße eine wunderwunderschöne Begegnung mit Donna Anna.

Alles nur ein Champagner-Traum? E.T.A. Hoffmann hat ihn erzählt, in seinem „Don Juan". In Bamberg gab es diese „Fremdenloge" tatsächlich, mit Zugang von der „Theaterrose", wo Hoffmann oft Wein trank. Leider wurde dieser Schauplatz der Weltliteratur beim Umbau 2003 zubetoniert.

Aber zurück zu Hoffmann. Seit seiner Ankunft 1808 in Bamberg sprudeln seine Ideen wie Champagner, er schreibt, komponiert, zeichnet, inszeniert, inspiriert, durchstöbert Antiquariate und trinkt in Weinstuben, pausenlos …?

Das ist weit übertrieben, bis auf den Wein. Wein hat er durchgängig getrunken, aber die Ideen sprudelten manche Tage gar nicht. Im Tagebuch steht immer wieder: „Nichts" – „Keine Lust zum arbeiten" – „Gefaulenzt" – „fortwährend fantastische Stimmung nebst enormer Faulheit".

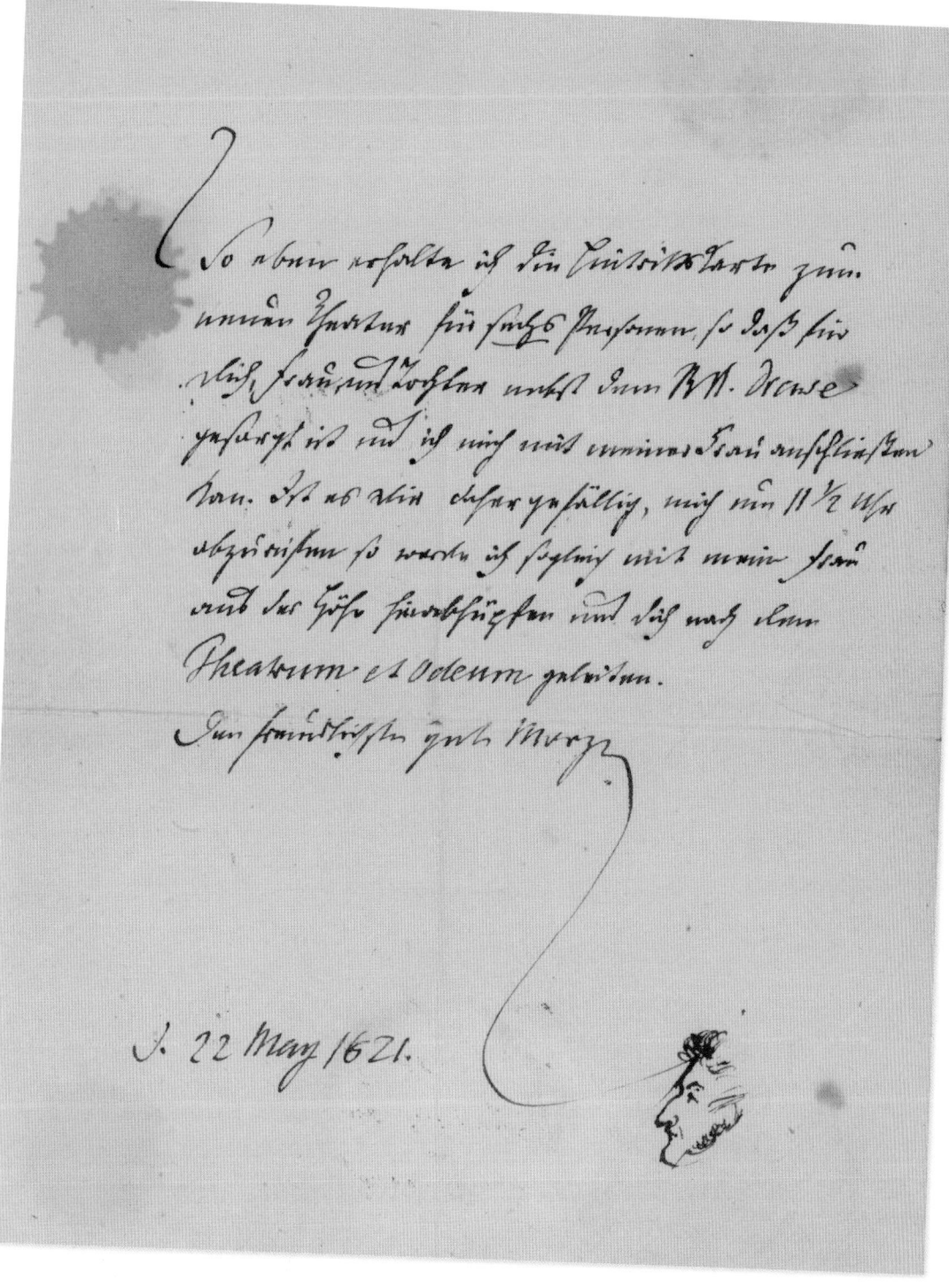

Wein am Morgen? Ein Klecks, vermutlich von Rotwein oder Punsch, ziert Hoffmanns Brief an Theodor Gottlieb Hippel.
Freudig blickt Hoffmann einem Besuch im „Neuen Theater" von Schinkel, Berlin, entgegen:

„Soeben erhalte ich die Eintrittskarte zum neuen Theater für sechs Personen, so daß für Dich, Frau und Tochter nebst dem R[egierungsrat] D[rense] gesorgt ist und ich mich mit meiner Frau anschließen kann. Ist es Dir daher gefällig, mich um 11 1/2 Uhr abzurufen so werde ich sogleich mit meiner Frau aus der Höhe hinabhüpfen und Dich nach dem Theatrum et Odeum geleiten.
D. 22 May 1821 Den freundlichsten gute[n] Morgen"

Kunst, Liebe, Wahn, Weingenuss

An anderen Tagen schätzt sich Hoffmann als fleißig ein. Sein Leben scheint schon Jahre zuvor durcheinander zu gehen. Vielleicht beginnt er deswegen 1803 ein Tagebuch, als innere Stütze; denn langsam steigern sich Kunst, Liebe, Wahn und Weingenuss. Letzterer bleibt, wie das Tagebuch, mit Unterbrechungen der treueste Begleiter, auch wenn es nicht immer hochgeistige, sondern eher hochprozentige Eintragungen bekommt.

12. Oktober 1803: „Mittelmäßiger Tag. – Gepunscht des Abends." 13.10.: „Dito – dito." 14.10.: „Dito – miserables Einerlei!" Punsch: Eine Mischung aus Rotwein, Heidelbeerwein, Tee, Orangensaft, Zitronensaft und Zucker. Anfang Januar 1804 folgt Glühwein: „Alle Nerven irritiert von dem gewürzten Wein – Anwandlungen von TodesAhnungen – DoppeltGänger –". Anfang Februar hilft ein Malvasia delle Lipari: „Abends mit dem Onkel eine Flasche Lipari ausgestochen und guter Dinge gewesen –".

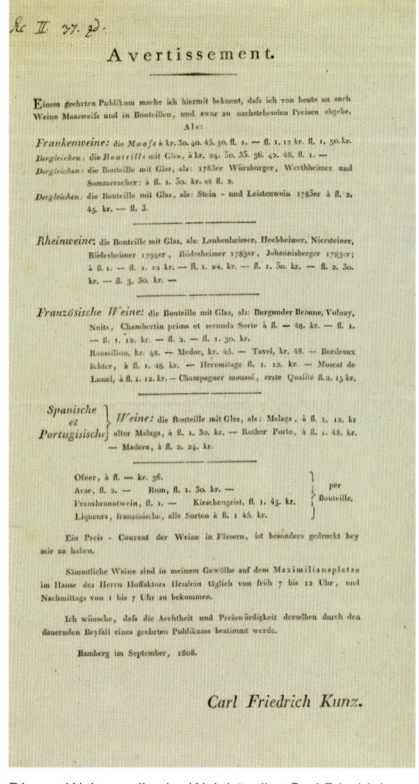

Diesen Weinen, die der Weinhändler Carl Friedrich Kunz auf seiner Karte präsentierte, könnte auch Hoffmann zugesprochen haben.

Als gebürtiger Königsberger kannte E.T.A. Hoffmann die sprichwörtliche preußische Militärdisziplin aus eigener Erfahrung. Das zusammengestöpselte Bamberger Bürgermilitär muss ihm daher recht komisch vorgekommen sein. In einer Karikatur macht sich der neue Bewohner der Stadt über die bunte Truppe lustig. Preußische Tugenden verkörpern die beiden stoischen Personen im Hintergrund. E.T.A. Hoffmann hat sich einmal mehr selbst in das Bild hineingemalt: als Preuße mit Spitzhut.

Elexiere des Himmels und des Teufels

Vier Jahre nach diesen Schwankungen kündigt sich ein ganz besonderer Wein an, der Trank der Unsterblichkeit. Hoffmann soll nach Bamberg kommen und vorher für Graf von Soden dessen Oper „Der Trank der Unsterblichkeit" in Musik setzen. Für Hoffmann werden es die Elexiere des Himmels und des Teufels zugleich sein.

Denn ein neuer Rausch beginnt: Liebeswahn. Die Tochter von Franziska Mark, wohnhaft in der Langen Straße, ist noch in der Ausbildung, aber überaus anregend für ihren Gesangslehrer Hoffmann. Im Sommer 2010 sind es 200 Jahre her, dass Hoffmann in Liebe zu Julia entbrennt und für ihren Geburtstag im März 1811 ein Sonett dichtet.

Jetzt muss der Wein ablenken. Wieviele Nächte sitzt er im Weinkeller seines Freundes Kunz am Maxplatz und bechert, bis er Venedigs Markusplatz vor sich sieht! Ins Tagebuch werden danach nur ein oder zwei Weingläser gezeichnet, bei größeren Räuschen bekommen sie Flügel. Um nicht unbefugt gelesen zu werden, erhält Julia den Code „Käthchen". Im Liebeswahn reicht es nur noch für ein stakkatohaftes „Ktch – Ktch – Ktch!!!! Exaltiert bis zum Wahnsinn". Anfang Januar 1812 erscheint gar eine Pistole auf dem Papier, nach einem Punsch bei Kunz: Selbstmordgedanken.

Bemerkenswerterweise bleibt die Handschrift stets regelmäßig, selbst wenn das Papier mit Weinflecken bekleckert ist. Aber es wird weitergeschrieben, meist von Anfängen, von Dingen, die entstehen. Ein Traum: Der Dichter bechert im Gewölbekeller mit seiner Geliebten, der Buchhändler sitzt dezent abseits, lesend, und da sie den Wein verschüttet, darf er sie küssen – „Ktch bis zum Wahnsinn".

1812: Fatale Landpartie mit den Marks nach Pommersfelden, dessen Schloss ein Spiegelkabinett birgt, in dem Figuren à la

„Ich denke mir mein Ich durch ein Vervielfältigungsglas", schrieb Hoffmann einst in sein Tagebuch. Das von Wolfgang Clausnitzer gestaltete Spiegelkabinett des E.T.A. Hoffmann-Hauses am Bamberger Schillerplatz greift dieses berühmte Zitat auf und setzt dem romantischen Multitalent ein Denkmal.

Callot stehen – ein schöner Bezug zu Hoffmanns Buch: „Fantasiestücke in Callot's Manier. Blätter aus dem Tagebuch eines reisenden Enthusiasten". Nach üppigem Weingenuss übermannt Hoffmann aus lächerlichem Anlass die Eifersucht, er stößt wüste Beschimpfungen gegen Julias Verlobten aus. Julia, die sogar hingefallen war, muss nun für immer sein Traum bleiben – ein Trank der Unsterblichkeit, der später mit wechselnden Namen in Hoffmanns Werk auftaucht. „Wisset, daß in dieser Nacht dem Könige von Ungarn, Andreas dem Zweiten, ein Töchterlein geboren wurde. Die wird aber Elisabeth heißen und ob ihrer Frömmigkeit und Tugend heilig gesprochen werden." So erzählt bei einem Glas Wein unter den „Serapionsbrüdern", erstmals gegründet am 12.10.1814.

E.T.A. Hoffmann schrieb, malte, komponierte und fertigte auch Kostümentwürfe für Bühnenauftritte an, wie hier das des Doktor Bartolo aus „Figaros Hochzeit" für einen Auftritt in Berlin.

Für Augenblicke, die in die Ewigkeit reichen

Große Weine, die das Potenzial haben, fünf, zehn oder auch fünfzig Jahre alt zu werden, erfordern Geduld. Weniger von demjenigen, der so lange warten muss, bis die Weine das trinkreife Alter erreicht haben, sondern vom Winzer. Mathias Rippstein ist überzeugt, dass Sehnsucht, Geduld und Leidenschaft für die Herstellung eines großen Weins unverzichtbar sind. Mit gutem Grund: Seine Weine sind selbst Ausdruck dieser Eigenschaften.

Das Weingut Rippstein produziert nicht nur hervorragende Weine – 2009 und 2012 mit dem Staatsehrenpreis ausgezeichnet, es ist auch ein erlebnisreiches Weingut, inkl. Vinothek und einer Weingenusswerkstatt.

**Weingut
A & E Rippstein**
Sandgasse 26
97522 Sand am Main
Tel. 09524 / 1341
info@weingut-rippstein.de
www.weingut-rippstein.de

Öffnungszeiten
der Heckenstube:
September bis April
Dienstag bis Samstag
ab 16 Uhr
Sonntag ab 15.00 Uhr
Weinverkauf ganzjährig

Ein Wein für die Ewigkeit, das ist sein Traum. Mathias Rippstein glaubt zwar nicht, dass er den perfekten Wein jemals erreichen kann, aber anstreben wird er ihn, unbedingt. Und dieser Wein muss für ihn schon beim Riechen eine Gänsehaut erzeugen, weil er alle Sinne wachrüttelt. Vielschichtigkeit, Raffinesse und Langlebigkeit zeichnen ihn aus, zudem auch eine gewisse Mineralik und Authentizität. Kurzum: All das, was die persönlichen Vorlieben des Winzers ausmacht, sollte der Wein auf den Punkt bringen, vor allem, wenn es um die eigenen Erzeugnisse geht. Klar, dass Geschmäcker unterschiedlich sind. Viele mögen schmeichlerische Weine, die sich für einen schnellen Trinkspaß eignen, lieber als sorgsam ausbalancierte Produkte, deren Genuss sich mit gaumenfröhlicher Trinkerfahrung noch steigern lässt. In letz-

ter Konsequenz kommt es jedoch genau auf jene Leidenschaft für einen konkreten Stil an. Nur so kann auch Mathias Rippstein etwas schaffen, das über solides Mittelmaß hinausgeht und sich dem Ideal eines Weines für die Ewigkeit annähert.

Sehr viel Energie steckt der Winzer in den Anbau und die Auswahl der Trauben. „Top-Lesegut ist das A und O unseres Weins", erklärt er. Die Qualität verdankt sich klaren, konsequent umgesetzten Zielen: einer naturnahen Bewirtschaftung, einem angemessenen Ertragsniveau, einer extrem langen Reifephase der Trauben sowie einer sorgfältigen, handverlesenen Auswahl. Ganz einfach? Das Einfache ist in Wahrheit schwierig. „Wenn ein Winzer ungeduldig und gierig ist, sind keine großen Weine zu machen", sagt Rippstein, der weiß, wovon er spricht. Übermäßig hohe Hektarerträge haben dem Frankenwein Ende des letzten Jahrhunderts schon einmal massiv geschadet. Als der Liter für 1,39 Euro über den Ladentisch ging und das Image am Boden war, setzte bei vielen Winzern aus nackter wirtschaftlicher Notwendigkeit ein Umdenken ein. Seitdem erlebt der Frankenwein, begünstigt vom Klimawandel, eine Renaissance sondergleichen.

1997 übernahm Mathias Rippstein den Betrieb seiner Eltern, die bis dahin ausschließlich Literware für ihre Heckenwirtschaft produziert hatten, und baute das Weingut zu einem Vorzeigebetrieb aus. Die momentane Produktion ist so begehrt, dass der Winzer schon Monate vor der nächsten Saison ausverkauft ist. Hauptre-

bensorte ist der Silvaner, gefolgt vom Weißen Burgunder und einem Müller-Thurgau. Insgesamt beträgt der Anteil der Weißweine 80 Prozent, Tendenz steigend. Für den Winzer ist und bleibt der Eiswein dabei die Königsdisziplin. Ein Abenteuer. Doch wenn es gelingt, lassen sich mit dem Wein, der sogar 100 Jahre alt werden kann, tatsächlich Momente erleben, die in die Ewigkeit reichen.

„Wenn ein Winzer ungeduldig und gierig ist, sind keine großen Weine zu machen."

– Mathias Rippstein

Wein, Kunst und Kultur im Sandschlösschen

Soll es zur Weihnachtsgans einen schweren Roten geben oder lieber einen fruchtigen Weißen? Welcher Wein passt perfekt zu Lachs und Weißbrot? Vielleicht gar kein Wein, sondern besser ein Sekt? Im Weinhaus Heinrich & Heinrich können die Suchenden fündig werden.

„Bevor ich einen Wein in den Laden stelle, muss er erst meine Kriterien erfüllen."

– Heinrich Krebs

**Weinhaus
Heinrich & Heinrich**
Obere Sandstraße 31
96049 Bamberg
Tel. 0951 / 5 80 57
info@weinhaush-h.de
www.weinhaush-h.de

Öffnungszeiten:
Dienstag
14 – 18.30 Uhr
Mittwoch, Donnerstag
10 – 12.30 Uhr
und 14 – 18.30 Uhr
Freitag
10 – 18.30 Uhr
Samstag
10 – 14 Uhr

Es ist nicht unüblich, dass Kunden einen Speisenzettel mitbringen, um den Inhaber Heinrich Krebs nach seinem Rat zu fragen. Der Fachmann, der vor allem aus Genussgründen zu seinem Beruf gekommen ist, kann ihnen so gut wie jeden Wunsch erfüllen. In seinen Flaschen steckt ein ganzer Mikrokosmos an Geschmackseindrücken. Von blumigen und würzigen über geröstete und holzige Aromen bis zu honigartigen und tierischen Nuancen. Nur junge, mit allerlei Tricks aufgepeppte Weine, die sich in den Supermarkt-Regalen drängen, und zweifelhafte Billig-Produkte wird man hier nicht finden.

Die heimelige, elegante Atmosphäre, die der Laden verbreitet, stimmt mit Heinrich Krebs bodenständiger Haltung überein. „Bevor ich einen Wein in den Laden stelle, muss er erst meine Kriterien erfüllen", betont der Inhaber. Als Individualist verweigert er sich dem Mainstream, der höchst gefällige, parfümierte Weine ohne eigenen Charakter hervorbringt, und hält stattdessen konsequent an bewährter Qualität fest. Ob diese von kleinen Winzern oder von großen Marken stammt, ist letztlich egal. Entscheidend für das Sortiment sind die Qualität, die Vielfalt und ein korrekter Preis. Daher gibt es neben den Spitzenerzeugnissen von Chateau Latour bei Heinrich & Heinrich auch günstige Alltagsweine ab 4 Euro, neben Bocksbeuteln fränkischer Vorzeigewinzer Champagner und Hochprozentiges sowie eine Auswahl an Feinkostartikeln, u.a. Terrinen, Essig und kaltgepresste Olivenöle.

Fundierte Beratung gibt es im Weinhaus inklusive. Schließlich ist Heinrich Krebs der am längsten in Bamberg ansässige Weinhändler, mit entsprechend umfangreicher Erfahrung. Er weiß aber auch, dass das Reden über Wein ohne Verkostung eine reichlich trockene Angelegenheit ist. Daher lädt er seine Kunden mehrmals pro Jahr zu Proben beziehungsweise Weinabenden mit Menüs ein. Hierfür steht der Chef mitunter selbst am Herd. Das neue Domizil ist für derartige Veranstaltungen wie geschaffen. Das Weinhaus hat sich im Jahr 2009 im so genannten Sandschlösschen niedergelassen. Der liebevolle Beiname stammt aus dem Bamberger Sprachgebrauch und verweist auf den schlossähnlichen Charakter der Gebäudeanlage. Die Bewohner waren allerdings nie adeliger, sondern stets bürgerlicher Herkunft.

Das Weinhaus verfügt über eine Küche und einen Hof, der gerade im Sommer den italienischen Charme des Hauses offenbart. Auch innen sitzt es sich gut, umgeben von netten architektonischen Details und Werken bildender Künstler, für die der Inhaber sogar kleine Ausstellungen bei sich organisiert. Dass man hier auch schöne Weine kaufen kann, versteht sich fast von selbst. Zur traditionellen Weihnachtsgans sollte es übrigens lieber ein Weißer sein und zum Lachs könnte es auch mal einen Sekt geben.

My home is my castle. Und ein Zuhause für ausgesuchte Weine ist das Weinhaus Heinrich & Heinrich im Sandschlösschen. Der Besitzer hat auch ein Faible für Kochen und Kunst.

Der Weingarten für alle Sinne

Weingarten Jesserndorf

Dorfplatz 6
96106 Ebern-
Jesserndorf
Tel. 09531 / 8895

sz@derweingarten.com
www.
derweingarten.com

Öffnungszeiten
Weingarten:
Donnerstag bis
Sonntag ab 17 Uhr,
(Tel. Reservierung
erbeten)
alle weiteren Tage:
für Gruppen,
private Feiern oder
Veranstaltungen
nach Vereinbarung

Öffnungszeiten
Keramikwerkstatt:
Dienstag bis Freitag
10 – 18 Uhr
Samstag
10 – 14 Uhr

Mitten am Dorfplatz des idyllischen Haßbergdörfchens Jesserndorf, umrahmt von Fachwerkbauten, liegt der Weingarten von Barbara Zehender und Günter Stahlhacke.
Im Ensemble mit der urigen Scheune, dem liebevoll gestalteten Hof und der angeschlossenen Keramikwerkstatt bietet der Weingarten eine Erlebnisgastronomie mit viel persönlichem Flair.

Das Gesamtkonzept ist nach und nach entstanden und in vielen Jahren zu einem Ort der anspruchsvollen Genüsse, lebendigen Kultur und herzlichen Gastfreundschaft gereift.
Am Anfang stand die Töpferei, die Barbara Zehender vor gut drei Jahrzehnten im ehemaligen Bürgermeisterhaus einrichtete. Die große, an das Wohnhaus angrenzende Scheune und das gegenüberliegende Backhaus blieben lange Zeit ungenutzt.
Mit Leben gefüllt wurde das Anwesen zunächst im Jahr 1992, als Barbara Zehender erstmals gemeinsam mit den Bamberger Soroptimistinnen einen Weihnachtsmarkt veranstaltete, der seitdem einen Glanzpunkt im Jahresprogramm setzt.

Der anfängliche Geheimtipp gilt mittlerweile als einer der schönsten Weihnachtsmärkte der Region und zieht stets Besucher aus nah und fern in das beschauliche unterfränkische Dorf. Gemeinsam mit ihrem Mann Günter Stahlhacke wagte sich die Töpferin Mitte der 90er Jahre an ein neues Projekt: Die ehemalige Backstube kam zu neuen Ehren.
Ein Weingarten entstand. Mit feinen Gerichten und ausgesuchten Weinen

„Land, Kultur und Küche"

verwöhnen die leidenschaftlichen Hobby-
köche seither ihre Gäste. Hinzu kamen
regelmäßige Veranstaltungen. Ob Musiker
der Bamberger Symphoniker, Jazz-Bands
oder Unterhaltungsmusiker, Kabarettisten
oder Ausstellungen namhafter Künstler, ob
literarische Schmankerl oder Wiener Klassik – der kleine Weingarten im romantisch
begrünten Innenhof und sein attraktives
Programm in der charmanten Hofscheune
machen von sich reden. Der Kalender der
Töpferei und des Weingartens umfasst
inzwischen rund zehn Veranstaltungen im
Jahr, wobei die Saison stets mit dem Weihnachtsmarkt endet.

Der vorerst letzte Umbau erfolgte im Jahr
2007. Barbara Zehender und Günter Stahlhacke machten ihren Weingarten winter-
fest. Im behutsam umgebauten Gastraum
sitzt es sich seither zu allen Jahreszeiten
warm und behaglich. Das Speisenangebot
wurde etwas größer und die beiden
Gastgeber entwickelten sich zu wahren
Profis am Herd. Die Speisekarte ist saisonal
und wechselt wöchentlich. Hochwertige
Produkte, vorwiegend aus der Region,
werden in der Küche mit Bedacht frisch
zubereitet. Man favorisiert die Slow-Food
Philosophie.

Gleichzeitig sorgt Günter Stahlhacke für
die umfangreiche Weinkarte. Die Weine
stammen aus Deutschland, bevorzugt
Franken, Pfalz und Rheingau, Österreich,
Italien, Frankreich und anderen interessanten Weinbaugebieten. Viele dieser Weine
werden vom Gastgeberpaar auf ihren
Weinreisen beim Erzeuger verkostet und
für Jesserndorf eingekauft. Der Weingarten
lädt zu einer Entdeckung ein.

Barbara Zehender und Günter Stahlhacke haben den Dorfplatz von Jesserndorf in einen anregenden Ort für Genüsse, Kultur und Gastlichkeit verwandelt. Im Fachwerkhaus befinden sich eine Keramikwerkstatt und ein kleiner
Laden, die ehemalige Backstube wurde zum Weingarten mit winterfestem
Gastraum umgebaut.

Ein Stück Italien in Bamberg

In Deutschland ist die Bereitschaft, sich auch im Alltag Gedanken über Wein und gutes Essen zu machen, ein relativ junges Phänomen. Die italienische Lebensart hat es vorgemacht, und vielleicht werden wir alle ein bisschen italienischer.

Vino e Camino
Mittelstr. 7
96052 Bamberg
Tel. 0160 / 94968053
www.vinoecamino.de
info@vinoecamino.de

Öffnungszeiten:
Dienstag 12 – 15 Uhr
Mittwoch 14 – 18 Uhr
Freitag 18 – 22 Uhr
Und immer nach
Vereinbarung

Direktimport aus Italien und kompetente Weinberatung – seit 2012 in Bamberg.

Die gebürtige Italienerin Francesca von Beust-Luti unterstützt die Genießer auf jeden Fall dabei: als erfahrene und professionelle Weinfachhändlerin und mit spontaner italienischer Gastfreundschaft. Viele Stammkunden kennen sie noch aus den Zeiten, als sie im Schloss Obertheres bei Hassfurt eine Vinothek innehatte. 2012 zog sie nach Bamberg um.
Ihr Laden wartet weiterhin mit einem kleinen, aber feinen Angebot an traditionell handwerklich hergestellten Weinen aus allen Regionen Italiens auf. „Ich möchte Weine anbieten, die eine Gegend oder eine Rebsorte in typischer Weise vertreten", sagt Francesca von Beust-Luti, die aus einer angesehenen römischen Gastronomenfamilie stammt. Einige weltbekannte Weine wie die großen Klassiker von Antinori und Gaja

haben einen Platz in den Regalen gefunden sowie jüngere Weine, die ein besonders interessantes Preis-Leistung-Verhältnis bieten. „Süditalien legt immer deutlicher zu und hat Trauben mit tollem Potenzial", lautet ihre Einschätzung.

Nicht zu vernachlässigen ist bei ihr auch die Feinkost, allen voran das erstklassige, toskanische Olivenöl aus familieneigener Produktion. Für die gehobene Gastronomie bietet die Händlerin ihre Weine auch in größeren Mengen an.
Dabei ist „Vino e Camino" mehr als nur ein Fachhandel. Der einladend möblierte Raum ist für Degustationen sehr gut geeignet. Das Essen lässt sich auf Wunsch dazu bestellen. Am Freitagabend gibt es „Tagliere Italiano" (eine italienische Brotzeitplatte). Und flexibel wie die Italienerin ist, kann sie Degustationen auch außer Haus organisieren. Apropos Flexibilität: Die gilt auch für die Öffnungszeiten ihres Domizils in der Mittelstraße. Neben den festen Öffnungszeiten öffnet die Inhaberin gerne auch nach vorheriger Terminvereinbarung ihre Tür.

Weinkultur schmecken und erleben

Weingut Bauerschmitt

Ziegelanger 31a
97475 Zeil am Main
Tel. 09524 / 302078
www.weingut-
bauerschmitt.de
info@weingut-
bauerschmitt.de

Öffnungszeiten:
Ganzjährig außer
Januar, April, Juli,
Oktober
Freitag
ab 16 Uhr
Samstag, Sonntag
und Feiertag
ab 14 Uhr

Weinbau hat in der Gärtner- und Häcker-stadt Bamberg seit dem Mittelalter Tradition. „Bamberg ist aber auch berühmt ob der Menge seiner Weinberge und deswegen offenbar eine besondere Weihestätte des Gottes Bacchus", schrieb der Humanist Albrecht von Eyb 1452. Klement Alois Baader, Konsistorialrat zu Salzburg, stellte 1797 bei einem Aufenthalt in Bamberg fest: „Die Gärten des Klosters (Michels-berg), welche an den mit Wein bebauten Berge angelegt sind, empfehlen sich durch Mannigfaltigkeit, und eine entzückende Aussicht nach den schönsten Gegenden."

Dem kann der Winzer des Weinberges, Martin Bauerschmitt, nicht mehr viel hinzuzufügen. Weinkaufen und Genuss mit Einblicken in die Geschichte und persönlichen Erlebnissen zu verknüpfen, ist inzwischen für einen großen Kreis von Weinliebhabern attraktiv. In dieser Kombination liegt unter anderem auch der Erfolg des Weingutes Bauerschmitt begründet. Der Betrieb mit Stammsitz in Ziegelanger bewirtschaftet seit 2011 den Weinberg am Südhang des Klosters Michelsberg in Bamberg. Dieser wurde im Rahmen der Landesgartenschau Bamberg 2012 neu

angelegt. Die Streitereien, die sich hierzu im Vorfeld zwischen Streuobstwiesen-An-hängern und Weinbergs-Befürworten zu-trugen, sind längst dem Genuss gewichen.

Auf der sonnenverwöhnten Südseite des Michelsbergs werden Silvaner-Trauben für einen feinen Bio-Wein angebaut. Der Weinbau-Ingenieur und Önologe Martin Bauerschmitt stellt in Ziegelanger zusätz-lich noch einen konventionell ausgebauten Wein her.
Die familiären Wurzeln des Betriebs gehen bis 1922 zurück, da Martin Bauerschmitts Urgroßvater als „Gräflicher Weingutsver-walter" einst im Dienst des Weingutes von Graf Stauffenberg stand. Ab 2003 baute der Jungwinzer den Nebenerwerbsbetrieb gemeinsam mit seinem Vater Kilian zum Vollerwerbsbetrieb aus. Angebaut werden die typischen Rebsorten der Region: Sil-vaner, Riesling, Müller-Thurgau, Bacchus und Domina. Den Weinen ist eine geringe Restsüße und ein ausgeprägtes Sorten-aroma zueigen. In anderen Worten: Sie sind trocken und lecker zugleich.

Apfelkräpfla mit Weinsoße von Betty Bauerschmitt

Die Äpfel schälen, in Stücke schneiden und entkernen. Apfelschnitze mit dem Küchenhobel zerkleinern. Mit Rum beträufeln und zuckern, ziehen lassen.
Für die Weinsoße wird der Wein mit Zimt und Zucker in einem Topf erhitzt. Die Speisestärke mit etwas kaltem Wasser vermischen und in die kochende Flüssigkeit einrühren. Etwas abkühlen lassen und dann den Eischnee unterziehen. Die Soße schmeckt auch kalt!
Backteig anrühren – er soll ziemlich dickflüssig sein. Die Äpfel untermi-schen und handtellergroß in heißem Fett goldbraun backen.
Auf Küchenpapier abtropfen lassen und heiß mit Weinsoße servieren.

Zutaten für drei bis vier Personen:	Für die Weinsoße:
5 große säuerliche Äpfel	½ l Frankenwein, Zimt, Zucker,
2 EL Rum, 1 EL Zucker	½ EL Speisestärke (Mondamin),
Für den Ausbacktteig:	2 Eiweiß zu Schnee geschlagen
200 g Mehl, 2 Eier, ¼ l Milch, Salz	Zum Bestreuen: Zimt und Zucker
Zum Ausbacken: Schmalz oder Öl	

Wohin zum Sonntag-Mittag-Essen?
Genussregion Bamberg (1)

von
Georg Willibald Lang

Wo wir schon am längsten nicht mehr zum Mittagessen waren, da könnten wir doch heute hinfahren. Also nehmen wir den Steigerwald, oder wäre nicht eher die „fränkische Toskana" an der Reihe oder die Fränkische Schweiz, die Haßberge, der Obermain oder der Itzgrund, oder das Regnitztal aufwärts Richtung Forchheim?

Seine Lieblingsecken in der Region hat jeder Bamberger, und sie können die Entscheidung ganz schön schwer machen. Wie immer drängt auch die Zeit. Man hätte früher mit der Diskussion beginnen sollen, weiß man doch aus Erfahrung, wie lang sie dauert.

Ausgeschieden werden muss leider das Stammlokal. Wo wir immer hingegangen sind, können wir nicht mehr hingehen, denn die haben umgebaut. Eine Zumutung ist der neue Riesensaal, blöd eingerichtet und ungemütlich. Das Schlimmste daran ist aber, dass sie die alte Gaststube zum sonntäglichen Mittagessen gar nicht mehr aufmachen. Auf das gute Bier müssen wir so wenigstens nicht ganz verzichten, bloß wo finden wir ein ähnlich feines Essen? Wenn ich an den Sauerbraten denke! Einige Disputanten schlucken ihren Ersatzvorschlag hinunter; die angedachten

Brauereigaststätten hatten alle schon vor längerer Zeit umgebaut. Von der Gaststube war meist nicht mehr übrig geblieben als das Schild an der Tür. Der Gast konnte froh sein, wenn die Stube schon voll war und er in den umdekorierten ehemaligen Tanzsaal einziehen durfte. Dort schmerzte wenigstens kein Verlust des vertrauten Ambientes.

Auf die richtige Stunde kommt es an

Ein Traditionsgasthaus, in dem für jeden alles stimmt, ist eben nicht so leicht zu finden. Dem erwartungsgemäß fruchtlosen Appell an die Kompromissfähigkeit der Beteiligten folgt die massive Drohung: Wollt ihr, dass wir die berühmten Schnitzel groß wie Klodeckel essen? Niemand traut sich offen zu gestehen, dass er es doch manchmal gerne tut. Halblaut bemerken einige, der Kartoffelsalat dort sei immerhin eine echte Wonne. Kartoffelsalat am

Sonntagmittag – für Verzweiflungstaten ist es noch zu früh. Zur besten Zeit, wenn noch alles auf der Speisekarte zu haben ist, schaffen wir es zwar nicht mehr. Aber die zweite Runde ab Eins –halb Zwei steht uns offen. Riskant ist das natürlich. Rindsroulade bestellen zu müssen, weil der Rehbraten ausgegangen ist, das mag seinem ärgsten Feind niemand zumuten.

Ein Vorschlag zur Minimierung dieses Risikos bringt die gehobene Küche ins Spiel. Hier und dort soll es solche Lokale geben, etwas weiter als gewohnt müsse man vielleicht fahren. Habt bitte keine Angst vor Sternen und Kochmützen, die findet man in unserer Region sowieso nicht, ich will euch auch sagen warum, weil wir einfach zu hausbacken dafür sind und auch noch stolz auf unser Ignorantentum, aber das Niveau liegt ganz knapp drunter, ich kenne da einen Spitzentypen, der hat kürzlich erst aufgemacht. Auch das Bier, das er ausschenkt, ist supergut, er wird schon eins haben, denke ich. Der ehrenwerte Vorstoß bringt nichts in Bewegung.

Jetzt endlich fällt der erlösende Satz. Eigentlich lag er fast jedem schon vor einer halben Stunde auf der Zunge, bloß wollte sich niemand als erster diese Blöße geben: Ich hab´ jetzt langsam Hunger, wir können doch auch in Bamberg irgendwohin gehen. Als kleinster gemeinsamer Nenner kommt das Schlenkerla ins Gespräch, als nächst größerer das Spezial. Und der Mahr und der Keesmann und der Greiffenklau und die Klosterbräu und das Fässla und das Weißbierstübla und und und, sie alle sind uns lieb und wert, aber nicht jedem von uns gleichermaßen. Wer geht schon gerne in seine Lieblingswirtschaft mit Menschen, von denen er weiß, dass sie lieber in eine andere gegangen wären. Da blutet das Frankenherz. Ein letzter Hoffnungsschimmer strahlt auf in Gestalt der italienischen, griechischen und anderen Nationalitätenrestaurants. Echte Geheimtipps in und außerhalb der Stadt werden schweren Herzens preisgegeben. Konsensfähig sind sie alle nicht.

Der Keller ruft zur Brotzeit

Irgendwann schließt die warme Küche in fast jedem Restaurant. Wir hätten, resümiert die Klügste in der Runde, uns ohnehin überlegen müssen, wo wir nach dem Mittagessen Brotzeit machen. Das ökologische Bewusstsein ächtet schließlich unnötige Kilometer. Also gehen sie halt gleich auf den Keller. Wir mögen gar nicht wissen, auf welchen, auch nicht, ob sie wirklich den richtigen gefunden haben. Das Bier lockt bei dem einen wie bei dem anderen. Die Brotzeiten präsentieren viele der schönsten fränkischen Spezialitäten, manchmal in hervorragender Qualität, manchmal so, dass man besser vorher Mittag gegessen hat. Überlaufen sind sie fast alle. Der wahre Kenner, merken spöttische Zungen an, wählt seinen Keller ausschließlich nach dem Reiz der landschaftlichen Gegebenheiten. Vom Strullendorfer Keller aus genießt man den schönen Blick über die Wipfel des Hauptsmoorwaldes auf die Altenburg im Abendlicht; auf dem Rheundorfer Keller kann man sich in den Sonnenuntergang hinter den flachen Steigerwaldhöhen verlieren; auf dem Oberhaider Hannla-Keller folgt das Auge fasziniert der roten Sonnenscheibe, die zum Tagesabschluss durch die Äste und Zweige wundervoller alter Bäume zieht; auf den Kemmerner Kellern …

Kirchweih für Genießer

Genussregion Bamberg (2)

„Wo is denn des Görchla?
Des Görchla is ned dähamm,
des is auf der Kerwä,
frisst dort alla Brodwörschd zamm.“

von
Georg Willibald Lang

Das Görchla ist ein echter Kirchweihbursche, und sein Bärbäla, das die Frage nach dem Verbleib des Ehemannes gleich mit der richtigen Antwort verbindet, gibt im weiteren Text des Liedes deutlich zu erkennen, dass sie ihm deswegen gar nicht böse ist. Spekulationen sind müßig, was dem Bärbäla sei Görchla auf die Kerwa treibt und warum er ohne sie hin geht. Tatsache ist, dass er sich erfolgreich der lastenden Bürde des Alltags entzieht, fröhlich eintaucht in eine befreiende Festlichkeit und zu seinem Glück noch nicht weiß, dass er scheitern wird bei dem Versuch, darin verschollen zu bleiben. Genusssucht allein treibt ihn sicher nicht, sonst würde er weit weniger als alle Bratwürste essen, allein schon wegen des vielen Bieres, das dazu getrunken sein will.

Kerwa-Verwicklungen dieser Art lassen Zweifel aufkommen, ob dieses bedeutendste dörfliche Fest einen echten Beitrag zur regionalen Genusskultur leisten kann.

*Kirchweih –
der Königsweg zu den
kulinarischen Schätzen
der Region*

Nehmen wir sie aber nicht allzu ernst und betrachten das Fest vom Standpunkt des Städters oder des verstädterten Dörflers aus, zeigt sich die Kirchweih von ihrer unbeschwerten Seite und eröffnet den Königsweg zu den kulinarischen Schätzen der Region. Wer seine Einkehr in den gastlichen Stätten des Umlandes in fränkischer Reinkultur genießen will, sollte sie terminlich mit den Kirchweihen abstimmen. In der Kirchweihsaison von Mai bis November hat er fast ein halbes Jahr Gelegenheit dazu. Die

„hohe Zeit“ der Kirchweih ist das einzige große Fest ohne Bezug zum bäuerlichen Wirtschaftsjahr und zum Festkreis des Kirchenjahres, das einzige Fest, in dem die örtliche Gemeinschaft ausschließlich sich selbst feiert. Das Beste und Feinste ist gerade gut genug dafür.

Bratwürste zum Festtag

Je mehr das gemeinschaftsstiftende Brauchtum zurücktritt, das Aufstellen des Kirchweihbaumes, der Hahnenschlag, das Austanzen des Kerwäsbocks und manches mehr, desto beherrschender werden die

Fränkisch leichte Küche ist das nicht, doch soooo herzhaft.

Tafelfreuden. Die Kirchweih ist den Gaststätten ein willkommener Anlass, etwas Besonderes zu bieten. Die Liste der großen Bräten ist länger als gewohnt, gelegentlich wird sie gekrönt vom klassischen Bocksbraten, der sonst kaum noch zu haben ist. Die Kerwäskrapfn schlagen jedes andere Gebäck aus dem Feld. Ein eigenes Festbier ist rechtzeitig gebraut und eingelagert worden. Nur die legendären fränkischen Bratwürste sind um ihren Festtagsnimbus gebracht, seit sie ganzjährig hergestellt werden. Früher gab es sie nur zu den größten Festen. Unser Görchla wusste sehr genau, warum er gerade hier so entschieden zulangte.

In den einfachen Wirtschaften ist der quantitative und qualitative Sprung in der Speisekarte am größten und die Überforderung von Küche und Service oft unvermeidlich. Mängel in der Professionalität werden mit souveränem Witz gemeistert. Der würzt noch nach, wo das Abschmecken nicht ganz so erfolgreich verlief. Auch alle anderen Gaststätten halten ihre Tageskarte betont festlich. Selbst die gehobene Gastronomie mag, wo sie örtlich betroffen ist, auf ein Kirchweih-i-Tüpfelchen nicht verzichten.

Der Rummel lockt

Elementare Festlichkeit entwickelt eine eigene Leuchtkraft. Sie verzaubert auch den geübten Genussmenschen, der in allen Facetten der Landlust regelmäßig schwelgt. Sie zieht magisch selbst diejenigen an, die größere Menschenansammlungen generell nicht für genussfördernd halten. Die Kraft des gemeinschaftlichen Feierns trägt eben weit. Sie dringt durch den größten Festrummel selbst noch zu denen, die eigentlich nichts anderes wollten, als gut essen gehen. Nun werden sie vom Gast des Wirtes befördert zum Gast der ganzen örtlichen Gemeinschaft. Es hilft nichts, sich gegen die Teilhabe an der Festfreude zu sträuben unter Vorwänden, deren Erfindung unendliche Mühe machen würde. Die Abwehr bröckelt schnell und der geläuterte Genießer entdeckt überrascht „Genuss Plus".

Aufs Land fahren müsste er dafür nicht unbedingt. In Bamberg gibt es die Kirchweihen genauso. Die Stadt erweist sich hier einmal mehr als eine Ansammlung verschiedener Dörfer, die Kirchweihen sind auch hier die Kristallisationspunkte

Auf den Bierbänken kommt man sich zur Kirchweih näher (im Bild: die Bamberger Sandkerwa)

der örtlichen Genusskultur. Auf dieser Grundlage der Genussregion gingen Stadt und Land schon immer Hand in Hand. Sie wurzelt in einer unverwechselbaren Gemeinsamkeit ihrer Bewohner, nämlich dem besonders stark ausgeprägten Drang, das Beste aus den schönen Dingen dieser Welt zu machen und dabei weder alleine zu bleiben noch im Getümmel unterzugehen …

… bloß wo zum Kuckuck ist denn jetzt mei Görchla?

Wunderbare Wandlungen

1994 übernahm Bettina Hofmann den elterlichen Betrieb und krempelte diesen vollständig um.

Schindelsee

Gasthaus Hofmann
96181 Rauhenebrach
Tel. 09549 / 98760
info@schindelsee.de
www.schindelsee.de

Öffnungszeiten:
November bis März
Donnerstag und
Freitag ab 17 Uhr
Samstag und Sonntag
von 11.30 – 14.30 Uhr
und 17 – 24 Uhr

April bis Oktober
Montag, Mittwoch,
Donnerstag und
Freitag ab 17 Uhr
Samstag und Sonntag
ab 11.30 Uhr

Bettina Hofmann

„Aus heutiger Sicht wäre dieser Schritt undenkbar", sagt die viel gelobte Gastronomin. In einer Gegend, wo sich Hase und Igel gute Nacht sagen, wagte sie einen Brückenschlag vom bodenständigen Landgasthaus zu einer kreativen Küche mit regionalen Akzenten.

In einem positiven Sinn verrückt zu sein, ist vermutlich unerlässlich für den Beruf einer Spitzenköchin in der Provinz. Wäre Bettina Hofmann einfach in die Fußstapfen ihres Vaters getreten und hätte sie das Gasthaus mit fränkischer Küche nach seinem Wunsch fortgeführt, wäre das in mancher Hinsicht bequemer gewesen, als die Herausforderung, die sie annahm. Und wer weiß, hätten die Eltern sie nicht immer so bedrängt, die Tradition fortzusetzen, hätte die Tochter vermutlich nicht so stark nach einem Neuanfang gesucht. Erst verließ sie Schindelsee für eine Lehre beim Gasthaus Weierich in Bamberg, dann auch Deutschland. Sie war drauf und dran, Hotelmanagement zu studieren, als ihr Vater krank wurde. In dieser Situation stellte sie fest, dass sie das Neue auch zu Hause finden kann und ließ sich auf einen Versuch ein: Kochen à la carte im 77 Seelen-Dorf Schindelsee.

Heute hat der etwa 25 Kilometer westlich von Bamberg gelegene Ort mehr denn je gute Chancen auf einen absoluten Spitzenplatz in Sachen kulinarischer Qualität pro Einwohner. Bettina Hofmanns Eltern konnten die Entwicklung nicht mehr erleben, aber sie wären hocherfreut, wenn sie sehen könnten, mit welcher Hingabe ihre Tochter den ehemals land- und forstwirtschaftlich geprägten Hof in eine feine Adresse für Gourmets umgewandelt hat. Auf das geglückte Unternehmen ist die Inhaberin selbst ein wenig stolz. Deshalb freut es sie auch am meisten, „dass es viele

Regionale Küche auf kreativen Wegen.

Gäste gibt, die die ganze Entwicklung mitgemacht haben, die früher einen Karpfen gegessen haben und heute ein ausgedehntes Vier-Gang-Menü."

Bei den mit viel Liebe zum Detail und handwerklichem Geschick zubereiteten Gerichten schöpft die hervorragende Köchin die ganze Bandbreite regionaler Vielfalt aus, darunter einige in Vergessenheit geratene Produkte, z.B. Graupen. Als herzhafte Stärkung bietet sie selbstgemachtes Ciabatta, Sauerteigbrot und geräucherten Schinken aus eigener Herstellung an. Ausgesuchte Weine von Frankens besten Winzern machen die Harmonie perfekt.

Bambergs gute Stube

Gegenüber den Restaurants, in denen sich die fränkische Küche ausschließlich über herzhaft-rustikale Geschmacksrichtungen definiert, bildet das Restaurant Messerschmitt seit langem eine lobenswerte Ausnahme. Mit einem feinen regionalen Angebot festigt das Hotel-Restaurant und Weinhaus seinen Ruf als führende kulinarische Adresse am Platz.

Messerschmitt
Restaurant,
Romantik Hotel,
Weinhaus

Lange Str. 41
96047 Bamberg
Tel. 0951 / 297800
hotel-messerschmitt
@t-online.de
www.hotel-
messerschmitt.de

Öffnungszeiten
Restaurant:
Täglich 12 bis 14 Uhr
und 18 bis 22 Uhr
Sonntag Ruhetag
Außer an Ostern,
Pfingsten und
Muttertag

Seit 1832 in Familienbesitz – Das Elternhaus des Flugzeugpioniers Prof. Willy Messerschmitt ist zu einer Institution in Bamberg geworden.

Noch heute erinnert der stattliche Weinkeller an die Anfänge des Traditionshauses. Der Legende nach brachte ein Mainschiffer aus der Gründerfamilie von seinen Fahrten ein Fass Wein mit und schenkte den Inhalt vor Ort aus. Belegt ist jedenfalls, dass in dem historischen Gebäude in der Langen Straße ab 1832 Wein ausgeschenkt wurde. Der Eingangsbereich und das Restaurant entstanden 1898. Aufwändige Sanierungen und Erweiterungen folgten, 1972 die ersten Hotelzimmer, 2006 der Ausbau des Vier-Sterne-Hotels von 18 auf 67 Zimmer. Nach über 180 Jahren Geschichte präsentiert sich das Messerschmitt somit als ein ausgesprochen vielschichtiges Haus: Patina und Tradition verbinden sich mit modernem Komfort und Luxus.

Handwerkliche Sorgfalt und gute Produkte kennzeichnen die Küche. Kulinarisch positioniert sich das Messerschmitt sogar in

*„Wir können stolz sein auf hochwertige
Zutaten und diese zeigen."*

– Ursula Medenwald

der regionalen Spitzenliga, ohne deswegen
überteuert zu sein. Die Tester des Fachor-
gans „gusto" haben es mehrfach hinterein-
ander für seine bemerkenswerte Küchen-
leistung ausgezeichnet. Das ist nicht zuletzt
auch das Verdienst von Küchenchef Claus
Schubert-Sauer, der im Messerschmitt
ohne den Druck einer Sterne-Gastronomie
aufkochen kann. Meisterhaft beherrscht
er die Variationen der regionalen Frischeküche mit kreativen Abwechslungen. Diese
kommen vor allem in den Menüs mit
drei bzw. fünf Gängen voll zur Geltung.
Die Speisen à la carte und die Bistro-
Schmankerl halten das hohe Niveau. Eine
ausgeprägte Spezialität sind die Mainfische
und Wildgerichte aus heimischen Gefil-
den, insbesondere wenn diese unter einer
aromatischen Kräuterkruste auf den Tisch
kommen.

„Wir können stolz sein auf hochwertige Zutaten und diese zeigen", meint die
Inhaberin des Hotel Messerschmitt, Ursula
Medenwald, nicht nur im Hinblick auf
ihr Restaurant, sondern auch hinsichtlich
der Kochtradition in Oberfranken. Im
Jahr 2006 übernahm Frau Medenwald in
sechster Generation das Ruder. Die enge
Beziehung der Inhaber-Familie zu heimischen Erzeugern und Händlern reicht weit
zurück, so auch beim Wein. Ursula Meden-
walds Vater, Otto Pschorn, pflegte schon
vor Jahrzehnten Kontakte zu fränkischen
Winzern, die heute zur Spitze der Region
zählen.

Ergänzt wird die vorzügliche Auswahl um
namhafte Gewächse aus Frankreich, Spanien und Italien. Nach Absprache werden
individuell zusammengestellte fränkische
Weinproben im historischen Weinkeller
durchgeführt. Auch unter Bambergern
noch ein Geheimtipp ist der an warmen
Tagen geöffnete Innenhof des Hauses, eine
Insel mitten in der Stadt.

Über den Dächern von Bamberg

Italienisches Flair verbreitet Bamberg überall, wo mittelalterliche Plätze, lebendige Geschichte und gutes Essen als ein Stück Volkskultur aufeinandertreffen.

Ristorante da Francesco

Am Michelsberg 10f
96049 Bamberg
Tel. 0951 / 2085777
www.francesco-bamberg.de

Öffnungszeiten:
1. Mai bis
30. September
von 11 – 24 Uhr

1. Oktober
bis 30. April
von 17 – 24 Uhr

Samstag
und Sonntag
immer von
11 bis 14.30 Uhr

Montag Ruhetag

Über die glücklichste Kombination dieser Faktoren kann sich Francesco Biondolillo freuen. Seine Gäste bewirtet er so, wie es die Deutschen an der authentisch italienischen Küche schätzen. Das Ambiente? Ein Traum.

Die lebensfrohe Art des Betreibers steckt viele an. Wenn gute Bekannte das Restaurant „da Francesco" betreten, ruft er ihnen temperamentvoll, wie es einem gestandenen Italiener gebührt, sogleich „Ciaaaooo" entgegen. Flott organisiert er die Arbeiten des eingespielten Teams, geht von Tisch zu Tisch, macht hier und da kleine Späße und unterhält sich mit den Gästen. Francesco Biondolillo legt gesteigerten Wert auf Gastlichkeit. „Natürlich, das Wichtigste ist, dass alles schmeckt. Aber ich freue mich, wenn in einem Restaurant das Leben pulsiert", sagt der gebürtige Sizilianer, der sich 1987

in Deutschland niederließ. Dass es ihm gelungen ist, „nette Menschen", darunter allseits bekannte und geschätzte Bamberger als Stammgäste zu gewinnen, wertet er als seinen größten Erfolg.

Auf seine Selbstständigkeit hat er lange hingearbeitet: zunächst als Bedienung im „Tivoli", dann zwölf Jahre lang mit seinem Bruder Salvatore, der das ambitionierte Restaurant „Ferrari" betrieb. 2003 bot sich die Gelegenheit, die leer stehenden Räumlichkeiten im ehemaligen Wirtschaftshof des Klosters Michelsberg zu beziehen – eine Riesenchance, die er ohne lange zu überlegen genutzt hat. „Es war unglaublich. Die Lage ist fantastisch. Es gibt keine Nachteile", schwärmt der Gastronom. Vom Freiluftgarten und dem Wintergarten aus bietet sich gerade abends ein spektakulärer Blick auf Bamberg.

Hier lässt es sich aushalten – Die Terrasse des Restaurants Francesco.

Italienisches Brot

von Francesco Biondolillo

Zutaten für zwei Brote:
1 l Wasser
Eine halbe Hand voll Salz
½ Stück Hefe
10 g Olivenöl
½ EL Backpulver
Mehl nach Bedarf

Francesco und sein Team beherzigen in kulinarischer Hinsicht die Philosophie ihres Heimatlandes: Man nehme einfache, aber gute Grundzutaten und mache daraus gesunde, leckere Speisen, nichts übermäßig Kompliziertes, aber auch kein uninspiriertes Pizzeria-Einerlei. Serviert werden über die italienischen Klassiker Pizza, Pasta und Co. hinaus viele außergewöhnliche Gerichte: je nach Saison verschiedene Antipasti, sehr empfehlenswert mit Steinpilzen, selbstgemachte Pasta, gefüllt mit Feigen, Spinat oder Käse, edler Fisch (Baby-Steinbutt, Loup de Mer, Stör, Dorade) und hochwertiges Fleisch (Rinderfilet, T-Bone-Steak, Entrecote, Lammcarée). Weinfreunde können angesichts der buchdicken Weinkarte in Hochgefühlen schwelgen. Die Auswahl von über 200 Sorten, die vom Trinkwein bis zum prestigeträchtigen Spitzenprodukt reicht, lässt keine Wünsche offen. Auch Francesco fehlt es im Grunde an nichts: „Man könnte mir viel, viel Geld bieten und ich würde dafür nichts anderes machen", sagt er. Dann überlegt er kurz und fügt hinzu: „Vielleicht wenn ich etwas älter wäre, aber dann vermutlich auch nicht."

„Man könnte mir viel, viel Geld bieten und ich würde dafür nichts anderes machen."

– Francesco Biondolillo

Vom meiner Mutter stammt dieses sizilianische Rezept für ein italienisches Brot. Salz in lauwarmes Wasser geben und darin die Hefe auflösen. Das Olivenöl mit einem Schneebesen einrühren. Das mit dem Mehl vermischte Backpulver nach und nach zugeben, bis der entstehende Teig am Schneebesen kleben bleibt. Den Teig in eine Schüssel geben, diese mit einem Tuch abdecken und den Teig 1½ bis 2 Stunden aufgehen lassen. Zum Kühlen in den Kühlschrank stellen, bei Bedarf bis zum nächsten Morgen. Auf einer mit Mehl bestäubten Arbeitsplatte werden die Brote geformt. Semmelbrösel auf dem Backblech ausbreiten, die Brote im 250 Grad warmen Ofen backen. Nach 20 Minuten herausnehmen und kurz abkühlen lassen. Am besten schmecken die noch warmen Brote, wenn man etwas Olivenöl und eine kleine Prise Salz drauf gibt, dazu eine hauchdünne Scheibe Mortadella, perfekt!

Mit heimischen Genüssen zu neuen Entdeckungen

Frisches Gemüse, Kräuter und Saisonprodukte haben Bambergs regionale Küche geprägt. Die zentrumsnahe Gärtnerstadt lieferte die wesentlichen Zutaten. Wie kein anderes Haus schreibt das Restaurant Kleehof, direkt an der Gärtnerstadt gelegen, die Geschichte fort, erweitert um zeitgemäße Interpretationen auf sehr gutem Niveau.

KLEEHOF in der Gärtnerstadt

Untere Königstr. 6
96052 Bamberg
Tel. 0951/21713
www.kleehof.com
genuss@kleehof.com

Öffnungszeiten:
Dienstag bis Sonntag ab 17.30 Uhr und nach Absprache

Auswahl an Kleehof-Tapas, u.a. Litzendorfer Ziebeleskäs, Wernsdorfer Zwetschgenbames, Dreierlei Brotaufstriche und Hallstadter Spargelsalat mit luftgetrocknetem Schinken.

„Wir bieten unverfälschte Grundprodukte, die bereits in sich gut schmecken und daher keine künstliche Geschmachsverstärkung brauchen." – Küchenmeisterin Kristina Franzke und Sommelier Thomas Beyer

Allein die Anzahl der lokalen Spezialitäten, die im Kleehof auf den Tisch kommen, zeigt, welchen Status das Gemüse hier wieder genießt. Dazu gehören die Bamberger Lokalsorten, vom Spitzwirsing und die Kartoffelhörnla über Süßholz und Urkarotten bis zum Knoblauch und dem Rettich. Zwar nicht aus der unmittelbaren Umgebung vor der Haustür, aber immer noch aus dem nahen Bamberger Umland stammen Wildkräuter und Beeren. Küchenmeisterin Kristina Franzke sammelt sie in Wäldern und auf Wiesen selbst. Die bunten Tomatensorten bezieht sie aus dem Garten ihrer Mutter, das Fleisch direkt beim Bauern. Die Philosophie des Kleehofs bringt die Genuss-Handwerkerin, die im ehemaligen Sterne-Restaurant Schaller (Coburg) lernte, so auf den Punkt: „Wir bieten unverfälschte Produkte, die bereits in sich gut schmecken und daher keine künstliche Geschmacksverstärkung brauchen. Qualitätsbewusste

Kunden schätzen das und geben gerne auch ein paar Euro mehr dafür aus, weil sie den Unterschied schmecken."

Der Restaurant-Inhaberin Sabine Schiller aus der Wernsdorfer Gastronomenfamilie Schiller (siehe Seite 86) und Christian Hollstein war der Brückenschlag zwischen Tradition und Moderne ein großes Anliegen, als sie den Kleehof 2013 eröffneten. Darüber hinaus galt es die Wünsche der Gäste aus dem im gleichen Haus angesiedelten Hotel „Europa" zu berücksichtigen, die auch mal ein klassisches Wiener Schnitzel oder einen leckeren Burger schätzen, während andere sich lieber einen pochierten Waller auf der Zunge zergehen lassen oder das Bamberger „Ossobuco" mit cremigen Petersilienwurzeln – um nur ein paar Rezepte der phantasievollen Karte zu nennen, die alle 4 bis 6 Wochen wechselt, wobei immer auch Vegetarisches und Veganes zur Auswahl steht.

Wärmstens zum Empfehlen sind gerade auch für den kleinen Appetit die fränkischen Tapas. Mit Wasser und Franken-Wein bringt der Service sie auch in der „Weinbar" neben dem Restaurant an den Tisch. Überhaupt macht es großen Spaß, hier einige Erzeugnisse der besten fränkischen Winzer probieren zu können. Sommelier Thomas Beyer berät, welcher Wein zu welchem Essen passt. Die Möglichkeiten sind heute vielseitiger denn je, so auch in der Kombination mit Schokolade, Käse oder Spargel. Speziell hierfür lädt der „Kleehof" auch zu Degustationen mit Herstellern ein (für aktuelle Informationen s. Homepage). Und an jedem ersten Donnerstag im Monat nimmt sich der Sommelier auf Wunsch Zeit für eine Weinprobe nach Wunsch der Gäste (mit vorheriger Anfrage), der Restaurantbetrieb läuft dabei weiter. Auch dieses Angebot passt ausgezeichnet in die Stadt. Schließlich war Bamberg vom 11. bis zum 19. Jahrhundert weniger ein Bierzentrum, sondern vor allem eine Weinstadt. Ein Restaurant wie der „Kleehof" hat hier lange gefehlt.

Die Karte des Kleehofs erfreut mit phantasievollen Gerichten (im Bild: Zweierlei vom Lamm aus Meedensdorf mit Polenta-Bruschetta und gegrilltem Fenchel).

Gastlichkeit im Herzen der Altstadt

Ob man in Bamberg in „das Hofbräu", „die Hofbräu" oder zum „Hansi" geht, läuft im Grunde aufs Gleiche hinaus: Die Gaststätte stellt in Bamberg den Inbegriff der gutbürgerlichen Küche dar. Hans Peßler ist als Geschäftsführer zugleich der Wirt und die Seele des Hauses und für so manche Finessen gut.

Hofbräu
Karolinenstr. 7
96049 Bamberg
Tel. 0951 / 53321
info@hofbraeu-
bamberg.de
www.hofbraeu-
bamberg.de

Öffnungszeiten:
Sonntag bis Freitag
10 bis 1 Uhr
Samstag
10 bis 2 Uhr

Dem Gastronom war das Kochen in die Wiege gelegt worden. Sein Vater, Besitzer der ehemaligen Brauerei am Michelsberg, lernte Hans Peßlers Mutter in der Gaststätte „Blaue Glocke" kennen. Die Konstellation konnte nur einen Gastronom hervorbringen. Schon in ganz jungen Jahren habe er bei seinen Eltern gerne mitgekocht, erzählt Hans Peßler. Was also lag näher, als das fortzusetzen, was ihm einfach Spaß macht? Dabei konnte der gelernte Koch, den halb Bamberg als „Hansi" kennt, sogar noch ein weiteres Steckenpferd, die Musik,

in seine Arbeit einbinden. 1992 hoben er und Heiner Sauer das „Hofbräu" im historischen Gebäude einer alten Münzerei aus der Taufe und sorgten fortan nicht nur für eine bodenständige Küche, sondern auch dafür, dass in dem Haus in regelmäßigen Abständen Live-Musik gespielt wird. Wenn Hansi die rechte Laune packt, greift er spontan auch schon mal zu den Trommelstöcken und gibt am Schlagzeug sein Bestes.

Im Restaurant mit dem gepflegten Jugendstil-Charakter erwartet die Gäste jeden Montagabend Piano Live und einmal pro Monat auch der Auftritt einer Band. Auf den Sitzplätzen vor dem Haus lässt sich genüsslich das Bamberger Stadtleben beobachten. Jeder kommt hier irgendwann vorbei. „Das Hofbräu hat es geschafft, sich die Treue des heimischen Stammpublikums zu sichern sowie auch die Gäste des Welterbes zu bewirten", kommentiert Hans Peßler die Entwicklung. Kulinarisch gelingt ihm die Verbindung zwischen regionalbezogener herzhafter und leichter deutscher Küche. Der fränkische Einschlag wird durch Mediterranes, Exotisches und auch originelle Kombinationen wie z.B. Rotweinbratwürsten mit Zwiebelconfit aufgelockert. Neben süffigen Bieren verfügt das Hofbräu über empfehlenswerte Weine fränkischer Winzer. Internationale Weine runden das Angebot stimmig ab. Das Hofbräu ist ein Ort der Gastlichkeit für jeden Tag und viele Gelegenheiten. Für Menüwünsche oder Firmenfeiern kreieren Hansi und sein Team auch ausgetüftelte Leckereien.

München hat sein Hofbräuhaus, Bamberg das Hofbräu.

„Das Hofbräu hat es geschafft, sich die Treue des heimischen Stammpublikums zu sichern sowie auch die Gäste des Welterbes zu bewirten." – Hansi Peßler mit einem frischen Zander

Hofbräus
Schokoladenkuchen

Nach Art des Maître Reinard, von Hans Peßler

Für eine Springform von ca. 28 cm oder
ca. 20 kleine Souffléeformen

500 g dunkle Kuvertüre (zartbitter), am besten große Flocken, sonst zerstoßen
300 g Butter
7 Eier, 300 g Zucker
1 Vanilleschote
45 g Mehl
1 Prise Salz
1 Schluck guten dunklen Rum
Butter für die Form, Puderzucker zum Bestäuben

Zubereitungszeit: 30 Min.
Backzeit: ca. 25 Min.

Den Backofen auf 200° (Umluft bei 180°)
vorheizen. Die Springform reichlich einfet-
ten, vor allem in den Ecken.
Die Kuvertüre grob zerkleinern und mit
der Butter in einem Topf bei schwacher
Hitze im Wasserbad schmelzen lassen.

Eier und Zucker schaumig schlagen. Die
Vanilleschote längs aufschlitzen und das
Mark herauskratzen. Die Kuvertüren-But-
termischung, Mehl und Salz zur Eiermasse
geben und alles gut verrühren.

Den Teig in die Form füllen. Im Backofen
(Mitte) etwa 25 Min. backen. Herausnehmen, auskühlen lassen und nach Wunsch
mit Puderzucker bestäuben. Ich finde, ohne
Puderzucker schaut der Kuchen edler aus,
solange er auf der Oberseite einen schönen
Glanz hat.

Einfach zeitgemäß
ist zeitlos gut

Der neue kulinarische Anziehungspunkt im Weltkulturerbe hat zweifellos etwas Weltläufiges. Moderne
Restaurant-Atmosphäre verbindet sich im „Haus der
Gaumenfreuden" mit zeitloser Eleganz. Das Restaurant
des gebürtigen Niederländers Jos de Leeuw trifft damit
die Vorlieben der jungen Generation und auch den
Geschmack des gesetzten Besuchers.

**Josch – Haus der
Gaumenfreuden**
Untere Königstraße 28
96052 Bamberg
Tel. 0951 / 2083095
josch-restaurant@
gmx.de
www.
josch-restaurant.de

Öffnungszeiten:
Dienstag - Samstag
17.30 – 23 Uhr
(warme Küche
bis 21 Uhr)

*„So wie es bei mir
aussieht, würde ich
auch gerne essen
gehen."
– Jos de Leeuw*

Die Besucher, die die Goethe-Stuben noch in Erinnerung haben,
dürften nicht schlecht gestaunt haben, als sie das hinter einer
Fachwerkfassade versteckte Restaurant zum ersten Mal betraten:
Eine weich gepolsterte Sitzbank in der Hofeinfahrt, ein einladen-
der Eingangsbereich mit viel Glas und modern gestaltete Räumlichkeiten, die mit dem Wirtshaus alter Tage rein gar nichts mehr
gemeinsam haben, locken den Gast hinein und auch die Einrichtung selbst wartet mit angenehmen Blickfängen auf: dunkelbraune
Chesterfield-Sessel und helle Polsterstühle, dunkle Tische aus
indonesischem Tropenholz und eine leuchtend grüne Decke, die
von einer schlichten Stuckverzierung eingerahmt wird. Alles ist
mit Geschmack zusammengestellt und verbreitet eine behagliche
Atmosphäre, ein wenig wie in einem englischen Männerclub.

Für das „Haus der Gaumenfreuden" hat Jos de Leeuw seine ganze
Erfahrung als Vollblut-Gastronom eingebracht. Als der gelernte
Koch 1998 nach Bamberg kam, lag bereits eine Karriere in noblen,

Modernes Ambiente, Gemütlichkeit und eine geschmackvolle Küche finden im „Haus der Gaumenfreuden" zueinander.

sternebekränzten Häusern hinter ihm. Von Holland aus ging es zuerst nach Bern und St. Moritz, von da aus weiter nach München und über teils geschäftliche, teils familiäre Verbindungen zu guter Letzt nach Bamberg.

Das neue, im August 2009 eröffnete Haus verhält sich zu seinem ehemaligen Restaurant im Hain wie das Menü zu einer Vorspeise. Der Chef nutzte die Gelegenheit einer freien Lokalität in zentraler Lage und schuf sich ein Domizil nach Maß, mit einem komfortablen Hauptraum, einem intimeren Kaminraum und einer großzügigen Terrasse. „So wie es bei mir aussieht, so würde ich auch gerne essen gehen", stellt Jos geradeheraus fest. „Meine Philosophie lautet: einfach gut. Nicht einfach, weil das Kochen simpel ist, sondern weil alles kombiniert ist und zusammenpasst." Das heißt: kein unnötiger Schnickschnack, sondern Konzentration auf das Wesentliche, frische Zutaten und eine sorgfältige Zubereitung. Dafür lohnt es sich, bei viel Betrieb auch mal ein bisschen länger zu warten. Im Mittelpunkt steht eine ehrliche medi-

terrane Küche mit raffinierten Fleischgerichten, phantasievollen Pasta-Variationen und feinen Fischgerichten. Man kann eine abwechslungsreiche Speisenfolge wählen, aber auch – Kinder wird es freuen – ganz klassisch ein Wiener Schnitzel oder eine Pizza bestellen. Apropos Kinder: Als Caterer versorgt Jos de Leeuw eine Schule und einen Kindergarten jeden Tag mit frischem, gesundem Essen. In Spitzenzeiten müssen um 11 Uhr schon bis zu 180 Mahlzeiten fertig sein. Allein das, vor allem aber das Restaurantkonzept zeigt, dass hier ein Edeltechniker am Werk ist.

Mediterraner Mix
im Weltkulturerbe

Seit der Eröffnung des Restaurants La Villa und der Hotelanlage Villa Geyerswörth im Jahr 2003 hat das Weltkulterbe ein Schmuckstück mehr. Wo sich einst zwei stark sanierungsbedürftige Villen und ein verwilderter Garten befanden, baute eine Gruppe beherzter Investoren ein Ensemble auf, das südländisches Flair verbreitet.

Restaurant La Villa
Geyerswörthstr. 15-21a
96047 Bamberg
Tel. 0951 / 91740
www.
villageyerswoerth.de
info@
villageyerswoerth.de

Öffnungszeiten:
Montag bis Samstag
12 – 14 Uhr und
18 – 23 Uhr
(Küche bis 22 Uhr)
Sonntag Ruhetag

Die Gäste können sich auf die Erfahrung eines eingespielten Teams verlassen - im Restaurant (im Bild) und im Hotel.

Obwohl zentral gelegen, zählt das Restaurant nicht zu den Adressen, an denen viele Touristen und Bamberger spontan hängenbleiben. Als Tipp darf es allemal gelten, und das auch aufgrund der Lage am „Treidelpfad", einem der schönsten, vielleicht sogar dem schönsten Weg der Stadt, der am Kanal entlang zum Schloss Geyerswörth mit Blick auf das Inselrathaus führt. Der gesamte Abschnitt wurde im Zuge der Landesgartenschau rundum erneuert. Gäste des Hauses können von hier aus eine Gondelfahrt Richtung Klein Venedig unternehmen. An warmen Tagen entfalten besonders die beiden Terrassen des Restaurants ihre Stärke.

Die mediterrane Leichtigkeit findet sich auf der Karte wieder. Pasta und Fischgerichte sind stets in abwechslungsreichen Variationen vertreten. Hier wie auch beim Fleisch verwendet der Küchenchef gerne edle Teile. Hummer und Flusskrebs gibt es vor allem im Frühjahr, wenn sie am besten schmecken. Im Sommer liegt ein Schwerpunkt auf Salaten und leichten Gerichten. Im Herbst kommen Wild und Pilze auf den Tisch. Und im Winter stehen unter anderem die Klassiker Gans und Ente an. Sie sind für viele Gäste ebenso unverzichtbar wie superzarte Filetsteaks und Wiener (Kalb-)Schnitzel, Gerichte,

Mitten in der Stadt, umgeben von Grün: die Pergolaterrasse. Der mediterrane Stil setzt sich im Restaurant und im Hotel fort.

die dauerhaft auf der Karte Platz gefunden haben. Einschließlich Business-Lunch und kulinarischen Themenabenden wird so ein breites Spektrum vom Bewährten bis zum Exklusiven geboten. Die Basis bildet die südländisch inspirierte Küche mit saisonalen und regionalen Akzenten. Geschickt werden Kräuter eingesetzt, um den Geschmack der Grundprodukte zu verstärken. Harmonische Aromen und frische Zutaten stehen im Vordergrund.

Der geschäftsführende Gesellschafter Peter Klappan und die anderen Gesellschafter haben ein Auge auf Qualität. Auf ihre Lust am Genießen geht die eine oder andere Entdeckung auf der Weinkarte und manche kulinarische Anregung zurück. Von Anfang an war es der Anspruch, gehobene Gastronomie in feinem Ambiente zu etablieren. Entsprechend wurde auch das Hotel als 4-Sterne-Superior-Haus edel und komfortabel ausgestattet. Wegen der reizvollen und zugleich zentralen Lage empfiehlt sich das Hotel besonders auch für Tagungen und Feiern (z.B. Hochzeiten). An Kontinuität im Service und in der Küche ist dem Team besonders gelegen. „Wir sind wie ein Familienbetrieb. Alle verfolgen einen gemeinsamen Gedanken", betont Peter

„Wir sind wie ein Familienbetrieb. Alle verfolgen einen gemeinsamen Gedanken."
– Peter Klappan

Klappan. Das Ziel ist der zufriedene Gast, unabhängig davon, ob es sich um Gelegenheitsbesucher, Stammgäste oder geschlossene Gesellschaften mit bis zu 80 Personen handelt. Zum Ziel führen mehrere Wege.

Wie in Franken! Wie in der Toskana!

Nur kurz nach der Autobahnausfahrt Scheßlitz weist ein Schild den Weg nach Burgellern. Gleich danach taucht man ab in die ländliche Idylle. Beliebte und viel besuchte Ausflugsziele liegen nicht weit entfernt – der Gügel, die Giechburg und Schloss Seehof.

Schloss Burgellern
Kirchplatz 1
96110 Burgellern
Tel. 09542/774750
www.burgellern.de
info@burgellern.de

Öffnungszeiten
Restaurant:

Täglich ab 14 Uhr,
Sonn- und Feiertags
ab 11 Uhr

Schloss Burgellern jedoch ist, obwohl zweifellos ein Highlight, noch so etwas wie ein „Geheimtipp". Ein Gegenpol zum Alltag. Die Sehnsucht nach Entschleunigung stillen der Park und die majestätische Atmosphäre des Schlosses, das seit 2009 als Vier-Sterne-Hotel und Restaurant geöffnet ist, auf eigene Weise. Zu der sehenswerten Anlage gesellt sich ein mehr als testenswertes kulinarisches Angebot: fränkisch-moderne Küche in Kombination mit mediterraner Raffinesse.

Als der Hotelier Joachim Kastner das ehemals domkapitelsche Schloss mit dem sieben Hektar großen Park erwarb, befand sich das Gebäude in einem jämmerli-

chen Zustand. Doch das gut durchdachte Nutzungskonzept des neuen Schlossbesitzers ging auf. Joachim Kastner war umso glücklicher, als sich bei der Restaurierung neben stets neuen Herausforderungen auch noch ungeahnte Kostbarkeiten fanden: Schmuckfußböden und zweiflügelige Türen aus dem 18. Jahrhundert; ein opulentes Deckengemälde, das hinter einer Styropor-Verkleidung versteckt war; ein einzigartiger Treppenabsatz, mit Intarsien besetzt wie ein antikes Möbelstück. Mit vorbildlichem Engagement ließ der Inhaber einen Teil nach dem anderen renovieren, um das Schloss in ein Domizil zu verwandeln, das höchsten Ansprüchen für Tagungsgäste, Firmen-Veranstaltungen und Hochzeiten genügt, aber auch Individualreisende glücklich macht. Die Gäste wohnen in großzügig-eleganten Zimmern und genießen gerade auch nachts die friedliche Ruhe in Burgellern.

Wie in der Toskana kann sich der Besucher fühlen angesichts der Hügel der nahen Umgebung, die mit Wacholder bewachsen sind. Wie in England jedoch im Park, in dem man auf geschwungenen Wegen zwischen wunderbaren, alten Blutbuchen spaziert. Und wie in Franken sowieso.

Zu jeder Zeit und für jede Gesellschaft lohnt das Restaurant einen Besuch. Es demonstriert, was sehr gute Küche heute ausmacht: hervorragende, meist regionale Produkte, frisch und pfiffig und dabei stets authentisch zubereitet. Hinter der bis ins Detail stimmigen Qualitätslinie steckt

hoher Aufwand. Der Chefkoch musste zum Beispiel lange suchen, um Wurst ohne Geschmacksverstärker zu finden. Für die Küche wurde unter anderem extra ein besonderer Tiefenbräter angeschafft, um Soßen zwei bis drei Tage lang kochen und konzentrieren zu können. Das Restaurant kauft Fisch noch im Ganzen, filettiert ihn und macht damit sogar die Fischfonds selbst. Beim Gemüse legt man Wert darauf, den Eigengeschmack hervorzuheben und serviert es gerne in großen, noch bissfesten Stücken statt es in Mehlschwitze zu ertränken.

Mit Klassikern wie dem Spanferkelschäuferla oder dem Rinderfilet macht man hier sicher nichts falsch. Um den Wert der Küche bestmöglich auskosten zu können, empfehlen sich jedoch gerade die eher außergewöhnlichen Gerichte wie eine tolle Bouillabaisse oder einem „Verrücktem Salat", auch solche vergessen geglaubten, einfachen Speisen wie eine Erbsensuppe mit Speck oder das vorzügliche Lammkarree. Die Speisekarte ändert sich regelmäßig, je nach saisonalem Angebot. Schon ab 14 Uhr ist die Küche geöffnet. Kaffee und selbstgemachte Kuchen sind dann ebenfalls im Angebot.

„Wer zum ersten Mal nach Burgellern kommt, bleibt meist länger, als er es sich vorgenommen hat", weiß Joachim Kastner. Ein kurzer Abstecher wäre für diesen schönen, intensiven Ort auch viel zu schade.

Schloss Burgellern war im frühen 19. Jahrhundert ein beliebter Treffpunkt des bayerischen Hochadels. Heute stehen das Hotel des Vier-Sterne-Hauses und das ausgezeichnete Restaurant allen Genießern offen. Schlossbesitzer Joachim Kastner wandelte das einst stark heruntergekommene Anwesen in ein Schmuckstück um, so auch das im Park gelegene Wasserschloss, das als Kochschule dient und für Feiern und Tagungen genutzt werden kann (im Bild unten, hinter dem Schwimmteich).

Gutes schmecken und Gutes wollen wir! Und wir brauchen es auch!

Genuss, Gesundheit und Ökologie bei Slow Food

von
Oliver van Essenberg

Eine Zeitlang – es muss etwa in den 60er und 70er Jahren gewesen sein, als die Lebensmittelindustrie begann, das Land mit günstigen und schnell konsumierbaren Fertigwaren zu überschwemmen – schien es vielen so, als bräuchte man traditionell hergestellte, regionale Produkte nicht mehr.

Zum Beispiel das Butterhörnla: In seiner klassischen Art lässt es sich nicht mit Maschinen herstellen. Der Aufwand, der mit traditioneller Handarbeit betrieben werden muss, ist vergleichsweise groß, der Ertrag gering. Dem Bamberger Kartoffelhörnla ist ein ähnliches Schicksal beschieden. Die Hörnla sind so klein, dass sie durch den Kartoffelvollernter fallen, anfällig für

Schädlinge, nicht so schnell zu schälen wie marktgängige Speisekartoffeln und bei vordergründiger Betrachtung genauso wenig „schön" zu nennen wie die knorrigen Butterhörnla.

Die Frage, inwiefern man regionale Spezialitäten zum Leben braucht, spielte bei der Entstehung von Slow Food nicht die einzige Rolle. Die Bewegung, die 1989 von Carlo Petrini in Italien gegründet wurde – der Name geht auf eine Protestveranstaltung gegen ein McDonald's Kettenrestaurant an Roms Spanischer Treppe zurück – ging es zunächst mehr um das Wollen als um das Brauchen. Petrini und seine Gleichgesinnten wollten bewahren, was sie gerne genießen. Originales und Regionales galt es zu retten, bevor es in der Masse der „Convenience-Produkte" unterging. Dass damit zugleich zentrale Fragen der Gesundheit und Ökologie aufgeworfen

In seinen Anfängen war Slow Food Deutschland vor allem ein Genießerclub. Heute geht es den Mitgliedern immer stärker auch um zentrale Fragen der Gesundheit, der Ökologie und der Esskultur. Das Slow Food Convivium „Hohenlohe-Tauber-Mainfranken", hier im Rahmen eines Kochclubs, stellt mit rund 740 Mitgliedern die größte „Tafelrunde" in Deutschland dar.

wurden, war von Anfang an klar. An den Leitlinien hat sich bis heute nichts geändert. Sie werden in dem 2004 ausgegebenen Motto „Gut.Sauber.Fair" auf den Punkt gebracht. Slow Food ist daher nicht nur ein Bund von Genießern, sondern eine konkrete, auch politisch relevante Praxis, die sich in Veranstaltungen der regionalen Convivien (Tafelrunden), bei Kochkursen, Firmenbesuchen, Vergleichsverkostungen, Messen, Märkten und anderen Projekten zur Wahrung regionaler Geschmacksvielfalt niederschlägt.

Pioniere in der Region

Der ausgeprägten regionalen Kochkultur in und um Bamberg widmet sich das „Convivium Hohenlohe-Tauber-Main-Franken", mit rund 740 Mitgliedern die größte Regionalgruppe in Deutschland. In keinem anderen Gebiet finden sich zudem mehr Slow-Food-Förderer. Für diesen besonderen Status macht der Gründer und langjährige Leiter des Conviviums, Hans-Werner Bunz, eine Reihe externer wie interner Gründe verantwortlich. „In fränkischen Landen gehört Geselligkeit, gut essen und trinken zum Leben einfach dazu, mir scheint besonders in Unter- und Oberfranken – die vielen kirchlich motivierten Feste, Wein- und Bierfeste sowie die zahlreichen Kneipen, Wirts- und Gasthäuser sprechen für sich." Zu den internen Gründen gehören laut Bunz die überdurchschnittlich zahlreichen, sehr vielfältigen Veranstal-

tungen, die überall im Conviviumsgebiet stattfinden, was ebenfalls außergewöhnlich ist. Zudem waren und sind die Tafelfreunde Pioniere, wenn es beispielsweise um das Bewahren des kulinarischen Erbes vor dem Vergessen geht, um das Publizieren eines regionalen Restaurant- und Einkaufsführers im Internet oder auch das Verlegen einer Conviviumszeitschrift.

Slow Food wird nicht müde, auf die Unersetzlichkeit der Regionalprodukte zu verweisen. Hinter der Aufforderung, Lebensmittel regional und saisonal einzukaufen, steht dabei weit mehr als die Stützung regionaler Wirtschaftskreisläufe, nämlich die Einsicht, dass der Mensch selbst ein ortsverbundenes Naturwesen ist und auch seine kulturellen Errungenschaften hier ihren Ursprung haben. Slow Food hat für die geschmacksbildenden Komponenten eines Lebensmittels folgende Faustregel parat: Das erste Drittel ist der Pflanzensorte oder Tierrasse geschuldet, ein weiteres Drittel der speziellen Methode der Erzeugung, das letzte Drittel den natürlichen und kulturellen Besonderheiten des Ortes, an dem es wächst oder hergestellt wird.

Wer sich auf die Suche macht nach naturbelassenen Lebensmitteln, die in der nächsten Umgebung entstehen, wer umweltverträgliche Landwirtschaft und nachhaltige Lebensmittelerzeugung einfordert und bereit ist, den höheren Preis dafür zu bezahlen, folgt im Alltag bereits der

Jeder sollte sich selbst soweit schätzen, dass er sich täglich etwas wirklich Gutes tut. Nirgends bietet sich dafür eine bessere Gelegenheit als drei Mal täglich beim Essen und Trinken.

Slow-Food-Praxis. Um das Bewusstsein für den Zusammenhang zwischen gesunder Ernährung, ökologischem Kreislauf und gutem Geschmack zu schärfen, setzt Slow Food auf Geschmacksschulung – handfest in Form genussreicher Veranstaltungen, geistig mit Vernetzung und gezielten Kampagnen.

„Terra Madre" und die „Arche des Geschmacks"

Die Lebensmittelbündnisse „Terra Madre" stellen den zukunftsweisenden Kern der weltweiten Bewegung mit inzwischen über 100.000 Mitgliedern dar. Die Vernetzung folgt dem Prinzip „Global denken, lokal handeln". „Das Terra Madre Projekt hat uns von Anbeginn begeistert", erzählt Hans-Werner Bunz. „Beim ersten Welttreffen 2004 stellten wir acht von 17 deutschlandweiten Lebensmittelbündnissen, 2006 waren es sechs von 15." Bei dem Convivium sind zwei der aktiven Bündnisse auf Lebensmittel konzentriert, die Slow Food

vor dem Vergessen bewahren möchte. Diese wurden von Slow Food in die „Arche des Geschmacks", einem zentralen Projekt der Bewegung, aufgenommen. Die Lebensmittelbündnisse, die von einer Mitgliedschaft bei Slow Food unabhängig sind, und die „Arche des Geschmacks" stärken diese vom Aussterben bedrohten Produkte als auch die einschlägige Landwirtschaft sowie die Gastronomie in den Erzeugungsregionen.

Die ersten Passagiere aus der Großregion Hohenlohe-Tauber-Main-Franken, die einen Platz in der Arche bekommen haben, waren das Rhönschaf, der Ostheimer Leberkäs, der Weideochse vom Limpurger Rind, der Tauberschwarz (eine alteingesessene Rebsorte aus dem Taubertal) und das Bamberger Hörnla. Weitere sollen folgen, darunter Knoblauch, Rettich und Spitzwirsing aus der Bamberger Region und auch das hiesige Rauchbier. Es spricht einiges für die Wiederentdeckung der Langsamkeit.

Kontakt:
Slow Food
Hohenlohe-Tauber-Main-Franken
Hans-Werner Bunz
Drosselstr. 18
97422 Schweinfurt
www.slowfood.de/ mainfranken-hohenlohe
E-Mail: mainfranken-hohenlohe@slowfood.de

Bodenständiges und Feines aus dem Steigerwald

Vielerlei Biersorten und eine ehrliche Landküche haben im Steigerwald eine lange Tradition.

Brauereigasthof Zum Grünen Baum
Schulterbachstr. 15
96181 Rauhenebrach /
Theinheim
Tel. 09554 / 293
bayer-theinheim
@t-online.de
www.
bayer-theinheim.de

Öffnungszeiten:
Warme Küche von
Dienstag bis Sonntag
11.30 – 14 Uhr und
17 – 22 Uhr
(sonntags bis 21 Uhr)
Montag Ruhetag!

„Alles was zu Bier passt, wird mit Bier gekocht."
– Michael Bayer

Der Brauereigasthof „Zum Grünen Baum" blickt auf eine gut 300-jährige Geschichte zurück und führt die Traditionen mit zeitgemäßen Genüssen fort. Gerade die schmackhafte Bierküche wird von Einheimischen wie Ausflüglern geschätzt.

Warum dem so ist, lässt sich leicht erklären: Frische, Regionalität und Qualitätsbewusstsein bilden die Eckpfeiler des Erfolgs. Die sauberen Zutaten und das frische Wasser aus dem eigenen Hofbrunnen verleihen den Biersorten sowie den hauseigenen Likören ein klares, markantes Geschmacksbild. In der Küche verwendet der Inhaber Michael Bayer Produkte von Erzeugern aus der Nähe. Mit Lämmern versorgt ihn der Schäfer aus dem Dorf. Von März bis November kommen im „Grünen Baum" je nach Verfügbarkeit Zicklein und leckere Lammgerichte auf den Teller. Immer frisch sind auch die Karpfen aus dem eigenen Weiher und die Forellen, die Bayer von einem befreundeten Fischzüchter bezieht. Frische Kräuter sammelt der Koch in Wald und Flur. Das Brot, die Nudeln und die Hausmacher Wurst stellt er selbst her. Eine Stärke des Brauereigasthofes sind neben fränkischen Klassikern die Biergerichte, sei es das Bierschnitzel (auch in Malzhülle), gebackener Karpfen im Bierteig, Blauer Karpfen aus dem Biersud, Bierfleisch oder Krustenbraten. Die Gerichte erarbeitete Bayer gemeinsam mit seiner Mutter anhand traditioneller Rezepte, wobei er diese zeitgemäß, weniger schwer und nicht so deftig wie in der alten Küche, umsetzt. „Alles was zu Bier passt, wird mit Bier gekocht", lautet Michael Bayers Motto. Während sein Bruder Helmut die Brauerei betreibt, setzt Michael Bayer am Herd seine umfangreiche Erfahrung ein. Vor der Übernahme des elterlichen Betriebs Anfang der 1980er Jahre arbeitete

In der Genusslandschaft des Steigerwalds, wo Bierfranken in Weinfranken übergeht, wartet der Brauereigasthof „Zum Grünen Baum" mit guter Landküche auf.

er zehn Jahre lang in namhaften Häusern, unter anderem im Wiesbadener Grand Hotel „Nassauer Hof" und im Mannheimer Restaurant „Pfeffer und Salz". Der Gasthof wartet das ganze Jahr über mit einem lohnenswerten Angebot auf, u.a. auch mit Führungen durch die Brauerei, übrigens eine der kleinsten ihrer Art in ganz Franken. Jederzeit ein Ausflugstipp: Der Besuch im „Grünen Baum" an der Grenze zum unterfränkischen Weinland lässt sich sehr gut mit Spaziergängen oder einer Radtour verbinden.

Mit Leib und Seele bodenständig

Obwohl das Bamberger Umland ein reiches Angebot an gemütlichen Wirtshäusern mit Schweinebraten, Schäuferla und „Kloß mit Soß", vorzuweisen hat, ist der Gasthof Schiller in Wernsdorf unter den Ausflugszielen schon seit Jahrzehnten eine empfehlenswerte Adresse.

Gasthof Schiller
Amlingstadter Str. 14
96129 Wernsdorf
Tel. 09543/44020
www.
gasthof-schiller.de
info@
gasthof-schiller.de

Öffnungszeiten:
Täglich 11 bis 22 Uhr,
montags ab 17 Uhr,
mit ganztags warmer
Küche

Das liegt nicht nur an der Lage vor Bamberg – inzwischen kommen die Gäste aus nah und fern, und verbinden den Besuch mit einem Ausflug auf die Friesener Warte oder in die Fränkische Schweiz. Denn die Küche ist bodenständig im besten Sinn, die holzgetäfelten Stuben umfangen den Besucher mit ländlichem Charme und im Biergarten sitzt es sich ganz wunderbar, umgeben von über 100jahrigen alte Kastanien- und Lindenbäumen, die an warmen Sommertagen viel Schatten spenden.

Die Gasthausgeschichte an diesem Ort reicht mindestens zurück bis ins Jahr 1715, als der „Kleehof HN. 1" erstmals urkundlich erwähnt wurde. Von einem „mit Ziegel gedeckten Wirtshaus" ist da zu lesen, „hat ein Bräuhaus, Stadel und besonderes Kellerhaus. Hat das Recht Bier

zu schenken, und zu bräuen, so viel man will." Die Sache mit dem „Bier schenken", sprich ausschenken, ist bis heute unverändert geblieben.

An den einstigen „Kleehof" erinnert noch die Kleehofstube im Wirtshaus. Die Namensverwandtschaft mit dem Bamberger Restaurant „Kleehof" (siehe Seite 72) ist wie zu erwarten kein Zufall. Sabine Schiller managt beide Häuser als Junior-Chefin. Nach Ausbildungen um die halbe Welt kehrte die gelernte Hotelfachfrau 2011 zurück in die Heimat und übernahm die Leitung im Betrieb, der mit ihrer Familie fest verwurzelt ist und 2012 um einen ansprechenden Hotelanbau erweitert wurde. Ihr Vater Herbert ist im „Schiller" für die Landwirtschaft und die Hausmacher-Brotzeiten zuständig. Leberwurst, Schinken und Dosenfleisch kommen aus eigener Herstellung und das „Zwetschgenbames" erhält in der Räucherkammer direkt über dem Wirtshauskamin seinen speziellen, intensiven Geschmack – verständlicherweise brennt das Feuer im Kachelofen also auch mal im Sommer.

Seit Mitte des 14. Jahrhundert besteht das Anwesen schon, seit 1715 wird es mit einem Gasthaus bewirtschaftet. Während die Gäste an warmen Tagen in den Biergarten pilgern, um es sich bei Brotzeiten, Schäuferla und anderen fränkischen Klassikern gut gehen zu lassen, zieht es sie im Winter in eine der vier gemütlichen Stuben. 2012 wurde das Gasthaus um das beliebte Hotel und um Tagungsräume erweitert.

Mutter Renate Schiller steht als Küchenchefin am Herd. Früh am Morgen beginnt für sie und Ihr Team der Tag. Die knusprigen Schäuferla und die Vielfalt der fränkischen gutbürgerlichen Küche wollen vorbereitet sein. Vor allem sonntags sind je nach Saison auch Wild aus dem Hauptsmoorwald, Gans und Ente beliebt. Vom hauseigenen Landwirtschaftsbetrieb kommen Getreide, Kartoffeln, Wirsing, Blaukraut und mehr. Aus der unmittelbaren Nachbarschaft bezieht die Familie die Karpfen (klassisch nur in den Monaten mit „R"), das gute Bauernbrot und die Schnäpse. Sabine Schiller nennt den lokalen Einkauf „eigentlich selbstverständlich", wohl wissend, dass es in vielen Gaststätten nur noch teilweise so läuft.

Die ländlich frische Atmosphäre lässt sich vorzüglich im Biergarten genießen (hier ist Selbstbedienung!). Für Familien ist der Platz optimal geeignet: Wenn sich die Kinder auf dem Spielplatz oder beim Hasenstall die Zeit vertreiben, haben die Eltern mehr Zeit für sich.

Dübbisch fränggisch

Urige Atmosphäre, schmackhaftes Bier und fränkische Hausmannskost in guter bodenständiger Qualität. Diese Mischung sollte es in Franken, speziell in Oberfranken doch eigentlich in jeder Ortschaft geben.
Leider trifft das nicht immer und schon gar nicht immer öfter zu. In Sassendorf zum Glück aber voll und ganz.

Gasthaus Sassendorf
Gründlerstr. 7
96199 Sassendorf
Tel. 09547 / 870432

Öffnungszeiten:
Dienstag bis Samstag
15 – 23 Uhr
Sonn- und Feiertag ab
11 Uhr Mittagstisch

Brauerei Wagner
Pointstr. 1
96117 Merkendorf
Tel. 09542 / 620
www.wagner-merkendorf.de
info@wagner-merkendorf.de

Öffnungszeiten:
Dienstag bis Sonntag
ab 9 Uhr
Warme Speisen von
11.30 – 14 Uhr
und 16.30 – 21 Uhr
Fränkische Brotzeiten
durchgehend.

Lange Zeit war das Gasthaus Sassendorf eine Wirtschaft, wie es viele auf dem Land gab. Es wäre niemand darauf gekommen, diese einen Geheimtipp zu nennen. Dass der Betrieb heute diesen Status genießt, hängt stark mit den Betreibern, der Familie Ortlauf, aber auch der Brauerei Wagner zusammen. Diese verpachtete das Haus Anfang des neuen Jahrtausends an die Ortlaufs, ließ es umfassend renovieren und um zwei Nebenräume im Landhaus-Stil erweitern. Im Hauptraum lebt der Charakter der urigen Landgaststube authentisch fort. So wird das Bier der Brauerei Wagner – ein ungespundetes Lagerbier als Hauptsorte, ein Pils, ein Märzen und ein Weißbier – aus Holzfässern ausgeschenkt, trotz des damit verbundenen Mehraufwandes, weil es eben zur urgemütlichen Atmosphäre gehört. „Gäste aus Köln und Hamburg hielten das Holzfass auf der Theke schon für eine Attrappe", erzählt Küchenmeister Tobias

Otto. Gemeinsam mit seiner Lebensgefährtin Stefanie Ortlauf führt er den Betrieb in zweiter Generation. Dabei ist das Gasthaus nicht nur äußerlich, sondern auch von den inneren Werten her tief in der fränkischen Wirtshauskultur verwurzelt. Besonders bemerkbar macht sich diese Eigenschaft, wenn die „Seele" des Hauses, Elli Ortlauf, im Gasthaus präsent ist.
Der Koch Tobias Otto pflegt in Zusammenarbeit mit einem ortsansässigen Metzger noch die Kunst der Hausschlachtung. Die hausgemachten Brotzeiten des Gasthauses

können unbedingt ans Herz gelegt werden.
Ausgesprochen lecker schmecken auch
die Schnitzelgerichte und die Salate. Die
Grundprodukte stammen wie bei den
meisten anderen Gerichten auch frisch
vom Bauernhof, entweder direkt aus dem
Ort oder aus der näheren Umgebung.

Das Angebot wechselt saisonal und je nach
Wochentag. „Vor allem am Wochenende
und bei Feiern toben wir uns richtig aus",
sagt Stefanie Ortlauf, die den Service und
die Organisation meistert. Heißbegehrte
fränkische Klassiker (Schweinebraten,
Schäuferla, Gans, Wildgerichte) finden sich
auf der Karte sowie regionale Spezialitäten
(Zwädschgäbaamäs, Dörrfleisch, Kessel-
fleisch) und charakteristische Beilagen
(Linsen, Krautwickel, Wirsing). Zur
eigentlichen Leibspeise der Gäste zählen
allerdings die frittierten Hähnchen und die
saftigen Steaks (täglich!). Richtig zünftig
wird es einmal im Monat, meistens am
ersten Mittwoch, wenn die Stammtisch-
freunde zur Wirtshausmusik anheben.

Eine Wesensverwandtschaft verbindet die
Familie Ortlauf mit der Brauerei Wagner,
da die Brauereigaststätte in Merkendorf
eine ähnliche Nische besetzt wie das Gasthaus Sassendorf: fränkische Küche, bewusst
bodenständig. Neben täglich wechselnden
Mittagsgerichten, Bräten mit Gemüse und
Wild werden auch selten gewordene Mahlzeiten wie Saure Lunge und Dörrfleisch
mit Bohnenkernen serviert. Lob verdient
nicht allein die Hausschlachtung, sondern
vielmehr auch, dass die Klöße hier noch
aus selbstgeriebenen Kartoffeln hergestellt
werden. Die traditionelle Ausrichtung
paart sich mit moderner Technik bei der
Bierproduktion. Die Brauerei Wagner
stellte als eine der ersten Brauereien in der
Region auf ein Schonkochsystem um, das
die Vollmundigkeit und die Schaumqualität
des Bieres verbessert. Für das Bier muss
man nicht einmal zum Anbieter kommen.
Es wird bei Bestellung auch nach Hause
geliefert.

Urig, bäuerlich und rustikal – das Gasthaus Sassendorf hat das Zeug zum fränkischen Klassiker.

Der Klassiker
unter den Landgasthöfen

Keinem anderen Restauranttyp hängen so viele romantische Vorstellungen an wie einem Landgasthof. Warm und schön und urgemütlich muss hier die Atmosphäre sein, grundehrlich und landschaftstypisch das Essen, der Inbegriff der guten alten Zeit. Josef Pickel weiß, dass viele Menschen genau das suchen und er kann mit seinem Landgasthof (fast) alle Erwartungen erfüllen, aber auch so manche anderen mehr.

Landgasthof Pickel
Marktplatz 5
96158 Frensdorf
Tel. 09502 / 334
landgasthof-pickel
@t-online.de
www.landgasthof-
pickel.de

Öffnungszeiten:
Mittwoch bis Montag
11.30 bis 14 Uhr
und 16.30 bis 23 Uhr

Alt ist das Anwesen, auf dem sich das gute Haus befindet, allemal, sogar älter als das geschichtsträchtige Bamberg. Der Hof, in dem im Sommer das Herz des Gastbetriebes schlägt, ist bereits ab dem Jahr 730 als fränkischer Vierseithof urkundlich erwähnt. Ein Ritter nutzte den Ort später als Stützpunkt, um den Grafen im inzwischen zerstörten Schloss zu Frensdorf zu verteidigen. Nicht weniger respektabel nimmt sich die Wirtshaustradition aus, die sich hier ab dem 16. Jahrhundert entwickelte. Für alteingesessene Frensdorfer erfüllt der Landgasthof noch heute die Funktion eines zentralen Ortes, so vor allem auch bei

Stammtischrunden nach dem sonntäglichen Kirchgang. Aber es sind längst nicht mehr nur die waschechten Frensdorfer, die die Qualitäten des Gasthofes schätzen. Gerade unter Bambergern ist Josef Pickel, den viele nur als „Sepp" Pickel kennen, eine der ersten Adressen für einen kulinarischen Ausflug. In authentischer Wirtsstuben-Atmosphäre – nicht nur die dunklen Hölzer wärmen das Gemüt, sondern auch die beiden Kachelöfen – sowie im rundum bewachsenen Garten tischt das Team Delikates aus der fränkisch-mediterranen Küche auf, von der rustikalen Schinken- und Käseplatte über köstliche Sättigungsge-

Ein lauschiger Innenhof, in dem man gerne Platz nimmt.

richte wie Schäuferla und Schweinebraten bis zu edleren Genüssen à la Spaghetti mit Flusskrebsen oder Rose vom Räucherlachs.

Was der Vater mit einer einfachen Bauernwirtschaft begonnen hatte, baute Josef Pickel zusammen mit seiner Frau Jutta ab 1983 Schritt für Schritt zu einem Landgasthof mit besonderer Note aus. Als wahre Schatzkammer entpuppt sich der Weinkeller mit Gewächsen aus aller Welt. Die Klassiker und Spitzengewächse aus Frankreich, Spanien und Italien bilden den Schwerpunkt. „Wer gut rumkommt, gut isst und trinkt, will das auch seinen Gästen anbieten", resümiert der Hausherr, der eine Passion für gutes Essen und gute Weine hat. Seine Entdeckungen gibt er regelmäßig bei Weindegustationen weiter, die im Frühjahr und im Herbst in Verbindung mit einem mehrgängigen Menü stattfinden. Feinschmeckern – und wer zählt sich nicht

dazu? – sind zudem die Gourmetwanderungen im Sommer bzw. bei Schnee auch im Winter wärmstens zu empfehlen. Ein weiteres Novum aus jüngster Zeit: der Catering-Dienst für größere Gesellschaften.

Man geht nicht fehl, wenn man die Gastronomie als Josef Pickels Lebensaufgabe beschreibt. Eigentlich habe er noch nie was anderes gemacht, sagt der Gastronom über seine Laufbahn. Er wuchs im elterlichen Betrieb auf, ging für die Lehrzeit aus dem Haus und kehrte nach einigen Berufsjahren wieder zurück. Nun kann sich das Modell wiederholen. Wenn alles nach Wunsch läuft, soll Josef Pickels Sohn Andreas in fünf bis zehn Jahren den elterlichen Betrieb in Frensdorf übernehmen, nach „Bildungsreisen", die ihn in gute Häuser führten, unter anderem zu dem Fernsehkoch Christian Rach in Hamburg. Tradition wie sie im Buche steht.

„Wer gut rumkommt, gut isst und trinkt,
will das auch seinen Gästen anbieten." – Sepp Pickel

Rote Beete Carpaccio
mit überbackenem Honig-Ziegenkäse

von Sepp Pickel

Himbeerdressing

100 g Himbeeren

TL Himbeeressig

5 ml. Pflanzenöl

Salz und Zucker

Himbeeren pürieren, Himbeeressig und Pflanzenöl zugeben und vermengen, danach durch ein Sieb streichen, mit Salz und Zucker abschmecken.

Rote Beete

250 g Rote Beete

Kümmel, Salz

Rote Beete in der Schale ca. 15 Min. in gesalzenem und mit Kümmel versetztem Wasser weich kochen. Abgießen und kalt stellen. Die ausgekühlte Rote Beete schälen und hauchdünn schneiden.

Honig-Ziegenkäse

200 g Honig-Ziegenkäse

25 g große Stücke von dem Käse schneiden und auf ein Backblech legen und für ca. 5 Min. bei 160 Grad Oberhitze backen. Anschließend mit Salz und Pfeffer würzen.

Anrichten

Kürbiskernöl

frischer Meerrettich

Frühlingssprossen

Scheiben der Roten Beete auf dem Teller anrichten, mit Himbeerdressing und Kürbiskernöl marinieren, den gebackenen Ziegenkäse ansetzen, Meerrettich dazugeben und mit Sprossen ausgarnieren.

Sommer im Glas

Schon als Kind brannte Georg Schwarz für Früchte. Auf einer Streuobstwiese in Schlüsselfeld wurde die Begeisterung geweckt.
Heute stellt Georg Schwarz in unmittelbarer Nähe feine reine Obstbrände her. Bei den Destillaten seiner „Schwarzbrennerei" schlägt die Begeisterung auf andere über.

Schwarzbrennerei
Georg Schwarz
Sudetenstr. 21
96132 Schlüsselfeld
Tel. 09552 / 980386
www.
schwarzbrennerei.com
info@
schwarzbrennerei.com

Termine nach
Vereinbarung

Acht Jahre war Georg Schwarz alt, als ihn ein Freund der Familie mitnahm auf die Obstwiesen, die seine Eltern 1967 erwarben. Der Junge lernte die wichtigsten Kräuter kennen, erfuhr, wie man Obstbäume schneidet und ab wann die Früchte erntereif sind. Der Saft aus der Mosterei habe ihm besser geschmeckt als alles, was er bisher kannte, erinnert sich Schwarz. Mit 18 Jahren stellte er spaßeshalber seinen ersten Brand her, folgte dann jedoch den elterlichen Fußstapfen und übernahm nach dem Studium den Betrieb seines Vaters, eine Spezialfirma für Betonstahlgitter. Spaß und Leidenschaft stehen für Georg Schwarz beim Brennen im Vordergrund. 1997 stieg er neben seinem Hauptberuf in die geistvolle Tätigkeit ein, absolvierte Kurse zur Obstpflege und Brennkunst und entwickelte sich als Autodidakt zu einem Meister seines Metiers. „Um das maximale Aroma aus den Früchten zu destillieren, muss das Obst ausgereift und sauber sein", sagt er. Neben dem handverlesenen Brenngut, das überwiegend von eigenen Streuobstwiesen stammt und zum Teil von fränkischen Erzeugern zugekauft wird, kommt es auf eine schonende Verarbeitung und die Nase des Brenners an. In drei Ar-

beitsschritten werden alle Stoffe abgetrennt, die den reinen Genuss stören könnten. Das Aroma der Apfelbrände ist von Haus zurückhaltend. Aber wer sich einmal in die verschiedenen Sorten reinschmeckt, entdeckt eine enorme Vielfalt. Die Früchte der Streuobstwiese, darunter auch Zwetschgen, Pflaumen und Kirschen, sind ein Teil unserer Kulturlandschaft. Diese und all die anderen Spirituosen werden in der Schwarzbrennerei in hoher Qualität destilliert, natürlich ganz legal, nicht selten silber- oder goldprämiert. Schlehe, Vogelbeere und Johannisbeere ragen als Besonderheiten heraus. Für den Geschmack der Früchte hat Georg Schwarz eine Umschreibung, die an Kindheitstage erinnert. Er nennt sie die „Aromen des Sommers".

„Saubere Früchte für maximales Aroma."
– Georg Schwarz

Jedem Hörnla sei Schnörrnla

Spezialitäten (7): Butterhörnla

von
Georg Willibald Lang

Nach alter handwerklicher Tradition hergestellt und ofenwarm verzehrt, ist das echte Bamberger Butterhörnla ein wahres Gedicht aus knusprig splitternder Schale und weich schmelzendem Kern.

Der herrliche Geschmack der noch leicht flüssigen Butter schmeichelt dem Gaumen unvergleichlich. „A Kaffee ohne Hörnla is wie a Kuss ohne Schnörrnla", hieß es früher in Bamberg, als das Butterhörnla unumstritten der Star auf der Bamberger Kaffeetafel war. Eingetunkt in die voluminöse Kaffeetasse galt es als Inbegriff des Genusses. Seit die „Schnörrnla" rar wurden und die Kaffeetassen auf das Espressoformat schrumpften, hat das Butterhörnla in der scharfen Konkurrenz mit einer großen Auswahl feinsten Gebäcks einen schweren Stand. Heute spricht es nur noch die wenigen Kenner an, die wahre innere Werte auch hinter unscheinbarem Äußeren zu entdecken wissen.

Ein echtes Butterhörnla ist von echter Handarbeit knorrig krumm gebogen und endet stumpf. Nicht zu klein und nicht zu groß, nicht zu dick und nicht zu dünn darf es sein und vor allem nicht ungleichmäßig stark, damit die Oberfläche überall im richtigen Verhältnis zum Querschnitt und zur Gesamtmasse steht. Diese besondere Form bildet den besonderen Geschmack. Vordergründige Ästhetik wäre hier fehl am Platz. Wo sie sich einschleicht im Gefolge der maschinellen Herstellungsweise, wandelt sich das

Butterhörnla mehr und mehr zu einer Art edelflauschigem Croissant, das formvollendet von der voluminösen Mitte gleichmäßig in feinste Spitzen ausläuft. Mit der Form entfernt sich aber auch der Geschmack vom Original. Dieses Hörnla reimt sich nicht mehr auf Schnörrnla.

Einige wenige Bamberger Bäcker halten an der alten Form und Herstellungsart des anspruchsvollen Traditionsgebäckes fest. Sie verarbeiten Mehl, Milch, Wasser, Salz, ganz wenig Zucker zur Bräunung, Hefe und Malzmehl zu einem Vorteig; im Unterschied zum Croissant fehlen hier Ei und Fett. Den Vorteig lassen sie ausreichend reifen, ziehen Butter im handwerklichen Verfahren ein und gönnen den fertigen Teigstücken noch einmal Ruhe: Zwei volle Tage vergehen, bis sie gebacken werden. Nicht jeder Bäcker mag seinen Hörnla diese Zeit gönnen. Ganz selten geworden ist das Backen zweimal am Tag, nämlich am Morgen kurz vor der Ladenöffnung und am Nachmittag kurz vor der Kaffeestunde – für den vollendeten Genuss des originalen Bamberger Butterhörnla frisch und warm aus dem Ofen des Bäckers.

Auf den ersten Blick sieht es so aus, als hätte sich das Bamberger Butterhörnla gut über die Zeiten gerettet. Beim genaueren Hinsehen stellt man fest, dass es inzwischen zu den großen Seltenheiten gehört.

Neun Mal Leckeres

Wie keine andere mittelgroße fränkische Stadt hat Bamberg eine erstaunliche Anzahl guter, traditionell handwerklicher Bäcker zu bieten. Dass ein Betrieb seine Kunden auch dann mit hoher Qualität überzeugen kann, wenn er mehrere Filialen unterhält, beweist Bäcker- und Konditormeister Thomas Loskarn mit Hauptsitz in der Wunderburg. Das Fachpersonal unter der Leitung von Bärbel Loskarn verwöhnt die Kunden in neun Filialen, vier in Bamberg und fünf außerhalb (Hirschaid, Neuses, Oberhaid, Memmelsdorf, ab September 2015 in der Hallstadter Marktscheune). Reinheit und Qualität der Zutaten spielen für den „Lecker-Bäcker" Loskarn nach eigenen Worten eine wegweisende Rolle. Herausragend ist – auch hinsichtlich der Größe – der Sechspfünder Bauernlaib mit kräftiger Kruste und aromatisch-würziger Krume. Der Renner aber sind die „Schnäggla". Die unter dem Namen hergestellten Brötchen laufen auch deshalb so erfolgreich, weil sie den ganzen Tag über in den Läden gebacken werden. Nachmittags gekauft schmecken sie am nächsten Morgen noch fast so saftig wie am Vortag. Eine lange Teigführung, wie sie die Franzosen mit ihrem Weißbrot praktizieren, ist ein Bestandteil des Erfolgsrezepts. Bei der Gestaltung half der Zufall mit. Thomas Loskarn hatte ein ungenutztes Werkzeug mit Schnecken-Form auf Lager und testete es einfach bei Brötchen aus. Heute ist es wie viel Gutes nicht mehr wegzudenken. Zuletzt wurde die Wunderburger Produktionsstätte um eine Snack-Küche erweitert, in der belegte Brötchen, verschiedene Salatvariationen und feine Sandwiches täglich frisch zubereitet werden. Die Bäckerei-Cafés warten seitdem auch mit einem kleinen Tagesgericht und Hausmacher-Suppen auf.

Bäckerei Loskarn
Hauptsitz:
Erlichstraße 54
96050 Bamberg
Tel. 0951 / 915340
www.
baeckerei-loskarn.de
info@
baeckerei-loskarn.de
Öffnungszeiten:
Montag bis Freitag
6 – 18 Uhr
Samstag
6 – 12.30 Uhr
Sonntag
Café am Troppauplatz
und Café Niko:
8 – 17 Uhr

Weile statt Eile

Einige kennen noch den Laden am Kaulberg, mit dem die Geschichte der Bäckerei Stuber in Bamberg begann. Die Bäckerei unterhielt in den 1980er Jahren sogar mehrere Filialen in der Stadt und war eine Zeitlang dem Diktat des Schneller-Weiter-Mehr gefolgt, das auch in die Backbranche Einzug gehalten hat. Davon hat sich der Betrieb, den Norbert und Ursula Stuber in zweiter Generation leiten, zum Glück langst distanziert. Ein gutes Stück sportlicher Ehrgeiz ist jedoch erhalten geblieben. Norbert Stuber ist als Bäckermeister ebenso ambitioniert wie als Marathonläufer. Wobei es ihm in der Backstube statt auf Tempo auf anderes ankommt: Frische, geschmackliche Qualität und Bekömmlichkeit. Getreu dem Motto „Gut Ding braucht Weile" verwendet Norbert Stuber für seine Brötchen und Brote noch Quellstücke und Vorteige, um die Produkte aromatisch zu verfeinern. Die Körner werden dabei zur besseren Bekömmlichkeit eingeweicht. Zudem verwendet er für alle Brote Natursauerteige nach eigener Rezeptur, oft mit einem relativ hohen Anteil an Roggenmehl bzw. Roggenvollkorn, Weizenvollkorn, Dinkel und Sonnenblumenkernen.

Gerade auch für Sportler geeignet ist das „Berlino", ein ballaststoffarmes Brötchen mit dem Guten aus dem Weizenkeimling, sodann aber auch die körnerreichen „Powerriegel". Zur Belohnung nach getaner Arbeit oder auch als schlichte Versüßung des Lebens gibt es eine große Auswahl an Plunderteilchen und Kuchen.

Inzwischen ist die Bäckerei bei einigen Sportwettbewerben in Bamberg mit einem Verpflegungsstand im Ziel vertreten. Für jeden Tag gibt es immer noch das Café und die Bäckerei im Wunderburg-Viertel.

Café und Bäckerei Stuber
Zweidlerweg 32
96050 Bamberg
Tel. 0951 / 15664
www.
baeckerei-stuber.de
stuber.norbert
@t-online.de

Montag bis Freitag
6 – 18 Uhr
Samstag 6 – 12.30 Uhr
Sonntag 6 Uhr – 16 Uhr
(Oktober - Mai)
6 – 12 Uhr
(Juni - September)

Der König auf den Brotregalen

Spezialitäten (8): Sauerteigbrot

von
Georg Willibald Lang

Ihre kräftigen Armmuskeln kommen vom Kneten des Sauerteigs, behauptet die alte Bäuerin und führt sie beherzt vor. Die selbst gemachten Reisigbündel, mit denen sie den Ofen im kleinen Backhäuschen aufheizt, werden ihren Teil dazu beigetragen haben.

Zu den kräftigen Armmuskeln kam mit der Zeit der krumme Rücken, denn über den Hackstock wie über den Teigtrog muss man sich beugen. Das tägliche Brot war nicht einfach zu haben, seine Qualität aber war unausweichlich gut, weil es schlechter nicht zu machen gewesen wäre.

Die riesigen Laibe fränkischen Sauerteigbrotes beeindrucken nicht nur auf den Bauernhöfen und in den Dorfgemeinschaften, die noch selber backen. Der Frankenlaib herrscht längst als wahrer König auf den Brotregalen von der heimischen Kleinbäckerei bis zur Lebensmittelabteilung des Nobelkaufhauses KaDeWe in Berlin. Dorthin exportiert die Bamberger Bäckerei Schüller ihre Spezialität, die auch zu Hause etwas Besonderes ist in der konsequenten Ausformung alter fränkischer Backkultur und in dem Ernst, mit dem der Respekt vor den Kräften und den Kreisläufen der Natur

hier geübt wird; die Demeter-Vereinigung steht als Garant dafür.

Natursauerteig, Mehl, Hefe, Wasser und Salz, das reicht, um ein gutes Roggenmischbrot traditioneller Art herzustellen. Der Bäcker hat es in der Hand, welche Qualität der Zutaten er wählt, wie viel Zeit er dem Teig zum Reifen lässt, wie konsequent er den Verführungen moderner Backhilfen ausweicht. Er entscheidet, ob die Kruste dunkler oder heller ist, die Struktur im Innern lockerer oder fester, der Säureakzent des Sauerteigs feiner oder grober, das Brotgewürze zurückhaltend oder kraftvoll. Wichtigstes Brotgewürz ist der Kümmel, der früher in heimischer Produktion aus einer heimischen alten Kümmelsorte gewonnen wurde und mit seiner gleichermaßen feinen und kräftigen Würze die billigerer Importware auf die Plätze verwies. Die Gärtner aus Bamberg und dem Umland könnten ihren Beitrag zur fränkischen Brotkultur leisten, wenn sie sich des heimischen Kümmels annehmen würden.

Mit einem Backofen neuerer Bauart werden sich die Bäcker in aller Regel arrangieren müssen. Je mehr er in Höhe und Verlauf der Temperatur dem Holzofen nahe kommt, desto besser wird das Brot. Das Optimum ist erreicht, wenn ein Betrieb für sein Sauerteigbrot einen eigenen Holzofen nach alter Art zusätzlich baut, wie es die Bäckerei Kerling getan hat.

So einfach das Prinzip ist, so unterschiedlich sind doch die Ergebnisse. Kein anderes Lebensmittel der fränkischen Tradition wurde zu reicherer Vielfalt entwickelt. Traurig, wer sie fürchtet, weil ihn die Qual der Wahl drückt, noch trauriger, wem sie gleichgültig ist.

Brot wie Musik

„Um es kurz zu machen, das Gewürzbrot beinhaltet mit allergrößter Wahrscheinlichkeit irgendwelche Drogen, denn es macht bereits nach dem ersten Genuss süchtig (kann aber auch an dem phänomenal guten Geschmack liegen)."

Der Brotladen
Fleischstr. 3
96047 Bamberg
Tel. 0951 / 47447
www.der-brotladen.de
mehlbox@
der-brotladen.de

Öffnungszeiten:
Montag bis
Donnerstag
10 – 16 Uhr
Freitag 10 – 18 Uhr
Samstag 9 – 13 Uhr

Gerda Windt hat ein Händchen für gute Brote. Freitags ist die Auswahl in ihrem Brotladen in der Regel am größten.

Frischhalte-Tipps

Brot nicht in Plastiktüten stecken. Auch Brottöpfe eignen sich nur bedingt für die Lagerung, d.h. für ein paar Stunden. Frisches Brot am ersten Tag offen liegen lassen, danach nur mit einem Geschirrtuch zudecken. Eine Aufbewahrung im kalten Herd (ohne Verpackung) ist auch möglich.

So beginnt eine Liebeserklärung eines Stammkunden, die im Gästebuch des Brotladens online nachzulesen ist. Bemerkenswert, was das scheinbare Allerwelts-Produkt Brot auslösen kann! Allzu leicht wird es im Alltag als selbstverständlich hingenommen. Und allzu leicht könnte man auch am „Brotladen" vorbeigehen. Wer hier fündig geworden ist, kehrt jedoch gerne wieder.

Die Geschichte des kleinen Ladens in der Fleischstraße reicht bis ins Jahr 1947 zurück, zum „Kolonialwarenladen" der Eltern. Von den sieben Kindern entschloss sich die zweitjüngste, Gerda Windt, das Geschäft zu übernehmen. Sie hatte schon früh mitgeholfen, hier ihre Lehre absolviert und ist dem charmanten Laden bis heute innig verbunden. Eine ganz andere Richtung hat sie nebenbei mit ihrem zweiten beruflichen Standbein eingeschlagen: Gerda Windt singt professionell und tritt mit Chorsängern und verschiedenen Orchestern im ganzen Bundesgebiet auf.

Im Brotladen hält sie das Angebot bewusst regional. Die Brote lässt sie kontinuierlich nach eigenen Rezepten von sechs fränkischen Familienbetrieben herstellen. Gerda Windt schwört auf Natursauerteig, vor allem aus Geschmacksgründen, aber auch deshalb, weil es dem Körper hilft, die Inhaltsstoffe bestmöglich zu verwerten. Roggenbrote, wahlweise mit oder ohne Körner, stehen an erster Stelle. Gleichwohl versteht sich die Inhaberin auch auf helle Bauernbrotsorten sehr gut. Mehrere Auszeichnungen für das Sortiment unterstreichen die Qualität.

Geräucherte und luftgetrocknete Wurstspezialitäten sind eine weitere Stärke – ob mit milden bis extrem scharfen Beißern, Zwetschgenbames, westfälischer Salami, Bio-Qualität oder konventionell. Zudem gibt es neben Rauchbier auch ein nur hier erhältliches „Helles Schlenkerla" in der Flasche. So zünftig, so gut!

Kerling
und das Klavier des Bäckers

Michael Kerling hält es in seinem Beruf wie ein guter Winzer mit seinen Trauben. „Backwaren brauchen Ruhe und Geduld, um ihren Geschmack entfalten zu können." Lange bevor das gemäßigte Tempo von anderen Bäckern wiederentdeckt wurde, war er mit dieser Devise erfolgreich.

Bäckerei Kerling
Obere Königstr. 12
96052 Bamberg
Tel. 0951 / 25459
info@
brotspezialitaeten.de
www.
brotspezialitaeten.de

Öffnungszeiten:
Montag bis Freitag
6.15 – 18 Uhr
Samstag
6.15 – 14.30 Uhr

Für Michael Kerling, der in vierter Generation die Geschicke der Bamberger Bäckerei Kerling leitet, ist Brot weit mehr als ein Grundnahrungsmittel, das vor allem dazu dient, Wurst festhalten zu können. Ein Genussmittel so wie andere Backwaren auch, das Bamberger Hörnchen etwa, das vielerorts aber eher einem französischen Croissant gleiche und wenig mit der Bamberger Spezialität gemeinsam habe. Oder Gebäcke wie Punschstangen und Eierringe, die heidnischen Ursprung haben und nahezu vollständig aus den

Theken verschwunden sind. Die Tradition, sie hat für Michael Kerling einen hohen Stellenwert. Die Weichen hierfür wurden in den 60er Jahren gestellt. Zu einer Zeit, da Schnellbackverfahren ihren Aufschwung nahmen, investierte Kerlings Vater sein Geld in einen althergebrachten Ofen, der eine ruhige Backatmosphäre ermöglichte. Dieser Umstand habe im Kollegenkreis damals für amüsierte Kommentare gesorgt, erinnert sich Kerling. Aus heutiger Sicht verdient die Entscheidung jedoch Bewunderung und kann als ein Meilenstein für die Ausrichtung des Unternehmens gelten. Einer guten Tradition verpflichtet ist auch das Drumherum: die eigenen Rezepturen, der eigene Sauerteig, lange Ruhezeiten, das intensive Kneten des Teigs, ein hoher Anteil Handarbeit, kein Beimengen von Bindemitteln und Backpulver …

Wer die gelernten Methoden beherrscht, hat noch nicht das Zeug zum traditionell arbeitenden Bäckermeister. Dieser müsse einen Riecher haben für Sehnsüchte, aufgeschlossen sein gegenüber Neuem und sich gegen zweifelhafte Trends wie „Jogging-Brote" oder Instant-Produkte behaupten. Kerling, der Bäckermeister und auch Konditormeister ist, versteht sich auf geschmackvolle Produkte mit modernem Pfiff. Wer das testen will, möge z.B. die Walnuß-Pfeffer-Stange oder die Ciabatta mit Oliven bzw. Tomaten probieren. Torten, Kuchen sowie herzhafte Brotzeitweckla, auf Wunsch auch mit Leberkäse,

In Bamberg ist die Bäckerei Kerling dreimal zu finden; außer in der Oberen Königstraße auch in der Neuerb- und der Karolinenstraße (im Bild). In Bad Staffelstein, Ebensfeld und Coburg befinden sich weitere Verkaufsstellen.

Einfache Zutaten – geschmackliche Vielfalt: ein Teil des Sortiments der Bäckerei Kerling. Seit über 40 Jahren nimmt die Bäckerei Kerling jährlich an der Qualitätsprüfung des Bäckerhandwerks für Brot teil. In dieser Zeit erzielte die Bäckerei mit bis zu 14 verschiedenen Brotsorten, unter anderem dem Frankenlaib (im Bild), aber auch dem reinen Roggenbrot immer überdurchschnittliche Ergebnisse. Diese hohe und gleichbleibende Produktqualität wurde bereits dreimal mit dem Staatsehrenpreis, der höchsten Auszeichnung des Bayrischen Bäckerhandwerkes, honoriert.

der gerne in den benachbarten Brauereigaststätten verputzt wird, runden das Sortiment ab.

„Das Backen mit täglich frischem Natursauerteig bleibt eine Paradedisziplin. Sauerteig ist im Grunde das Klavier des Bäckers. Allein durch Standzeit, Teigfestigkeit und Temperatur kann ich unterschiedliche Geschmäcker erzeugen", erklärt Kerling. Von den verschiedenen Brotspezialitäten findet vor allem der im Steinbackofen hergestellte „Frankenlaib" mit Fenchel, Kümmel und Koriander reißenden Absatz. Gebacken wird nicht nur im Stammhaus, in dem sich übrigens schon seit „Urzeiten", genauer gesagt seit 1380, eine Bäckerei befindet. Um sich noch einmal ganz bewusst vom Hauptstrom abzusetzen, errichteten die Kerlings im Jahr 2006 in Bad Staffelstein ein Backhaus für die Herstellung von Holzofenbroten. Kunden erhalten die rustikalen Vierpfünder an jedem Dienstag und Donnerstag in Bamberg, an allen Verkaufstagen in Bad Staffelstein. Dort betreibt der Bruder, Hans-Georg Kerling, einen Betrieb mit ähnlichem Angebot wie in der Domstadt. Ein angenehmer Service: Alle Brote können auch über das Internet bestellt werden.

„Das Backen mit täglich frischem Natursauerteig bleibt eine Paradedisziplin."

– Michael Kerling

Raffinierte Wege zum kleinen Glück

Ein Pralinenhersteller ist in der Regel ein sehr sympathischer Zeitgenosse. Er ist darauf spezialisiert, sich und andere glücklich zu machen.

Confiserie Storath
Lange Straße 26
96047 Bamberg
Tel. 0951 / 2083666
info@confiserie-storath.de
www.confiserie-storath.de

Öffnungszeiten:
Montag bis Freitag
9.30 – 18 Uhr
Samstag
9.30 – 15 Uhr

Pralinenmanufaktur Stübig
St.-Martin-Str. 18a
96110 Scheßlitz
Tel. 09542 / 773961

Öffnungszeiten:
Montag bis Donnerstag
8 – 16 Uhr
Freitag 8 – 12 Uhr

„Ich wollte immer ein bisschen schokoladiger sein."

– Johannes Storath

Da Johannes Storath mit der raffinierten Veredelung von Schokolade regelrechte Hochgefühle erzeugen kann, genießen seine Produkte nicht nur in Bamberg mittlerweile Kultstatus. Er selbst macht aus dem kleinen Luxus keine große Philosophie, doch steckt für ihn mehr dahinter als ein bloßes Produkt.

Harmonie ist ein aufschlussreiches Wort, um die Welt von Johannes Storath zu verstehen. Angefangen bei den eigenen Zielvorstellungen über die Entwicklung der Produkte bis hin zum Verkauf und zum Umgang mit den Kunden sollte eine unverwechselbare Handschrift des Unternehmens erkennbar sein. Nichts anderes ist gemeint, wenn Johannes Storath davon spricht, einem eigenen Stil treu bleiben zu wollen: „Ich mache etwas, nicht weil ich den Kunden Wohlgefallen bringen möchte, sondern, weil ich es so haben will. Wenn die Harmonie gegeben ist, dann findet das Produkt auch seinen Kunden."
Dass Johannes Storath in dem aufgeht, was

er tut, zeigt die Entstehung oder, genauer gesagt, Erfindung seiner Rezepturen am besten. 1989 wurde die Pralinenmanufaktur aus einer Biertischidee geboren. „Ich wollte immer ein bisschen schokoladiger sein, nicht so süß, nicht so beißend … wohlschmeckend", sagt der gelernte Koch und Hotelkaufmann, dem sich schon an seiner Wortwahl anmerken lässt, wie sehr er gedanklich eins geworden ist mit dem Produkt. Also erhöhte er den Kakao-Anteil des Überzugs von den handelsüblichen 60 Prozent auf 75 und bei der Vollmilchmischung von 32 auf 40 Prozent. Gleich darauf traten die ersten Pralinen von Stübig bei Schesslitz ihren Weg in Restaurants, Hotels und Feinkostläden an. Schokoladenläden in der heutigen Form existierten noch nicht. Kaum weniger ungewöhnlich war daher Storaths Idee, im Jahr 1997 in Bamberg einen Laden für den Verkauf seiner Pralinen zu eröffnen. Im November 2002 erfolgte der Umzug in das aktuelle Haus. Die neu geschaffene Holzfront ist ein Paradebeispiel für einen sensiblen Umgang

Wer viel von schokoladigen Köstlichkeiten hält, kann bei Storath Augenblicke der Seligkeit erleben.

mit dem historischen Erbe. Der Eingang stimmt weitgehend mit der ursprünglichen Holzfront überein, die der Erstbesitzer des Hauses, der einstige Fahrrad- und Schreibmaschinenhändler „Opel Wengler", errichten ließ.

Beim Betreten des hohen, fast quadratischen Raums lässt der Besucher den Alltag hinter sich. Hier wirkt auch in der

turbulenten Weihnachtszeit das Gesetz der Entschleunigung. Während die Kunden die Stücke einzeln auswählen und die Verkäuferinnen diese sorgfältig verpacken, läuft der Betrieb im Hintergrund auf Hochtouren. Um absolut frische, geschmeidige Ware anbieten zu können, produziert Storath keine großen Stückzahlen auf Lager. Eine Praline muss spätestens innerhalb von sechs Wochen verkauft sein. Zwei bis drei Wochen danach sollte sie verzehrt sein. „Ich mag gerne am Ursprung der Schokolade dran bleiben. Das ist meine Kernphilosophie." Dank der ausgeprägten Kombinationsfähigkeit des Herstellers entstehen daraus stets aufs Neue aufregende Verbindungen von natürlichen Aromen und Schokolade. Johannes Storath arbeitet mit Winzern und Weinhandlungen zusammen sowie mit der Bierakademie, Bamberg, um zu zeigen, was mit Schokolade alles geht. Auch für Whiskey mit Schokolade und ein Schokoladendinner sind bereits Netzwerke entstanden. Auf Veranstaltungen weist die Internetseite hin.

Schokotruffes

von Johannes Storath

1000 ml Sahne
720 g Dunkle Schokolade 70% – 80%
200 g Vollmilchschokolade 34% – 40%
100 g Butter

Sahne aufkochen und über die gehackte Vollmilchschokolade gießen. Etwa 1 Min. ruhen lassen, von innen nach außen mit einem Spatel zu einer geschmeidigen Masse verrühren. Auf unter 40 Grad Celsius abkühlen lassen, die Butterstücke unterrühren. Die Canache mit Frischhaltefolie abdecken (Folie direkt auf die Masse legen, damit sich kein Wasser bildet).
Abgedeckt 24 Stunden bei ca. 16 Grad auskristallisieren lassen. Teilen Sie die Canache in zwei Hälften und erwärmen Sie diese nur so viel, dass sie mit dem Handrührgerät etwas aufzuschlagen ist. Die Canache in einen Spritzsack mit 8er Lochtülle füllen, in Pralinengröße auf Pergament dressieren (aufspritzen). Einen Tag bei ca. 16 Grad abtrocknen lassen und mit Schokolade überziehen.

Überzug

Erwärmen Sie zwei Drittel der dunklen Schokolade auf dem Wasserbad auf 50 bis 52 Grad. Vom Wasserbad nehmen und mit einem Spatel ca. 5 Minuten gut durchrühren. Die restliche Schokolade ebenfalls hacken, in die aufgelöste Schokolade geben, und so lange rühren, bis die Schokolade eine Temperatur von 31 bis 32 Grad hat. Machen Sie einen Abstrich auf einem Messer und warten Sie, bis die Schokolade geschrumpft ist.
Das Ergebnis sollte glänzen und keine grauen Schlieren aufweisen. Tauchen Sie die Pralinen mit einer Pralinengabel in die Schokolade, klopfen Sie am Schüsselrand etwas ab und wälzen Sie die Pralinen in dunklem Kakaopulver. Auf Pergament legen und trocknen lassen.

Information:
Das Wasserbad muss nicht kochen und sollte 80 bis 90 Grad haben. Überschüssige Schokolade vom Überzug dünn auf Pergament streichen, erkalten lassen, brechen und in einer geschlossen Dose aufbewahren. Haltbarkeit: bis zu 2 Wochen. Am besten hochfeine Schokolade für den besonderen Genuss verwenden. SCHOKOGENUSS PUR!

Kaffee – am besten röstfrisch

In den Bohnen des Rohkaffees stecken bereits alle Aromen drin. Damit diese sich voll entfalten können, ist mehr gefragt als Mahlen, Aufgießen und Filtern. „Ein guter Rohkaffee braucht auch eine gute Röstung", sagt Alexander Gäcklein, Inhaber und Geschäftsführer der Kaffeerösterei M.A.G. Im Unterschied zu Industriekaffees ist ein nach handwerklicher Tradition frisch gerösteter Kaffee eine Delikatesse. Diesen Unterschied schmeckt man sofort. Über 30 Sorten aus den wichtigsten Kaffeeländern der Erde, darunter sechs verschiedene Espresso-Sorten, werden bei M.A.G. geröstet. Die Variationen gestalten sich abwechslungsreich, teils kräftig-blumig, teils würzig-fruchtig, mal schokoladig, mal komplett säurefrei oder auch entkoffeiniert.
Zusätzlich zu dem im Jahr 2008 gegründeten Stammsitz in Frensdorf betreibt die Rösterei ein Café in der Bamberger Austraße. Das Zertifikat der deutschen Röstergilde garantiert hohe Qualität. Die Kaffees werden für die jeweiligen Ansprüche und Maschinen des Kunden gemahlen. Ein Plus: Alle Sorten lassen sich im Laden probieren. Der Inhaber bietet Interessierten auch eine Führung durch die Rösterei in Frensdorf und Einsteiger-Seminare für das Kaffeerösten an.

Rösterei M.A.G. GbR
Austraße 4
96047 Bamberg
Tel. 0951 / 2995350
www.
roesterei-mag.de
kaffee@
roesterei-mag.de

Öffnungszeiten:
Montag bis
Samstag
10 – 18 Uhr
Sonntag
13 – 18 Uhr

Nur das Verzehren ist schöner

Im Reich der Tortenfee Jana Jakob verwandeln sich Teige in kleine Kunstwerke. Für das Auge sind die Objekte mehr als einladend gestaltet – in ihrer schönsten Form fast zu schade, um gegessen zu werden.

Janes Cake Tragedy
Lichtenfelserstr. 4
96231 Bad Staffelstein
Tel. 0171 / 8119037

www.janes-cake-tragedy.com
janes-cakes@web.de

Termine nach
Verelnbarung

Jana Jakob ist eine Meisterin für Tortenge-staltung.

Doch der Appetit gewinnt. Denn je liebe- und geschmackvoller die Torten, Cup-Cakes und Cake-Pops gestaltet sind, desto größer ist am Ende die Freude über den Verzehr.

Mit einem privaten Vorhaben fing alles an. 2008 durfte die Meisterköchin Jana Jakob eine Hochzeitstorte für ihre Kusine machen. Etwas Besonderes sollte es sein, das war schon damals ihr Anspruch. Was zunächst als Hobby begann, entwickelte sich dank der Begeisterung von Freunden und Bekannten weiter. „Da die ersten Versuche Tragödien waren, ist hieraus auch mein Name entstanden: Janes Cake Trage-dy", erzählt die Gebäck-Spezialistin aus Bad Staffelstein. „Ansonsten haben die Torten nichts mit Tragödien zu tun", ergänzt sie mit einem Lachen.

Seit 2010 kreiert Jana Jakob individuelle Torten zu jedem Anlass, sei es für eine Hochzeit, ein Jubiläum oder einen Ge-burtstag. Jede Torte ist ein Unikat, hinter der viel Arbeit steckt: Gespräche mit den Kunden, Zeichnungen, Ideensammlung, Kostproben, Backen und Design, Auslie-fern. Die Motive und Farben sind enorm vielfältig, wie die Gestaltung auch – mal

amüsant, mal klassisch, mal originell … Nach einer Fotovorlage der Kunden sind auch Hochzeitspaare aus Zuckermasse kein Problem. Das handwerkliche Geschick begeistert stets aufs Neue. Und wenn die Kunden das Ergebnis zum ersten Mal sehen und die Augen strahlen, freut sich die Macherin herzlich mit ihnen.

Wer auf der Suche nach einer besonderen Hochzeitstorte ist, sollte vier bis sechs Monate im Voraus buchen. Bei einfacheren Geburts-tagstorten reichen drei Wochen. Cake-Pops und Cup-Cakes gibt es auf Bestellung auch kurzfristig. Jana Jakob empfängt Besucher nach Terminvereinbarung in ihrem Laden in Bad Staffelstein, der eine Mischung aus Werkstatt und Ausstellungsraum ist. Zudem finden hier auch Hobby-Kurse statt, bei denen Interessierte das Einmaleins des süßen Glücks lernen können. Die Begeisterung hat schon viele angesteckt.

Sich Muße zu nehmen, ist hier ein Muss

Teegenuss hat viele Seiten: Die traditionsreichen Getränke sind für eine morgendliche Erfrischung gut, für die Ruhepause am Nachmittag und für den Ausklang des Tages. Vielfältig sind daher auch die Gelegenheiten, die Bamberger Teegießerei aufzusuchen.

Teegießerei
Pfahlplätzchen 2
96049 Bamberg
Tel. 0951 / 2972595

www.teegießerei.de
teegießerei.bamberg@
gmail.com

Öffnungszeiten:
Täglich 11 – 18 Uhr
Montag 13 – 18 Uhr

Ob mit Tee, Kuchen, kleinen Mahlzeiten, Wein oder Sommerdrink – die „Teegießerei" ist der Ort für eine Auszeit.

Dabei ist die exzellente Teeauswahl nicht der einzige Grund, warum dieser Ort so viele Gäste erfreut. Das Ambiente genießt man hier gleich mit. Klassisch, salonartig und zugleich originell ist die Ausstattung innen, mit Sitzecken, denen die Gründer je nach Herkunft der Möbelstücke unterschiedliche Namen gegeben haben – Theater, Gera, Regensburg, China... Lebendig, aber nicht unruhig geht es vor dem Haus zu. Wenn in der warmen Jahreszeit die Stühle aufgebaut sind, ist das Pfahlplätzchen immer ein bisschen Freiluftbühne. Und nicht zuletzt überzeugt das kulinarische Angebot, das neben Tees und Kaffees, schönen selbstgebackenen Kuchen und kleinen, feinen Mahlzeiten auch sommerlich leichte Drinks umfasst – das meiste in Bio-Qualität.
Das Teehaus konnte eigentlich nur ein Künstler erfinden. Es geht auf die Initiative des Schauspielers Andreas Ulich und seiner Frau zurück, die hier in der Anfangszeit auch Klavier spielte. 2005, fünf Jahre nach der Eröffnung, übernahm Brigitte Vitus das Domizil. Die neue Inhaberin hatte zuvor das Bistro in einem Ökomarkt als Köchin geleitet und sich als Gast in der Teegießerei so wohl gefühlt, dass sie sich diese Rolle schon damals gut vorstellen konnte. Ein Glück, schließlich lebt der Ort auch von ihrer persönlichen, liebevollen Art.

Brigitte Vitus behielt die Optik bei, erweiterte jedoch das Angebot. Rund 70 Teesorten, darunter grüne, bunte, weiße, gelbe, fruchtige, würzige, erdige und andere mehr, sind auf der Karte. Und es werden alle getrunken, im Hochsommer freilich weniger, dafür gibt es Eistee, Aperol Spezial oder „Beschwipste Beeren".
Von den Gästen hört Brigitte Vitus oft, dass hier alles wunderbar entschleunigt sei, das Haus noch zentral gelegen, aber weg vom Trubel der Stadt. Dem lässt sich nicht viel hinzufügen.

Süße Kunst zum Verlieben

40 Jahre lang hat Maria Theresia Worch als Restauratorin Kunst erhalten. Die Kunstwerke, die sie nun selbst aus Marzipan und Zucker schafft, sind dagegen zum Verzehren gedacht.

La Tortissima
Atelier für süße Kunst
Untere Königstr. 16
96052 Bamberg
Tel. 09544 / 4298
www.latortissima.de
mail@latortissima.de

Öffnungszeiten:
Freitag 15 – 18 Uhr
Samstag 10 – 14 Uhr

Die Leidenschaft für süße Kunst auf der einen Seite und die Substanz erhaltende Arbeit der Restauratorin auf der anderen – das ist hier kein Widerspruch. Denn so phantasievoll die essbaren Figuren den Appetit anregen, so liebevoll und meisterhaft sind sie gestaltet. Der Betrachter kann sich bei Maria Theresia Worch wie in einem kleinen Museum fühlen – und tatsächlich war eine Kreation, die „Affenkapelle", bereits in der Bamberger Sammlung Ludwig (im Alten Rathaus) zu sehen, neben dem Original aus Porzellan.

Die Bildende Kunst dient der Künstlerin als Anregung. Die handwerkliche Fingerfertigkeit der Restauratorin für Gemälde und Textil helfen ihr bei der Umsetzung. Einen großen Teil ihres beruflichen Lebens verbrachte die gebürtige Bad Orberin am Bayerischen Landesamt für Denkmalpflege in Schloss Seehof. Seit 2006 kann sie sich, zuhause in Baunach und ihrem Laden in der Bamberger Königstraße, ganz ihrer künstlerischen Passion widmen. Denn schon als Kind hat sie mit großer Leidenschaft Buttercremetorten verziert und Bonbons gezüchtet. Die Materialien haben sie gereizt, ebenso wie die Möglichkeit, unvergänglich-vergängliche Kreationen zu schaffen. Und so entstanden herzerfrischende Formen und Szenerien, häufig nach einschlägig bekannten Motiven der Kunstgeschichte, mit Phantasie, Witz und einer kräftigen Prise Erotik gewürzt: „Goethen in der Schlampagne", „der Raub der Schlawinnerinnen", die „Bamberger Reiterin", „Im Paradies" – um nur einige Modelle zu nennen.

Die Kleidung der Figuren herzustellen, ist eine besondere Herausforderung. Maria Theresia Worch verwendet hierfür feine, befeuchtete Oblatenscheiben. Den Figuren, die es bei ihr zu kaufen gibt, sieht man die Anstrengung freilich nicht an. Auch die großen Menschheitsthemen können mit etwas Humor und genussvoll betrachtet ganz leicht erscheinen.

Herzerfrischend anders und verführerisch süß: kleine Kunstwerke von La Tortissima. Im Bild oben: die Affenkapelle, Goethe in der Schlampagne. Unten: drei Bamberger Reiterinnen.

Alles fließt

Ein Streifzug durch die Bamberger Kneipenszene

von Arnd Rühlmann

Das Wort „Trinkkultur" wird heute kaum noch von Leuten verwendet, die es tatsächlich ernst meinen. Irgendwie hege ich sogar die Befürchtung, dass die gute alte Kneipe in Zeiten von Bars, Bistros und Clubs aus der Mode kommen könnte. „Kneipe" hat für viele heutzutage den Beigeschmack von Kaschemme, Bierdimpfl und Stammtisch-Spießigkeit. Und wer im Alter über 40 eine „Lounge" betritt, muss mit der Frage rechnen, ob er seine Kinder abholen möchte.

Untertauchen, auftauchen, weiterfliegen – das Motto der Bamberger Gaststätte „Pelikan".

Schön, dass es sie noch gibt, die Wirtshäuser (noch so ein wunderbar antiquierter Ausdruck!), in denen Hinz und Kunz, Boschler und Lehrerinnen, Studenten und Versicherungsvertreter, Schauspieler und Hausfrauen, Musiker und Hausmeister aller Altersstufen einkehren, ihr Feierabendbier oder -Weinchen genießen können und miteinander ins Gespräch kommen. Da kann man erleben, wie auch der angeblich so maulfaule Franke durchaus kommunikativ werden kann. Selbst Gespräche zwischen Einheimischen und Touristen sind angeblich schon beobachtet worden. Die Bamberger Gastronomieszene ist so bunt und vielfältig, dass jeder dort seine Nische finden kann. Und tatsächlich ist die Stadt mit gleich mehreren dieser – im besten Sinne altmodischen – Kneipen gesegnet.

Im „Pelikan" in der Sandstraße lässt es sich beispielsweise herrlich versumpfen, beim Wein, beim Guinness oder einem anderen Kaltgetränk, und bis in die Nacht über Stadtratsbeschlüsse, den Sinn des Lebens oder die letzte Lindenstraße-Folge diskutieren.

Im Innenhof sitzt man unter der historischen, weinumrankten Pergola, geschützt gegen Sonnenbrand und leichten Regen. Und wenn der Magen knurrt und es mal nicht das übliche Knoblauchbaguette sein soll, findet man auf der Speisekarte die köstlichste fränkisch-asiatische Crossoverküche, die man sich vorstellen kann. Schon mal hausgemachte Bratwürste aus dem Wok probiert? Das klingt nur für Uneingeweihte merkwürdig …

Tanz in den Mai, Live-Klavier, Hits aus der Musikbox

Legendär auch die Feiern im Pelikan: Ob Tanz in den Mai, Fasching oder Vollmond-Tanz. Da ist die Hütte gerammelt voll und selbst der in Ehren ergraute Alt-68er schwingt irgendwann das Tanzbein. Glücklich, wer vom Wirt Heiner Sauer eine Einladung zum

Wirt Kurt Meier am Dreh- und Angelpunkt der „Fischerei".

wie viele heimliche Liebschaften Wirtin Wally Mück im Laufe ihres langen Wirtinnendaseins mitbekommen hat. Doch darüber lächelt sie nur kryptisch – mittlerweile hat sie das Zepter an ihren Sohn Christoph übergeben. Und gelegentlich ergreift ein Gast die Gelegenheit und haut spontan in die Tasten des Klaviers – eine Wundertüte: entweder begeisternd schön oder betrunken schrecklich!

Chansons und Blaue Zipfel

Und dann gibt es da noch die Weinwirtschaft Fischerei. Ich hoffe, niemand erwartet journalistische Seriosität von mir, wenn ich ein Lokal beschreibe, an das ich direkt an meinem ersten Tag in Bamberg mein Herz verloren habe. Das im Jahre 2000 aufwendig und liebevoll renovierte Haus aus dem 14. Jahrhundert, in dem sich die Wirtschaft befindet, liegt am Rande von Klein-Venedig und lockt, was Speis' und Trank betrifft, mit feinen fränkischen Spezialitäten. Der idyllische Innenhof ist ein echtes Juwel und wird im Juli und August zum Austragungsort der „Fischerei-Festspiele". Dann wird bei „Deutschlands kleinsten Freilicht-Festspielen" ein hochkarätiges Kleinkunstprogramm mit Künstlern aus ganz Deutschland dargeboten. Und an manchen Abenden, wenn Wirt Kurt Meier ganz besonders gut aufgelegt ist, schmettern die Hits der 60er und 70er Jahre aus der Musikbox.

In der Fischerei habe ich meine Liebe zum Frankenwein entdeckt, die ersten blauen Zipfel gegessen, meine ersten Chansons geschrieben und vorgetragen, Freunde gefunden und so viele lustige, sentimentale und verrückte Stunden verbracht, dass ich schon fast so zum Inventar gehöre. Wie die vielen, von Gästen aus der ganzen Welt als Souvenir mitgebrachten Fische, die über der kleinen Theke baumeln.

Diese drei Lokale haben übrigens noch eine Gemeinsamkeit: Wenn die Gesellschaft mal nicht interessant genug sein sollte, gibt es hier eine Menge zu gucken! Während im Pelikan der namensgebende Wasservogel allgegenwärtig in den verschiedensten Erscheinungsformen von den Wänden blickt, kann man im Pizzini mit dem Studium der alten Skizzen, Holzschnitte und Gemälde Stunden verbringen. (Gut, dafür müsste die Gesellschaft dann wohl schon sehr langweilig sein) Und die Innenräume der Weinwirtschaft Fischerei

alljährlichen Hausfest ergattern kann! Ein Geheimtipp ist übrigens der Gewölbekeller, der direkt in die Stollen führt. Da lagert eigentlich der Wein, aber gelegentlich finden dort auch Veranstaltungen und Weinproben statt.

Ein bisschen beschaulicher, aber nicht weniger gemütlich geht es in der Weinstube Pizzini zu, die im verkehrsberuhigten Teil der Sandstraße liegt. Die Stammkneipe für Generationen von Bambergern und Zugezogenen! Die lauschigen Nischen im schummrigen Gastraum mit der dunklen Holztäfelung eignen sich nicht nur zum Tratschen im Freundeskreis, sondern auch für ein diskretes Rendezvous, und wer weiß,

Der Stöhrenkeller am Stephansberg – die vielleicht schönste Landgaststätte in der Stadt. Worüber der Wirt Michael Keesmann (im Bild rechts) meditiert, hat er uns nicht verraten.

schmücken wechselnde Ausstellungen von antiken Kupferstichen über Scherenschnitte, Fotographien bis zur zeitgenössischen Malerei regionaler und überregional bekannter Künstler.

Es gäbe noch mehr Kneipen aufzuzählen: Den Stöhrenkeller auf dem Stephansberg, wo der Geist des legendenumwobenen Bamberger Kult-Wirts „Zinser" am Leben gehalten wird; das Café Abseits in der Pödeldorfer Straße, das beweist, dass es auch Geselligkeit außerhalb der Innenstadt gibt; die Galerie am Stephansberg, das Rotenschild in der Sandstraße...

Trotz aller Annehmlichkeiten droht in dieser Gemütlichkeit natürlich auch eine Gefahr, deshalb zum Schluss eine Warnung: Wie oft schon haben Menschen den Fehler begangen, auf dem Heimweg doch noch „auf ein halbes Stündchen reinschauen" zu wollen. Das klappt in den seltensten Fällen und endet für gewöhnlich nach Mitternacht mit dem Ausruf: „Was, schon so spät?" Aber wen stören schon die Augenringe am nächsten Morgen. So jung kumma mer hall nimmer zsamm!

Kenner der Kneipenszene unter sich: Fotograf Gerhard Schlötzer (li.) mit Wally und Christoph Mück im Pizzini.

Natürliche Gaumenfreuden

Pamina
Bio. Und genießen
Austraße 14
96047 Bamberg
Tel. 0951 / 5099399
katharina@
pamina-bio.de
www.pamina-bio.de

Öffnungszeiten
(Kernzeiten):
Montag bis Freitag
8 – 19 Uhr
Samstag 9 – 14.30 Uhr

Die Austraße ist ein kleines Paralleluniversum am Rand der Bamberger Fußgängerzone. Im Sommer wandelt man an Cafétischen vorbei und im Winter blitzen kleine Christbäume rechts und links des Fußweges. Die Straße mit der höchsten Fahrraddichte der Stadt hat auch in Sachen Einkaufen alternativen Charme: Seit 2002 befindet sich hier ein Laden für Bio-Produkte, wie er in dieser Form in deutschen Innenstädten nur noch selten zu finden ist.

„Bio" war für Katharina Müllerschön kein Neuland, als sie das Fachgeschäft „Pamina" eröffnete. Zuvor war sie acht Jahre lang beim Bio-Pionier „Endres" angestellt. Dennoch ist „Pamina" im Land der Bio-Discounter und Supermarktketten etwas Außergewöhnliches. Wie in einem Tante-Emma-Laden bekommt der Kunde hier auf nur 80 Quadratmetern alles, was er an Lebensmitteln braucht, und noch einiges mehr. Aus 3.000 gut sortierten und hochwertigen Bio-Produkten kann er wählen. Die Käsetheke wartet mit 120 verschiedenen Köstlichkeiten auf. Sie lassen sich mit 40 verschiedenen Brot- und 60 Weinsorten toll kombinieren. Aber nicht nur Kulinarisches wird hier gepflegt. Nach dem Motto „Tue deinem Körper Gutes, damit deine Seele Lust hat, darin zu wohnen" sind zudem die großen Marken der Naturkosmetik zu finden.
Ökologischer Genuss, fairer Handel und Gesundheit sind Werte, an denen sich die Mitarbeiterinnen und Mitarbeiter orientieren. „Regional ist dabei erste Wahl", ergänzt Katharina Müllerschön, die mit einem fes-

ten Stamm an regionalen Lieferanten und Produzenten zusammenarbeitet. Da das Genießen beim Einkauf aber mitbestimmt, gibt es Obst und Gemüse außerhalb der europäischen Saison allerdings auch aus südlichen Ländern; dogmatisch will bei „Pamina" niemand sein.
„Ich finde es etwas ganz Tolles, dass ich meine Kundschaft verwöhnen kann", freut sich Katharina Müllerschön. Wobei sie lieber von Gästen als von Kunden spricht. Dem entspricht der zuvorkommende Service, den der Gast sofort spürt. Ein Angebot besonderer Art kommt dazu: Im flachen Innenstadt-Bereich wird täglich mit dem Fahrradanhänger geliefert. Für größere Einkäufe und weitere Entfernungen steigt der Fahrer einmal pro Woche auf das geliehene Auto um.

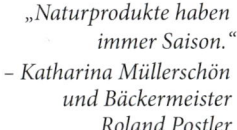

„Naturprodukte haben
immer Saison."
– Katharina Müllerschön
und Bäckermeister
Roland Postler

Die sehr verträgliche Leichtigkeit des Seins

Beim Riffelmacher verhält es sich wie bei anderen wertvollen Dingen: Wer es nicht kennt, weiß nicht, was ihm fehlt. Wer es kennengelernt hat, möchte es nicht mehr missen, allein wegen der feinen Kuchen und dem nach Meinung vieler besten Eis der Stadt. Das Sehen und Gesehen werden und eine anregende Atmosphäre kommen bei einem Besuch nicht zu kurz.

Café Riffelmacher
Obere Brücke 12
96047 Bamberg
Tel. 0951 / 25815

Öffnungszeiten:
Mai bis September
9 – 24 Uhr
Oktober bis April
9 – 19 Uhr

Wenn es um Gerüche geht, ist der Konditormeister und Betreiber des Cafés, Heiner Wohlfart, in seinem Element. Der Duft eines noch warmen Hefeteigs und der Geruch nach frischem Kaffee zaubern ihm flugs ein Lächeln aufs Gesicht. „Zum Glück gibt es noch Zucker-Junkies", sagt er, selbst ein Freund der süßen Unvernunft. Aber was heißt da Unvernunft? „Wenn man die Produkte nicht zum Kern der Ernährung macht, braucht man auch nicht auf 75 Kalorien achten." Und schließlich sind Kalorien ein Geschmacksträger.

Von gehaltvollen Pralinen, Feingebäck und französischen Butter-Croissants über diverse Süßspeisen bis zu den verlockenden Kuchen und Torten in der Auslage versteht sich Heiner Wohlfart durchweg auf vortreffliche Qualität. Dafür setzt er viel Zeit und hochwertige Zutaten ein. Zu den Hausspezialitäten zählen zum einen Gebackenes wie die Reichenhaller Nusshörnchen, der Engadiner Walnusskuchen und die Sachertorte, zum anderen auch Gekühltes, Eis mit hohem Fruchtanteil und ausgefallenen Geschmacksrichtungen wie Lavendel, Spargel und Banane-Curry. Auch

das japanische Reis-Eis hat viele Liebhaber und ist wie die anderen Sorten trotzdem noch ein Geheimtipp.

Der Mix aus klassischer Linie und gezielten Abweichungen setzt sich im Café fort. Die Scheiben der Eingangsfront bezeugen die in das Jahr 1831 zurückreichende Tradition des Riffelmachers. Die Theke aus dem frühen 20. Jahrhundert die Zeit der großen Kaffeehauskultur.

Den endgültigen Sprung ins Hier und Jetzt vollzog das Haus 2004: In diesem Jahr ersetzte Heiner Wohlfahrt, der aus einer Bamberger Konditorfamilie stammt, die althergebrachten Möbel und lila Farben durch ein zeitgemäßes, schlichtes Design. „Wir haben der konventionellen Schiene bewusst etwas Neues entgegengesetzt, um eine Spannung zu erzeugen." Im Sommer 2013 wurde schließlich noch die Thekenfront ersetzt und das Séparée im hinteren Teil machte Platz für eine Bar. Das Konzept funktioniert. Mittags wird das Café gerne auch als Bistro genutzt, abends als Bar für eine Nachspeise oder einen Drink.

Dank der exponierten Lage verwandelt sich das Riffelmacher in der Freiluftsaison in eine Bühne für jedermann. Saison kann hier auch im Advent sein. Dann wärmen sich die Gäste draußen an Heiner Wohlfarts Glühwein „Karl-Friedrich" nach altem Hausrezept seines Vaters. Die Lebkuchen und der Stollen stammen wie alle Backwaren und die Pralinen auch aus dem hauseigenen Laboratorium und sind immer willkommene Nahrung für die Seele.

„Zum Glück gibt es noch Zucker-Junkies."
– Heiner Wohlfart

Himbeer-Sorbet

von Heiner Wohlfart

Dieses Sorbet gehört unbedingt zu meinen Eis-Favoriten. Es besticht durch seine Einfachheit und seinen frischen, bestechenden Schmelz.

225 g Zucker	
225 ml Wasser	
2 Minzeblätter (bei kleinen 3)	
550 g Himbeeren	
3 Tropfen einer frischen Zitrone	
1 cl Himbeergeist (falls gewünscht)	

Zucker mit Wasser und Minze unter Umrühren erhitzen, bis der Zucker vollständig aufgelöst ist. Spätestens wenn die Flüssigkeit zu kochen beginnt, den Topf von der Kochstelle nehmen und das Ganze erkalten lassen. Die Himbeeren sollte man durch ein Sieb passieren. Wen die Kerne nicht stören, der kann die Himbeeren auch ganz verarbeiten. Die Minze aus dem erkalteten Läuterzucker nehmen und das ganze Himbeermark bzw. die zerkleinerten Himbeeren, die Zitrone und gegebenenfalls den Himbeergeist dazu geben. Danach in die Eismaschine, bis das Sorbet die gewünschte Konsistenz hat. Das Sorbet unbedingt frisch aus der Eismaschine servieren, da es schnell seine Homogenität verliert.

Dieses Sorbet ist ein Traum als Zwischengang oder als Dessert, vor allem – aber nicht nur – in der warmen Jahreszeit.

Nicht nur in Bamberg einzigartig

Nach dem Willen des einstigen Inhabers, dem Juristen und Amateur-
astronomen Dr. Karl Remeis (1837 – 1882), sollte die Villa Remeis einem
sozialen Zweck dienen, und das tut das Haus auch auf schönste Weise.

Villa Remeis
St. Getreu-Str. 13
96049 Bamberg
Tel. 0951 / 57912
www.cafe-villa-
remeis.de
villaremeis@
skf-bamberg.de
Aktuelle Informationen
zum Angebot auf der
Webseite

Öffnungszeiten:
Dienstag bis Sonntag
12 – 18 Uhr

Nicht nur das Ambiente ist ein besonderes
– die klassizistische Villa, die Alleinlage
auf einem Hügel mit einer Streuobstwiese
vor der Tür, der herrlich weite Blick über
die ganze Stadt hinaus … das kann selbst
zurückhaltende Naturen ins Schwärmen
bringen. Was den Ort jedoch nicht nur in
Bamberg einzigartig macht, ist die Kombination: das Erlebnis, der Café-Genuss und
das soziale Miteinander. Seelisch kranke
und nicht-behinderte Menschen arbeiten
im Service und in der Küche für das Wohl
der Gäste. Auch bei viel Betrieb herrscht
noch eine familiäre Atmosphäre.
Das ab 1811 errichtete Anwesen diente
ursprünglich als Sommerhäuschen. Man
kann sich gut vorstellen, dass Karl Remeis
hier mit Blick auf die Stadt wunderschö-
ne Tage verbrachte. Aus Dankbarkeit für
dieses Glück vermachte er sein Anwesen
dem „sozialsten" Betrieb Bambergs, der
Stadtverwaltung, damit es „ausschließlich
der Benutzung und dem Genuss des Publi-
kums … gewidmet" sei. Als die Pacht 1996
neu ausgeschrieben wurde, brachte das
den Sozialdienst katholischer Frauen (SkF)

auf den Plan. Der Verein überzeugte mit
seinem Konzept und ist seitdem Pächterin
der Villa. Betrieben wird sie vom Agnes-
Neuhaus-Heim, das in den SkF integriert
ist und Menschen mit psychischen Krank-
heitsbildern durch Arbeitstherapie hilft.
Aus einem architektonischen Schmuckstück entwickelte sich ein Lieblings-Aus-
flugsziel etlicher Bamberger, zudem ein
echter Tipp für alle Reingeschmeckten. Die

Qualität der Kuchen und Torten hat sich herumgesprochen. In der Backstube, die sich aus Platzgründen im Agnes-Neuhaus-Heim befindet, legt man großen Wert auf frische und köstliche Gebäcke mit saisonalen Zutaten. Während sich Genießer im Sommer zum Beispiel über Erdbeer- und Zwetschgenvariationen, einen Remeis-Eisbecher oder eine Brotzeit freuen, lockt das Café in den Wintermonaten mit Mohntorten, Käsekuchen und beliebten Heißgetränken wie Bowle und Glühwein. Außen schweift der Blick über Bamberg, in den Innenräumen sitzt es sich gemütlich in historischem Ambiente. Ein Renner zu jeder Jahreszeit ist die Remeis-Torte, eine verheißungsvolle Schoko-Sahne-Kreation mit einem Schuss Alkohol.

Eine Hauswirtschaftsmeisterin kreiert die Rezepte. Die Beschäftigten kümmern sich im Rahmen der Arbeitstherapie um die Umsetzung, übernehmen aber auch Aufga-

Schöne Aussichten: Die über der Stadt gelegene Villa Remeis hat sich als ausgezeichnete Adresse für feine Kuchen und Torten etabliert.

ben rund um Gartenpflege und Wäscherei. Um niemanden zu überfordern, sind die Schichten ihrem Leistungsniveau angepasst und dauern nie länger als dreieinhalb Stunden. Aushilfskräfte und pädagogisches Personal unterstützen sie in ihrem Tun. Von der ersten Stunde an mit dabei ist die Diplom-Sozialpädagogin Simone Stroppel, die das Heim und das Café leitet. „Die Arbeit steigert die Kompetenz der Menschen und damit auch ihr Selbstwertgefühl", weiß sie. Mit ausgezeichnetem Ergebnis: Für die Zusammenarbeit zwischen behinderten und nicht behinderten Menschen erhielt die Villa Remeis 2014 den „Miteinander-

Preis" des Bayerischen Staatsministeriums. Wer den hügeligen Anstieg scheut (von der Stadtmitte ca. 25 Minuten), kann die Bamberger Bahn benutzen. Doch ein Spaziergang lohnt sich, egal wie. Es führen nur schöne Wege hinauf.

„Ich wünsche, dass dieses herrliche Fleckchen Erde allen stets zugänglich sein solle, auf dass recht viele, recht oft sich der so schönen Aussicht auf dem Punkte erfreuen mögen, wo ich so glückliche Tage verbrachte."
– Dr. Karl Remeis in seinem Testament anno 1879.

Erhebende Momente auf dem Kellerberg

Kellerhaus Pommersfelden

Kellerberg 1
96178 Pommersfelden
Tel. 09548 / 982198
info@kellerhaus-pommersfelden.de
www.kellerhaus-pommersfelden.de

Öffnungszeiten:
Dienstag bis Sonntag
12 – 20 Uhr
Oktober bis März
12 – 18 Uhr

Kellerhaus – was für ein Name für ein Café, das seine Gäste mit der lichtesten und leichtesten Atmosphäre weit und breit, inmitten einer herrlichen Landschaft empfängt. Vis-a-vis von Schloss Weissenstein ermöglicht das Kellerhaus in Pommersfelden erhebende Momente: als Café und Veranstaltungsort gleichermaßen.

Der Blick schweift über das Tal der Reichen Ebrach. Eine fränkische Bilderbuch-Landschaft. Gleich neben Schloss Weissenstein weist ein Schild den Weg zum Kellerhaus. Auf dem Kellerberg wartet eine weitere Attraktion, die ebenfalls, allerdings auf ganz andere Weise als das Schloss, Bilderbuch-Charakter hat. Das Kellerhaus könnte in einem Architekturheft als eines der gelungensten Beispiele moderner Architektur gefeiert werden. Es könnte in einer Großstadt zu einem schicken Treffpunkt avancieren. Doch an dieser Stelle ist es in der Tat eine Erscheinung. „Es ist so ein Aha-Effekt, wenn man hierher kommt

und aufgrund des Namens ‚Kellerhaus‘ etwas Rustikales erwartet", merkt die Café-Besitzerin Rosemarie Hofmann ganz zutreffend an. Gemeinsam mit ihrem Mann Wilhelm Hofmann, dessen Familie seit Generationen im Besitz des Grundstücks ist, schob sie das anspruchsvolle Projekt des neuen Kellerhauses an. Nach mehrjährigen Vorbereitungen und Planungen wurde es 2006 eröffnet.

So überraschend der Platz für das Café auch wirkt: Der Ort ist gut gewählt, nicht nur wegen der reizvollen Wechselbeziehung zum Schloss, auch wegen des historischen Kellerhauses, auf das der Name zurückgeht. Das zweigeschossige Gebäude, das direkt mit dem Café verbunden ist, wurde 1840 für die zahlreichen Bediensteten des Schlosses als Bier-Ausschank errichtet. In den unterhalb gelegenen Kellern lagerte das Bier. Heute ist die Nutzung eine komplett andere. In der Gestaltung der gesamten Anlage drückt sich das starke Interesse der Besitzer an Kunst und Kultur aus. Ohne Übertreibung lässt sich sagen: Wer ein Faible für Design hat, dürfte den Ort lieben.

„Es ist so ein Aha-Effekt, wenn man hierher kommt und aufgrund des Namens ‚Kellerhaus‘ etwas Rustikales erwartet."

– Rosemarie Hofmann, Küchenchef Joerg Wittke, Wilhelm Hofmann (re.)

Als hätte ein Bauhaus-Architekt Halt in Pommersfelden gemacht – Der moderne Glasbau des Cafés bildet eine Einheit mit dem historischen Kellerhaus (Bild links). Kunst und Gastronomie können hier hervorragend gedeihen.

Das Design, die Nähe zur Natur und der Panoramablick begeistern, sind aber bei Weitem nicht die einzigen Vorzüge. Ein anregendes Kulturprogramm kommt hinzu. Es umfasst wechselnde Ausstellungen sowie pro Jahr etwa zehn Veranstaltungen mit Kabarett, Klassik, Jazz und Lesungen, durchweg auf anspruchsvollem Niveau.

Auch das kulinarische Programm richtet sich nach dem Anspruch der Inhaberin, den Gästen das zu bieten, was sie selber wertschätzt. Konditormeister Joerg Wittke sorgt dafür, dass die selbst gemachten Kuchen, Torten, Eissorten und kleine Speisen wie der hauchdünne Flammkuchen entsprechend serviert werden – sehr gut. In der Küche werden viele regionale und vor allem naturbelassene Produkte verwendet. Als eine Spezialität des Hauses gelten die exquisiten Tees. Eine besondere Empfehlung verdient das Schlemmerfrühstück. Es findet an zwei Sonntagen im Monat statt und wird gerne für kleine Feiern genutzt. Auch für Geburtstage, Hochzeiten und Weihnachtsfeiern kann das Kellerhaus gebucht werden. Wenn das alles kein Anlass ist, nach Pommersfelden zu fahren …

Wo Teetrinker aufblühen

Ein wunderbarer Duft schwebt durch den Raum, angenehmer als in jeder Parfümerie: blumig, lieblich, natürlich – der Duft des Tees. Er kann stimulierend, aber auch besänftigend wirken.

Teehaus Scharnke
Lange Straße 32
96047 Bamberg
Tel. 0951 / 204436
www.teehaus-scharnke.de
info@teehaus-scharnke.de

Öffnungszeiten:
Montag bis Freitag
9 – 18 Uhr
Samstag
9 – 16 Uhr

Genauso wie der Tee selbst, den das Teehaus Scharnke, Bambergs einziges reines Teefachgeschäft, in erstaunlicher Vielfalt führt.

Wenn die Tage kürzer und die Abende länger werden, bricht für viele die beste Zeit an, um es sich mit einer Tasse Tee gemütlich zu machen. Dabei bietet das Naturprodukt sehr viel mehr Möglichkeiten als das sprichwörtliche Warten und eine Tasse Tee trinken. Eistee kann eine Erfrischung im Sommer sein. Mit etwas Kreativität lassen sich mit Tee Cocktails herstellen und Gerichte verfeinern. Es gibt ihn in vielen Varianten als magenfreundlichen Früchtetee, natürlich ohne Zuckerzusatz, als Wellness-Getränk und Ayurveda-Tee, benannt nach dem ältesten Naturheilsys-

tem der Welt. Teehaus Scharnke bietet über 300 Möglichkeiten, sich zu Hause eine Mini-Wohlfühl-Oase zu schaffen, genauso viele Gelegenheiten wie es Sorten gibt. Klassische Tees, die das körperliche und geistige Wohlbefinden unterstützen, stehen dabei im Mittelpunkt.

„Wenn man eine Zeitlang im Geschäft ist, muss man immer wieder zu den Anfängen zurück."
– *Andrea Landwehr-Ratka*

Andrea Landwehr-Ratka eröffnete den Laden 1997. „Wenn man eine Zeitlang im Geschäft ist, muss man immer wieder zu den Anfangen zurück und sich fragen, ob die Grundidee noch stimmt", sagt die Inhaberin. Die Grundidee fasst sie mit den Worten „Schule des Tees" zusammen. Die Tee-Expertin ist Schülerin der japanischen Teezeremonie. Japanische Grüntees nehmen daher einen bedeutenden Platz ein. Mehr noch als andere Sorten fördern diese über den Genuss hinaus auch die Gesundheit, was wissenschaftliche Studien mehrfach bestätigt haben.

„In der Bevölkerung schwindet das Wissen um Pflanzen", merkt die Tee-Kennerin an, „da ist unsere fachkundige Beratung gefordert." Unterstützt wird sie hierin von ihrem Mann Otto Ratka, einem Diplom-Biologen und Apotheker. Den Namen Scharnke übernahmen die neuen Nutzer vom Vorgänger, einem Bürstenmachermeister, der in dem Gebäude bis Anfang der 90er Jahre ein Bürstenfachgeschäft betrieb. Als sichtbare Zeichen der Vergangenheit blieben der Ausleger mit der Abbildung einer Bürste und der alte, in Keilbuchstaben gefasste Schriftzug erhalten. Die moderne Einrichtung wurde stilgerecht dem barocken Äußeren angepasst. Entstanden ist ein ideales Ambiente für das Produkt Tee, so dass die Wirkung des Produkts schon beim Einkauf spürbar wird, gerade so, wie es ein chinesisches Sprichwort treffend ausdrückt: „Man trinkt Tee, damit man den Lärm der Welt vergisst."

Mußegetränk mit Tradition – Tee lässt trübe Gedanken verfliegen.

Ausstattung
Design
Architektur

Bamberger Gärtner- und Häckertracht in Miniaturformat.

Türknauf wandle dich

Anregendes vom Apfelweibla

von Barbara Dicker

Warum sehen Nachtschwärmer, die einen Blick ins Fenster des E.T.A. Hoffmann-Museums in Bamberg riskieren, nur ein einsames Weinglas? Der berühmteste Bewohner des Anwesens Schillerplatz 26 würdigte in seinem Werk schließlich auch andere anregende Getränke.

In „Klein Zaches" etwa ergießt sich Kaffee in Tassen, die auf zauberhafte Weise sofort überlaufen. Im „Ritter Gluck" spielt ein Kaffeehaus eine wichtige Rolle.

In „Der Goldene Topf" wird Kaffee mit Schuss genossen, zum Frühstück Schokolade getrunken, zum Kaffeeklatsch und zu Punschgesellschaften geladen.

Vielleicht war es aber auch klug, im Bamberger Museum auf Kaffeekanne und Tassen, Schokoladen-Service und Punschutensilien zu verzichten. Erstens, weil den Museumsmachern kaum Dinge, die der kleine große Dichter selbst in Händen gehalten hatte, zu Verfügung standen. Die vielen Umzüge im bewegten Leben Hoffmanns ließen wenig irdisch Greifbares zurück. Statt also schöner Wohnen à la Hoffmann nachzubauen, konstruierte man einen Rundgang durch Hoffmannsches Denken und Dichten. Der gipfelt im Poetenstübchen unterm Dach, das mit einem Biedermeiersekretär, einem schmalen Bett und einem Spinett möbliert ist – und

Süßes Apfelweibla

E.T.A. Hoffmann war fasziniert von Doppelgänger-Motiven und hätte sicher nichts dagegen gehabt, das von ihm geschilderte Apfelweibla in essbarer Gestalt anzutreffen. Bekanntermaßen gab sich das romantische Multitalent oft dem Genuss hin. Als Bruder im Geiste schuf der Antiquitätenhändler Werner Hottelmann das notwendige Model für die Verwandlung des Türknaufs. Die Kupferform (im Bild links oben), an der Hottelmann über ein Jahr lang herumtüftelte, wurde rechtzeitig zu Hoffmanns 220. Geburtstag am 24. Januar 1996 fertig. Seitdem macht das Apfelweibla als Souvenir und kulinarische Hommage die Runde. Wer das Gebäck füllen möchte, sollte es unbedingt einmal mit Apfelstückchen probieren.

Erhältlich sind die Formen in Hottelmanns „Haus zur Trommel", Judenstraße 17 Tel. 0951 / 57106.

In dem charmanten Geschäft werden sonst vornehmlich Möbel und Kleingegenstände bäuerlicher Kultur gehandelt. Bis zur Übernahme durch Herrn und Frau Hottelmann im Jahr 1956 war das Haus Jahrhunderte lang eine Bäckerei. Somit lebt der Geist des Hauses in der Apfelweiblaform weiter.

gerade in dieser Spärlichkeit viel vom oft kargen Leben des damaligen Bamberger Musikdirektors vermittelt.

Den zweiten Grund für das Misstrauen gegenüber den Dingen liefert der Autor selbst in seinen Werken. Von wegen eine Kanne ist eine Kanne ist eine Kanne. Sie kann genauso gut eine alte Frau oder ein Türknauf sein. Die Sachen sind nicht das, was sie zu sein scheinen das Wunder- und manchmal auch Sonderbare liegt hinter der nächsten Ecke. Vielleicht war es der reichliche Genuss von anregenden Getränken wie Wein, Punsch, Bier, Kaffee, Tee und Schokolade, ganz sicher war es aber auch die Stadt Bamberg, die Hoffmann Inspirationen zuhauf lieferten.

Nur ein paar Ecken vom Hoffmannschen Wohnhaus findet sich der Ausgangspunkt für die wandelbare Kaffeekanne: Der Türknauf des Hauses Eisgrube 14, der wie ein Gesicht geformt ist. Er lieferte die Vorlage für das böse „Äpfelweib", das in Hoffmanns Erzählung „Der Goldene Topf" dem Helden Anselmus einige Schwierigkeiten bereitet. Nachdem er ihren Korb mit Äpfeln und Kuchen aus Versehen umgestoßen hat, zeigt die Alte ihr wandelbares Gesicht. Sie ist Hexe und Amme, zeigt sich wie im Bamberger Original, das inzwischen im Historischen Museum ausgestellt ist, als Türknauf und als Kaffeekanne.

Wer den nachgebildeten Bronzekopf direkt vor Ort betrachtet, wird ihn aus der Beschreibung des Dichters nicht wiedererkennen. Böse ist das Äpfelweib im „Goldenen Topf", mit spitzem Kinn, knöcherner Habichtsnase und leuchtenden Katzenaugen. Das in der Eisgrube ist knubbelig-knuddelig, mit runder Nase und breitem Grinsen. Wieder ein Beispiel dafür, wie

weiter auf Seite 123 >>

Das Apfelweibla schmückt Mann und Frau

Bereits vor zwei Generationen entstand im Haus Triebel, einem der schönsten Bürgerhäuser der Stadt, eine Abwandlung des Apfelweiblas, und zwar in Form einer Maske. Junior-Chef Frank Geppert verfolgte die Idee seines Großvaters weiter und schuf neue Modelle, Schmuck in Silber und Gold von bleibendem Wert. Hoffmann zu Ehren ziert das Motiv Ringe, Anhänger, Lesezeichen, Stick-Pins, Schlüsselringe und Manschettenknöpfe bzw. Krawattenklammern. Bis in die Mundwinkel hinein stimmt hier jedes Detail.

Juwelier & Goldschmiede Triebel
Untere Brücke 2, Tel. 0951 / 56456

121

Praline von Storath (oben), Seife von der Glaserie Pusch (Mitte links), Porzellandose von Eigenart Gestaltung.

◀◀ der Dichter die Dinge verwandeln kann. Die üble Alte mag eine Rache Hoffmanns an der Domstadt gewesen sein, in der er beruflich nicht vorankam, gesellschaftlich nicht akzeptiert wurde und sich zudem unglücklich in seine Gesangschülerin Julia Mark verliebte. Fast 200 Jahre nach seinem Wegzug haben die Bamberger sich seine Märchenhexe auf sehr sympathische Weise angeeignet. Das fängt beim Namen an, dem die fränkische Endsilbe „-la" verpasst wurde. Das so entstandene „Apfelweibla" muss man sich nicht schöntrinken. Es sieht freundlich aus und kann zu freundlichen Zwecken verwendet werden. Es versüßt das Leben als Praline oder als Kupferbackform (die genauso groß wie der echte Türknauf ist). Nach Schokoladen- oder Kuchengenuss kann man sich mit ihm die Hände waschen – das Apfelweibla gibt es als Seife. Es begleitet aber auch, aus Edelmetallen gearbeitet, als Schlüsselanhänger durchs Leben und es schmückt als Anhänger, Ohrstecker oder Manschettenknopf. Es kann als Lesezeichen in einen E.T.A. Hoffmann-Band gelegt werden. In einer Eisenversion macht es sich als Türstopper oder als Briefbeschwerer nützlich. Neuerdings kommt es außerdem als wandelbare Porzellandose, die mit allerlei Kleinigkeiten befüllt werden oder auch als Kuchenform in den Backofen kann. Und es lächelt in verschiedenen Farben verfremdet als Bild von der Wand, dass Andy Warhol seine Freude gehabt hätte. Das echte Bamberger Apfelweibla ist eine wandelbare Weggefährtin.

Nur als Kaffeekanne ist es noch nicht auf den Tischen der heutigen Bamberger aufgetaucht. Ob es daran liegt, dass die Szene aus „Der Goldene Topf", in der das Äpfelweib als Kanne beim Kaffeekränzchen der blauäugigen Veronika ihren Spuk treibt, nicht eben dazu einlädt, eine solche bei sich zu Hause haben zu wollen? Wer aber dennoch nach einem Besuch im E.T.A. Hoffmann-Museum Lust auf die gute alte Kaffeekanne bekommen hat, der nimmt ganz einfach einen Bus der Linie 910 und fährt ins Café Bergschlösschen. Dort kann man sie, während man ganz modern eine Kaffeevariante wie Cappuccino genießt, die nie eine Kanne von innen gesehen hat, gleich zu Dutzenden als Sammlung auf schlichten Wandborden bewundern – was Hoffmann wohl nach ein paar Gläschen Wein um sie herum geschrieben hätte?

Gestaltung vom Einzelobjekt bis zur Serie

Eigenart Gestaltung
Untere Königstr. 30a
96052 Bamberg
Tel. 0951 / 2221773

Termine nach Vereinbarung
hallo@
eigenart-gestaltung.de
www.
eigenart-gestaltung.de

Produktdesign ist zwar nicht das Hauptgeschäft von Eigenart Gestaltung. Dennoch brachte der Zufall hier ein bemerkenswertes Zubehör hervor: eine Porzellandose mit dem Gesicht des Apfelweiblas. Harald Qinger, Mitinhaber von Eigenart Gestaltung, war auf das Motiv aufmerksam geworden bei einem Kunden, dem Besitzer des Apfelweibla-Hauses, der sich für den privatgebrauch einen Abguss des Türgriffs aus Porzellan anfertigen ließ. Harald Quinger griff die Idee auf und entwickelte gemeinsam mit seiner Partnerin Sandra Trunk daraus eine pfiffige Serie.

Diese Dose gibt es in reinem Weiß oder mit Schriftzug. Auch können individuelle Dekore dafür gestaltet und aufgebracht werden. Sandra Trunk kreierte ihrerseits eine gedruckte Pop-Art-Version der Figur (siehe unten). Beide Produkte, die sich als Einrichtungsgegenstand, aber auch für ein Geschenk oder ein Souvenir eignen, sind bei Eigenart käuflich zu erwerben.

Je nach Wunsch können die Farben und Formen individuellen Wünschen angepasst werden. Drucke auf farbechter Künstlerleinwand, kühlem Aluminium, farbbrillanten Acrylplatten oder verschiedenen Textilmaterialien sind möglich. Dies gilt nicht nur für das Apfelweibla-Motiv, sondern für alle PrintArts, die bei Eigenart gestaltet werden.

Quinger und Trunk betreiben zusammen eine Ideenschmiede, die noch viel mehr leistet. „Wir können Werbeauftritte gestalten, Design-Objekte in Kleinstauflagen entwerfen, aber auch die eigenen vier Wände oder ein ganzes Unternehmen einrichten", erklärt Werbefachwirtin Sandra Trunk. Was mit dem Planen, Gestalten und Einrichten von Räumen zu tun hat, liegt in der Hand von Harald Quinger.

Verkaufsstellen der Apfelweibla-Porzellandose: Eberls Genusswelt (S. 126), Haus zur Trommel (S. 120), Teegießerei (S. 104).

Im Haus der schönen Dinge

Die historische Substanz, die verschiedenen Raumerlebnisse und das Warenangebot bilden im Mohren-Haus eine wundervolle Einheit. Dank der einzigartigen Atmosphäre ist das Geschäft mehr als ein schöner Laden! Ein Stück Bamberg!

Mohren-Haus
Obere Brücke 14
96047 Bamberg
Tel. 0951 / 980380
info@mohrenhaus.de
www.mohren-haus.de

Öffnungszeiten:
Montag bis Mittwoch
9.30 – 18 Uhr
Donnerstag
und Freitag
9.30 – 19 Uhr
Samstag
9.30 – 18 Uhr

Von der schmalen Barockfassade des Mohren-Hauses begrüßt der Mohr, der dem Haus bereits 1637 seinen Namen gegeben hat, die Besucher. Wer durch die Eingangstür eintritt, dem eröffnet sich eine Schatzkammer, angefüllt mit schönen Dingen. Schon der erste Raum fasziniert mit seiner denkmalgeschützten Einrichtung aus dem Jahr 1810 und umfängt den Besucher mit dem Duft vieler erstklassiger Tees. Im nächsten Raum wird man von feinen Schokoladen verführt, dann ist man von der Vielfalt an Wohnaccessoires gebannt, bevor man unter vielen schönen Handtaschen die Qual der Wahl hat. Völlig überraschend tut sich daraufhin der Innenhof mit seinen bunten Gartenmöbeln auf, eine Oase mitten in der Stadt.

Der markante Eingangsbereich des Mohren-Hauses mit den klassizistischen Apothekerregalen aus dem 19. Jahrhundert. Danach können Kunden in weiteren sechs Räumen voll schöner Dinge stöbern, sich durch die Barocktreppe in den ersten Stock (ver-)führen lassen oder ihren Rundgang im Garten fortsetzen.

Über die Barocktreppe im Vorderhaus oder die Außentreppe im Garten gelangt man in den ersten Stock mit individueller Mode, ausgesuchtem Schmuck, Design und Trends, Wohntextilien und schließlich an die Mohren-Bar. Dort kann man sich bei einer Tasse Cappuccino erst einmal von den vielen Eindrücken erholen. Schon seit über 30 Jahren führt Edith Papritz „das Haus für schöne Sachen". „Vielfalt statt Einfalt, Kreativität statt Nachahmung, Individualität statt Masse, Fantasie statt Langeweile" lauten dabei ihre Grundsätze. So ist das Mohren-Haus im Lauf der Zeit zu einer ersten Adresse in Deutschland geworden. Das Magazin ELLE zählt es zu den fünf Top-Adressen für schönes, individuelles Einkaufen. In „qype", dem führenden Empfehlungsportal Europas im Internet, steht das Mini-Kaufhaus in den Jahren 2009 und 2010 ebenfalls auf Platz 1 – von sage und schreibe über 5.000 Kaufhäusern in Deutschland!

Täglich freut sich Edith Papritz über die Begeisterung ihrer Kundinnen und Kunden, die das Mohren-Haus nicht nur als ein Geschäft zum Einkaufen, sondern als einen Ort zum Wohlfühlen empfinden. Hier holt der Bamberger Stammkunde wöchentlich seinen frischen Tee und hält einen Plausch mit der Verkäuferin, die Studentin findet ihr flippiges T-Shirt, das sie woanders vergeblich sucht, dem jungen Mann wird bei der Auswahl eines Geburtstagsgeschenks für seine Freundin liebevoll geholfen und die Touristin, die eigentlich gar nichts kaufen wollte, verlässt das Mohren-Haus freudestrahlend mit einer Halskette, der sie nicht widerstehen konnte.
Wenn ein Bamberger Bekannten von außerhalb die Stadt zeigt, gehört das Mohren-Haus wie der Dom und das Schlenkerla

zum Pflichtprogramm. Die amerikanische Touristin, die den Laden zufällig betreten hat, sagt spontan: „I've been in so many shops in Europe. But your shop is the most beautiful!" Für andere ist es „eine wunderbare Welt", „das schönste Kaufhaus der besonderen Art" oder „für jeden Liebhaber des Besonderen ein absolutes Muss!" So lebt im Mohren-Haus mit seiner Barockfassade der Barock im 21. Jahrhundert auf neue Art weiter. Denn charakteristisch für den Barock ist die Freude an der Fülle und der Pracht der Dinge. Diese Freude kann das Mohren-Haus einprägsam vermitteln.

„Vielfalt statt Einfalt."
– Edith Papritz

Mission Geschmacksoptimierung

Der Appetit kommt schon beim Anschauen. Die formschönen Utensilien, die die hohen Schaufenster von Eberls Genusswelt füllen, sind ein Blickfang. Und der Appetit wächst mit dem Ausprobieren.

Eberls Genusswelt
Dominikanerstr. 1
96049 Bamberg
Tel. 0951 / 5191850
www.
eberls-genusswelt.de

Öffnungszeiten:
Montag bis Freitag
10 – 18 Uhr
Samstag
10 – 17 Uhr

Wer die Qualität und Funktionalität erst einmal genossen hat, will sie wie gute Lebensmittel auch überhaupt nicht mehr missen.

Der Inhaber Peter Eberl hat mit dem Fachgeschäft sein Hobby zum Beruf gemacht. Da sein Vater einen Haushaltsladen führte, lernte der Genussmensch bereits früh den Wert praktischen Zubehörs kennen. Mit dem eigenen Geschäft, das seinen Sitz bis 2005 in Bad Staffelstein hatte, konnte er die Qualitätsphilosophie nach und nach steigern, um mit „Eberls Genusswelt" in der Bamberger Innenstadt schließlich in eine neue Dimension vorzustoßen.

Die Beratungskompetenz bringt er als Branchenkenner und dank hervorragend ausgebildeter Fachkräfte mit. Zwei Mitarbeiterinnen können 2015 sogar schon auf drei Jahrzehnte Zugehörigkeit zurückblicken.

Peter Eberl bevorzugt für die Besucher des Ladens das Wort „Gäste" statt Kunden. Es unterstreicht, dass es ihm nicht auf den schnellen Verkaufserfolg ankommt, sondern darum, dass sich die Menschen unvoreingenommen öffnen. Das erfordert – wie Genuss auch – Zeit.

An Zubehör in Spitzenqualität besteht hier kein Mangel. „Unser Ehrgeiz ist es, von allem das Beste zu führen", lautet Eberls Devise. Und so findet man hier die „Mercedesse" unter den Haushaltswaren, vom Kaffeevollautomaten der Superlative bis zur klassischen Siebträger-Maschine, vom bewährten KitchenAid Mixer, der sich auch als Design-Schmuckstück für die Küche eignet, bis zum Hochleistungsmixer Vitamix, der selbst Tomatenkerne zerteilt; vom hochfeinen Zalto-Glas bis zu den Riedel-Sommeliers-Gläsern für optimalen Weingenuss; vom gusseisernen Topf

„Unser Ehrgeiz ist es,
von allem das Beste zu führen."
– Peter Eberl

![Building exterior of Eberls Genusswelt]

Von Messern über Küchenhelfer und Kochgeschirr, Backaccessoires und Schönes für den gedeckten Tisch ist bei Eberls Genusswelt alles konsequent hochwertig, Tipps und Tricks für die richtige Benutzung der kleinen und großen Helfer inklusive.

für hervorragende Schmorgerichte, bis zum zur Zeit wohl besten Kupferkochgeschirr für Induktion.

Statt eines 10-teiligen-Komplett-Sets an Töpfen und Pfannen empfiehlt es sich, besser gezielt ausgewählte Einzelteile zu verwenden. Ähnlich wie bei den Kochmessern. Vom Einstiegswerkzeug bis zum deutschen High-End-Messer aus Damaststahl – und einer Preisspanne von 80 bis 3800 Euro – reicht hier das Angebot. Kleinigkeiten für den Alltag sowie eine feine Auswahl an Gewürzen runden das Angebot ab. Speziell mit Backzubehör wartet das nur ein paar Schritte entfernte Zweitgeschäft „Vis a Vis" auf.

Das Team der Genusswelt führt den korrekten Gebrauch der Produkte gerne vor, und gibt so auch Hilfestellung beim Schneiden mit den ausgewählten Kochmessern. Gerne kann man aber auch selbst Hand anlegen, schneiden und vieles sofort ausprobieren. Über feste Termine für Vorführungen im Laden informiert die Webseite. Etwa zwei Mal im Jahr lädt Peter Eberl zu einem Themenabend ein. Dann kann man schon hier den Appetit stillen und erfahren, worum es bei der Genusswelt eigentlich geht: nicht in erster Linie um die Werkzeuge, sondern um glückliche Menschen beim Kochen, Probieren und Genießen.

Wunsch und Wirklichkeit

Junge Architektur in altem Zusammenhang

von Enrico Santifaller

Wahrlich, Bamberg ist eine schöne Stadt. Die Beinamen, die sie bekommen hat, – das „Rom des Nordens", das „Prag an der Regnitz" oder die „fränkische Akropolis" – künden von einzigartigen Bauwerken, einem alle Sinne ansprechenden Stadtbild voller Atmosphäre, wunderbaren Plätzen, Gassen, Winkeln. Freilich, Bamberg ist auch anders.

Der Anbau an die barocke Villa Concordia entwickelt den traditionellen Typus der Orangerie weiter und bietet internationalen Künstlern neben einem wundervollen Ausblick auf die Regnitz attraktive Wohnateliers (Architekt: Christoph Gatz, Bamberg).

Wahrlich, Bamberg ist eine schöne Stadt. Die Beinamen, die sie bekommen hat, - das „Rom des Nordens", das „Prag an der Regnitz" oder die „fränkische Akropolis" - künden von einzigartigen Bauwerken, einem alle Sinne ansprechenden Stadtbild voller Atmosphäre, wunderbaren Plätzen, Gassen, Winkeln. Freilich, Bamberg ist auch anders. Etwa der Laubanger, eines der größten zusammenhängenden Einzelhandelsgebiete Deutschlands, oder das sich scheinbar endlos hinziehende Gewerbegebiet entlang der Autobahn A 77. Gebaute Flächen, die nur dem Prinzip Return on Investment folgen: billig, anspruchslos, grauenhaft, nur mit dem Auto zu erreichen und nachts tot. Das sind die beiden Seiten Bambergs: hie ein laut UNESCO „herausragendes und charakteristisches Beispiel einer frühmittelalterlichen europäischen Stadt", da die sowohl architektonische als städtebauliche Katastrophe. Hie das ausgezeichnete Welterbe, dort ausfasernde Stadtränder mit brachialen Einfallsschneisen, brutalen, auch noch schlecht gemachten Betonkisten, ohne jeden Zusammenhang. Eines Welterbes nicht würdig. Und doch, das schöne Bamberg und das hässliche Bamberg bedingen sich gegenseitig – denn das eine wäre ohne das andere nicht lebensfähig.

Stilvielfalt als Vorbild

Jung und alt - das Schicksal jeder Stadt. Auch das von Bamberg. Und doch, in Bamberg macht man es dem

Jungen nicht leicht - zumindest in der Altstadt. Jung und Alt - das ist aber die, ja die einmalige Chance für Bamberg. Man sollte die Begründung der UNESCO bei der Verleihung des Weltkulturerbe-Status sehr präzise lesen: „In dem historischen Stadtbild mit seinen zahlreichen Monumentalbauten aus dem 11. bis 18. Jahrhundert – eine Synthese aus mittelalterlichen Kirchen und barocken Bürgerhäusern sowie Palästen – bleiben architekturgeschichtliche Momente lebendig, die ganz Europa betrafen." Nicht eine einzige Bauepoche wurde ausgezeichnet, nicht die Romanik, nicht die Gotik, nicht der Barock, sondern das Miteinander, die Achtung des Erbes wie auch dessen Verwerfung und des an seine Stelle Tretende, das bisweilen beziehungslose, bisweilen verknüpfte Nebeneinander, die Historisierung und das Anverwandeln im Stil der Zeit. In einer Zeit, in der gegen

Der renommierte Designer Peter Schmidt entwickelte in Kooperation mit den Architekten Mietusch & Jacob für die Bamberger Konzerthalle ein neues Farbkonzept und ein erweitertes Foyer. Die einst beengte Raumsituation wich einem offenen und einladenden Charakter.

die Zumutungen der Moderne wiederholt auf die „europäische Stadt" rekurriert wird, können sich die Bamberger dieses Miteinander, das Vielfalt und Atmosphäre verspricht, aber gegenseitige Toleranz zur Bedingung hat, also das eigene Stadtbild zum Vorbild nehmen.

So ist gute Architektur in Bamberg meist eine Verbindung von Alt und Jung. Etwa der zart-filigrane Glassteg an der Alten Hofhaltung, der für Behinderte eine barrierefreie Verbindung beider Museumsteile ermöglicht. Etwa das Fischerhof-Schlösschen, das, vordem halb verfallen, nach einer sensiblen Sanierung und einem vorsichtigen Umbau einer neuen Nutzung zugeführt wurde. Etwa der Anbau der Villa Concordia: Die Typologie der Orangerie wurde weiterentwickelt, mit japonisieren-

Dem behutsamen Sanierungskonzept der Bamberger Architekten Birgit und Matthias Dietz gelang es, das jahrzehntelang vernachlässigte, schon halb verfallene Fischerhof-Schlösschen in Gaustadt mit seiner früher offenen Arkadenhalle zu retten und einer neuen Nutzung zuzuführen.

„Eiskristall" in historischer Umgebung: In der doppelten Glasfassade der Teilbibliothek für Sprach- und Literaturwissenschaften spiegeln sich die alten Fassaden am Heumarkt (Architekten: Gerhardt Meyer, Klaus Seebe, Bayreuth).

den Anklängen versehen und kann jetzt als hoch effektives Wohnatelier für junge Künstler aus allen Teilen der Welt dienen. Nicht zu vergessen: die Teilbibliothek für Sprach- und Literaturwissenschaften am Heumarkt, in deren doppelter Glasfassade sich die historische Umgebung spiegelt; das restaurierte und ergänzte E.T.A.-Hoffmann-Theater, das bei gleichzeitiger Erhaltung des neoklassizistischen Zuschauerraums modernste Repräsentationsmöglichkeiten und neueste Bühnentechnik bietet; das neue Foyer für die Konzerthalle samt neu gestaltetem Vorplatz sowie der umgebaute Ziegelbau an der Mußstrasse, mit dem ein Stück schon fast vergessener

Bamberger Industriegeschichte gerettet wurde.

Gute Architektur ist, entgegen vieler Vorurteile, Beschäftigung mit dem Ort und die Auseinandersetzung mit dessen Geschichte, auch wenn diese dann doch nicht geläufig ist, wie vielfach vorgegeben. Und das kann zu spannenden Entdeckungen führen: beispielsweise das Gästehaus in der Hölle 12 am Stephansberg. Ein Dutzend Jahre leer gestanden, sollte das Haus eines Handwerkers aus dem 16. Jahrhundert abgerissen werden und einer Garage weichen. Die neue Eigentümerin wandelte im Verbund mit einer in der

Es sollte einem Parkplatz weichen: Bauherrin Elisabeth Schünemann und Architektin Dr. Heid Vormann konnten ein ehemaliges Handwerkerhaus aus dem 16. Jahrhundert vor dem Abriss bewahren und bauten und bauten das Domizil in der „Hölle 12" zu einem Gästehaus um.

Der neue Eingang des E.T.A.-Hoffmann-Theaters am Schillerplatz fügt eine weitere Zeitschicht einem historischen Bauensemble zu, dessen Vielgestalt sich an den unterschiedlichen Fassaden ablesen lässt (Architekt: Klaus Peter Springer, Hannover).

Denkmalpflege kompetenten Architektin, mit viel Liebe und Eigenleistung das halb verfallene Häuschen zu einer Pension um, wobei auf Erhaltung der Originalsubstanz großen Wert gelegt wurde. Das Beispiel zeigt zudem, welch' beträchtliche Anstrengungen notwendig sind, damit ein historisches Gebäude auch hinter der schmucken Fassade unseren heutigen Raum- und Komfortansprüchen genügt. Ein ebenfalls hervorragendes Beispiel ist die behutsame und doch bezwingende Innensanierung eines Teils der ehemaligen Klosteranlage St. Michael. Für den neuen Nutzer, vier Ämter der Stadtverwaltung, haben die Architekten

sogenannte Bamberger Arbeitsinseln entwickelt. Ein Installationspodest, unter dem die Leitungen für Heizung, Lüftung, EDV etc. geführt werden, um die herrlich barocken Räume nicht zu beschädigen. Gleichzeitig stellt diese „Insel" mit Schreibtisch und Beleuchtung, mit akustisch wirksamen Regalen, Ablageflächen und Schränken all das zur Verfügung, was für eine moderne Büroarbeit notwendig ist.

Aufregende Projekte in der Umgebung

Wenn man das Stadtgebiet Bambergs nur um wenige Kilometer verlässt, illustrieren drei Beispiele die Vielfalt dieser Auseinan-

Litzendorf und sein „Goldstück“: Um den Ortskern der südlich von Bamberg gelegenen Gemeinde zu stärken, entstand nach den Plänen von H2O Architekten eine Bibliothek mit goldener Streckmetallfassade. Schräg dahinter: Ein zum Bürgerhaus umgebautes Bauernhaus, das lange leer gestanden hatte, und der renaturierte Ellerbach vervollständigen die neue Mitte im Ort.

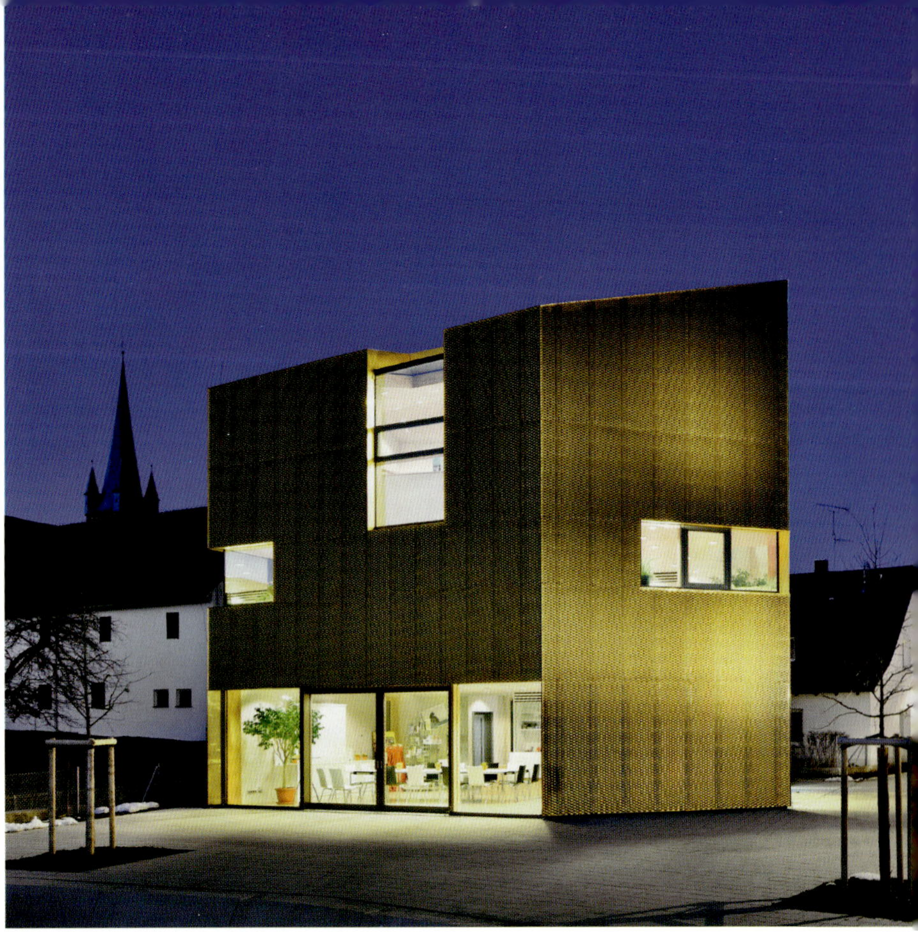

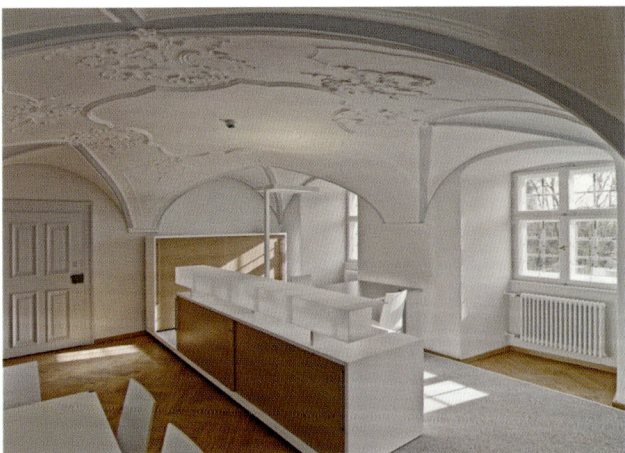

Um die herrlichen Räume im ehemaligen Kloster St. Michael nicht zu beeinträchtigen, entwickelten die Architekten Grellmann Kriebel Teichmann eine „Bamberger Arbeitsinsel“, die alles bereit stellt, was man für einen modernen Büroarbeitsplatz braucht.

dersetzung mit der Geschichte des Ortes. Dass alle drei den Typus „Bürgerhaus“ verschieden interpretieren, macht einen Besuch noch lohnenswerter. In Baunach etwa wurde eine ehemalige, Jahrzehntelang brach liegende Brauerei zu so einem öffentlichen Haus. Der alte Kühlturm wurde zum Aussichtsplateau, das neue Treppenaus spannt sich um das alte, aber blank gewienerte Kühlgitter, der große Saal ist mit einer an die Braukessel erinnernden Kupferverkleidung versehen. Darüber hinaus beherbergt das Bürgerhaus zusätzliche Nutzungen – Bibliothek, Café, Souvenirladen, Friseurgeschäft, Fahrschule und eine Arztpraxis –, so dass das Gebäude auch jenseits der Veranstaltungen mit Leben gefüllt ist. Es mag verwundern, aber die Städte und Gemeinden rund um Bamberg haben mit Leerständen zu kämpfen. Gründe dafür sind Überalterung, Generationswechsel beim Hauseigentum und die Sünden einer verfehlten, weil expansiven Städtebaupolitik, die statt die Ortskerne zu stärken, immer neue Bauflächen an deren Rändern auswies. Wenn dies die Bürger erkennen, ihre gewählten Vertreter sich dessen annehmen und auf engagierte Architekten und Stadtplaner treffen, dann lassen sich aufregende Projekte realisieren. In Baunach beispielsweise, aber auch in Litzendorf, das seit kurzem mit einem „Goldstück“ glänzt. Um die darnieder liegende Ortsmitte zu reaktivieren, wurde ein verlassenes Bauernhaus zu einem Bürger-

haus umgebaut, der Ellerbach renaturiert und eine Bibliothek mit einer goldenen Streckmetallfasse errichtet. Die Gemeindebücherei in dem 6000-Seelen-Ort hat im neuen, doch ziemlich extravaganten Gebäude ihre Entleihe-Zahlen verzehnfacht! Im wenige Kilometer entfernten Strullendorf sollte eigentlich nur das Rathaus erweitert werden. Die aus Kulmbach stammenden Architekten machten das freilich so gut, dass die Freiflächen vor dem Gebäude nun als Festplatz funktionieren, dass die niedrigschwelligen Schalter ihren Namen „Servicezentrum" nun auch zu Recht tragen, dass der Ratssaal nun auch als Veranstaltungs- und Konzertsaal dienen kann. Dass also aus dem asphaltschwarzen Rathausanbau ein kleines, von den Bürgern sehr geschätztes und gern benutztes Gemeinschaftshaus wurde.

Mit städtebaulichen Sünden der Vergangenheit hat auch Bamberg selbst zu kämpfen. Manch einer reagiert mit Abkehr, mit

Nicht nur das Tor erinnert an den einstigen Zweck des Gebäudes: Die Architekten Brückner & Brückner widmeten das ehemalige Lechner-Bräu, Baunach, in ein Bürgerhaus mit Arztpraxis, Café, Ladengeschäften und Gemeindebücherei um.

Rückzug auf sich selbst wie der Neubau der Apostolischen Kirche am Mannlehenweg: ein schlichtes, introvertiertes Gebäude mit vielen geschlossenen Flächen, bei dem das Gemeindeleben rund um einen Innenhof versammelt wird. Eine herausragende Durcharbeitung bis ins Detail zeichnet dieses Gotteshaus aus, ein subtiles Spiel von Schichten, Schatten und skulpturalen Qualitäten, dem sein erklärtes Ziel, ein „Zentrum für ein kirchlich-religiöses Leben mit Würde und Prägung zu schaffen", in beispielgebender Weise gelingt. Trotz aller Besinnung auf das Erbe, trotz aller – sich auch monetär durchaus lohnender – Beschäftigung mit der eigenen Geschichte, Bamberg hat auch Zukunft zu gestalten. Mit der Landesgartenschau 2012 konnte die jahrelang brachliegende ERBA-Insel als lebendiges Stadtgebiet reaktiviert werden. Die Einbindung eines wichtigen Industriedenkmals ist gut gelungen, auch der kleine Steg, der zunächst als Provisorium für die

Auf der jahrelang brachliegenden ERBA-Insel entstand ein neues Stadtviertel.

In der städtebaulichen Ödnis des Bamberger Ostens schuf der Architekt Ulrich Manz mit dem Neubau für die Neuapostolische Kirche ein kleines, aber feines Baujuwel.

Kettenbrücke seinen Dienst machte. Über den Rest aber sollte man besser den Mantel des Schweigens hüllen. Für die großen Konversionsgebiete im Osten der Stadt, aufgegebene Flächen, die der inzwischen abgezogenen US Army dienten, kann das nur Ansporn sein. Die architektonisch großartige Lagarde-Kaserne in der Pödeldorfer Straße könnte Vorbild sein, das Areal mit gemischter Nutzung und gebotener Langsamkeit sukzessive zu einem lebendigen Stadtgebiet zu entwickeln.

Nur wenn Bamberg sich nicht selbst musealisiert, sondern das Moderne annimmt, es dem Ort und der Geschichte entsprechend integriert, den Flächenbedürfnissen von Konsum, Produktion und Dienstleistung mit qualitativ hochwertiger Architektur auch in der Innenstadt nachkommt, wird es auch ein zukunftsfähiger Ort des Genießens sein.

Rau, warm und traditionell gefügt, warm, offen, hell und flexibel: Mit der Renovierung und Umnutzung eines backsteinernen Webereigebäudes an der Mußstraße zu einem Tagungszentrum konnte ein wichtiges, fast vergessenes Stück Bamberger Industriegeschichte gerettet werden (Schunck Ullrich Architekten, München).

Einrichtungen zum Abheben

Eine gute Einrichtung meint mehr als nur Möbel. Deshalb beziehen Norbert und Hiltrud Pornschlegel grundsätzlich den Menschen mit seinen Vorlieben und seiner gesamten Wohnsituation in ihre Arbeit ein. Der Aufwand, den sie dafür betreiben, ist oftmals enorm. Doch die Ergebnisse rechtfertigen jede Minute.

Küche und Raum Pornschlegel
Schweitzerstr. 12
96052 Bamberg
Tel. 0951 / 9230190
tischlerei
@pornschlegel.de
www.pornschlegel.de

Öffnungszeiten:
Mittwoch bis Freitag
10 – 18 Uhr
Samstag
10 – 14 Uhr,
ansonsten gerne nach
Vereinbarung

Allein die Optik der verschiedenen Raumkonzepte hebt sich deutlich ab. Unabhängig davon, ob man persönlich zu einem natürlichen Einrichtungsstil mit viel Holz, einem modernen und geradlinigen Stil, zu lieblicher Romantik oder klassischer Ausgewogenheit tendiert. Alle hierbei eingesetzten Materialien haben spezielle Vorzüge. Stein überdauert sämtliche Modetrends. Glas lockert die Gestaltung auf, Lacke veredeln sie. Öle und Wachse schützen das Holz und heben die Schönheit und Eigenschaften des

Materials hervor, wobei Holz nach Ansicht von Norbert und Hiltrud Pornschlegel als natürlicher, lebendiger Werkstoff in seiner Qualität kaum zu übertreffen sei. Gemeinsam ist sämtlichen Materialien ein hoher Gebrauchswert, dabei setzen sich die äußeren Werte im Inneren des Möbels fort. Hinter den zeitlosen Produkten stehen renommierte Hersteller und Kooperationspartner wie z. B. RaumPlus, Eggersmann-Küchen, Kinnasand – und immer wieder auch die Eigenmarke Pornschlegel.

Norbert Pornschlegel sieht in der Doppelfunktion des Unternehmens eine wesentliche Stärke: „Da wir Hersteller und Händler zugleich sind, können wir neben erstklassiger Qualität und individuellen Kombinationen auch Sonderlösungen anbieten, die einzigartig sind. Unternehmen, die weniger flexibel sind, müssten bei besonders

© raumplus

kniffligen Herausforderungen den Auftrag abbrechen. Wir fangen an dieser Stelle erst an."

Seit 2006 befindet sich das Wohnstudio des Unternehmerpaars in einem denkmalgeschützten, backsteinroten Ziegelbau, einem typischen Fabrikgebäude des Jugendstils. Gefertigt wird mit kompetenten Mitarbeitern der eigenen Werkstatt in Strullendorf. Eine große Ausstellungsfläche braucht es nicht. „Unsere Kunden sind an individuellen Einrichtungen interessiert und die entstehen bei uns zuerst im Kopf, gehen dann über die Hand auf das Papier und anschließend in die Fertigung", erzählt Hiltrud Pornschlegel. Dieser Arbeitsweise habe sich das Unternehmen bereits bei seiner Gründung im Jahr 1989 verschrieben,

„Unsere Kunden sind an individuellen Einrichtungen interessiert und die entstehen bei uns zuerst im Kopf."
– Hiltrud und Norbert Pornschlegel

© raumplus

führt die gelernte Tischlerin und Wohnberaterin aus. „Wir erfüllen sowohl kleine als auch große Wünsche. Die Möglichkeiten reichen z.B. von einer neuen Küchenfront über die Einbeziehung eines renommierten Markenherstellers bis zur kompletten, maßgeschneiderten Inneneinrichtung aus der eigenen Werkstatt."

Um Menschen mit vielen verschiedenen Vorstellungen und Wünschen bedienen zu können, setzt Pornschlegel auf Offenheit und Zeitgeist. Europäische sowie östliche Traditionen und innovative Design-Linien fließen ineinander. Immer auf die Wohnsituation und den individuellen Wohnstil eingehend – so kann die bestmögliche Raumgestaltung für den Kunden entstehen.

Küche und Raum Pornschlegel – bekannt für Möbel mit Komfort und liebevollem Innenausbau.

Genuss und die pure
Lust am schönen
Wohnen gehen Hand
in Hand.

Die Küche als geselliger Wohnraum

An der Küche lässt sich der Wandel des häuslichen Lebens so gut wie an keinem anderen Ort ablesen. Den technischen Fortschritt, den die „Frankfurter Küche" ab 1926 brachte, nutzt man auch heute noch gerne. Die praktischen Einteilungen und kurzen Wege erleichtern die Zubereitung und die effizienten Küchengeräte tragen ihren Teil dazu bei, das Kochen zu perfektionieren – beherrschen muss man das Handwerk freilich noch selbst.

Heute liefert die Küche bessere Voraussetzungen denn je, ihre Funktion als Zentrum der Gastlichkeit zu erfüllen. Die Zeiten der Raum-Spar-Küche (Raspa) sind Geschichte. Der Siegeszug der offenen, großzügigen Einrichtung ist nicht mehr aufzuhalten. Weltweit erfreuen sich deutsche Küchen aufgrund der soliden Wertarbeit und ihrer hohen Präzision nach wie vor großer Beliebtheit. Damit mag auch der Umstand zusammenhängen, dass sie zuweilen als Statussymbol gehandelt werden und als Schauplatz für Promi-Events herhalten müssen.

Erfreulich an der Entwicklung ist die zunehmende Zahl an Kochveranstaltungen. Hier können die Sinnesfreuden und das gesellige Beisammensein im kleinen Kreis und ohne Show genossen werden. Bei Küche und Raum Pornschlegel etwa sind mit den monatlich stattfindenden „Koch-Events" mehrere Zwecke verbunden: Die Veranstalter stellen sich und die Ausstellungsküchen vor, um bekannter zu werden, und sie laden ein, weil sie Spaß am gemeinsamen Kochen haben. Dabei wird bewusst auf Sterne- oder Schaukochen verzichtet. Die Rezepte der vielseitig orientierten Kochexpertin Edith Stieber sollen leicht nachzukochen, also unkompliziert sein – aber trotzdem mit den besten Zutaten aus der Region, außergewöhnlich kreiert und, soweit es geht, vorwiegend aus ökologischem Anbau. Zum Ausprobieren bietet sich nebenstehendes Rezept an.

Lavendelcreme

von Edith Stieber

Zum Aromatisieren wird Lavendelzucker verwendet. Hierfür werden frische Lavendelblüten einige Tage mit Zucker in ein Glas geschichtet und gut verschlossen aufbewahrt.

200 g Mascarpone mit 400 g Magerquark und Mineralwasser oder Milch nach Bedarf verrühren. Mit dem Mark einer halben Vanilleschote und dem Lavendelzucker zusammengeben (vorher Blüten aussieben!). Der Anteil des Lavendelzuckers richtet sich nach dem eigenen Geschmack. 200 g Sahne steif schlagen und unterheben. Die Creme mit frischen Lavendelblüten garnieren. Dazu schmecken frische Himbeeren, Nektarinen oder Pfirsiche.

Stilmix
mit Feng Shui

Feng Shui hört sich asiatisch an
und ist es auch. Das aus China
stammende Wissen zur Harmo-
nisierung von Bauten und Wohn-
räumen hat im Zuge der Globalisierung auch auf heimischem
Boden Fuß gefasst.

Die Lehre hinter dem fremd klingenden
Namen wird auch unseren zentraleuropäischen Gewohnheiten gerecht. In Bamberg
und Umgebung macht sich die Wohnberaterin Hiltrud Pornschlegel darum verdient.
Sie absolvierte mehrjährige Ausbildungen
beim QI MAG – International Feng Shui
und Geobiology Institute und bietet ihr
umfangreiches Wissen und ihre Erfahrungen seit dem Jahr 2001 für Unternehmen
und Privatpersonen an.

Für den Wohnbereich geht es darum, ein
wohltuendes, gesundes Umfeld zu schaffen,
in dem man sich von der schnelllebigen
Welt erholen und wieder Energie tanken
kann. Genau das bietet die Harmonielehre
Feng Shui.
Dieser Lehre nach lebt der Mensch ständig
in Wechselwirkung mit seiner Umgebung.
Ist das Umfeld günstig, kann man sich
positiv entwickeln. Ist die Umgebung
ungünstig, schwächt es den Menschen und
führt zur Stagnation. „Das richtige Maß
schafft ein harmonisches Gleichgewicht
und steigert somit das Wohlbefinden",
lautet einer der Grundsätze von Hiltrud
Pornschlegel. Und so geht es bei einer
Firma als auch im privaten Bereich immer
um die Frage, welche Gestaltungsregeln für
energiereiche und wohltuende Räumlichkeiten angewendet werden sollen, um lang-
fristig, gesund und vital sein Bestes geben
zu können. Dass dies mehr Lebensfreude,
Erfolg und Wohlstand mit sich bringt
und zudem die persönliche Entwicklung
fördert, versteht sich von selbst. Wie alle
chinesischen Wissenschaften baut Feng
Shui auf das Prinzip des fortwährenden

Wandels, der Spiegelung und wechselsei-
tigen Beeinflussung zwischen Innen und
Außen auf. So geschehen gestalterische
Veränderungen gezielt und fördern die
jeweilige persönliche Ausrichtung. Mittlerweile werden Feng-Shui-Richtlinien,
die sich in speziell abgestimmten Maßen,
Farb- und Formkonzepten ausdrücken, oft
mit europäischen Stilelementen kombiniert. Die Globalisierung hat eben nicht
nur den Effekt, dass Einrichtungen weltweit
austauschbar werden, sondern auch den
Vorteil, dass man sich von allem das Beste
aussuchen kann.

Verspielt und ausge-
wogen – asiatisches
Design, entdeckt
in Bayreuth.

Einrichten mit Feng Shui: Harmonische Proportionen schaffen energiereiche
Räume und Geborgenheit.

Klassiker von heute und morgen

In Bambergs Altstadt ist die Anzahl zeitgenössischer markanter Gebäude überschaubar, zumal solcher, die statt von unscheinbarer Durchschnittlichkeit kompromisslos modern geprägt sind.
Das in Anlehnung an den Bauhaus-Stil 1959 erbaute Gebäude des Einrichtungsspezialisten ducke ist in dieser Hinsicht wegweisend und spiegelt auf stimmig Weise den Anspruch der Inhaber wider.

ducke
Inneneinrichtung e.K.

Kettenbrückstr. 1
96052 Bamberg
Tel. 0951 / 200225
info@
ducke-bamberg.de
www.
ducke-bamberg.de

Öffnungszeiten:
Dienstag bis Freitag
11 – 18 Uhr
Samstag
11 – 15 Uhr
sowie nach
Vereinbarung

Seit drei Generation befindet sich ducke in Familienbesitz. Im Gebäude verteilen sich stattliche 750 Quadratmeter Präsentationsfläche auf drei Etagen. Im hauseigenen Atelier werden individuelle Stoffkreationen verwirklicht.
Nach einem Angebot an Design-Möbeln in solcher Lage und in vergleichbarer Dimension muss man in der Metropolregion lange suchen. Die Inhaber, Gudrun und Peter

Blättner, definieren sich dabei nicht über die Menge, sondern über das Gefühl für Apartes, das Räume belebt. „So wie das Haus ist, so sind auch wir", lautet Peter Blätters Credo. In seinen Worten: „frisch, fröhlich, frei".

Aufgeräumt und geradlinig ist die Grundausrichtung. Zwischen Avantgarde – Stühle, die an Skulpturen erinnern – und zeitlos schlichtem Minimalismus, edlen Oberflächen und ausgefallen Stoffen variiert die Auswahl, die sich bis auf wenige Möbel jedes halbe Jahr ändert, immer mit dem Anspruch, „dass jedes Stück mindestens 20 Jahre, am besten ein Leben lang Gültigkeit haben muss."
Das Unternehmen ducke – und damit Gudrun und Peter Blättner – stehen für Vertrauen, Langlebigkeit, Kreativität und Erfahrung. Möbel, die zu Klassikern wurden, wie auch „Klassiker von morgen" sind hier zu finden. Zudem: Accessoires aus der Wohnwelt bis zu Kunst und Kultur. ducke ist mehr als ein Möbelhaus, ducke ist in Bamberg ein Synonym für Außergewöhnliches.

„So wie das Haus ist, so sind auch wir. Frisch, fröhlich, frei."

– Gudrun und Peter Blättner

Individuelles Wohnen nach Maß

Heimat bedeutet für jeden etwas anderes. Wie die eigenen vier Wände auch. Manche fühlen sich in einer Hochhauswohnung in New York wohl, andere in einem Landhaus. Der Raumausstatter Sven Thomsen versucht, jedem Wunsch gerecht zu werden.

Raumausstattung Thomsen
Obstmarkt 5
96047 Bamberg
Tel. 0951 / 9163147
info@thomsen-
raumausstattung.de
www.thomsen-
raumausstattung.de

Öffnungszeiten:
Montag bis Freitag
10 – 18 Uhr
Samstag
10 – 16 Uhr, in den
Sommermonaten
bis 18 Uhr

Sonderwünsche bilden in der täglichen Arbeit des Raumausstatters nicht die Ausnahme von der Regel. Bei ihm verhält es sich umgekehrt: Individuelle Auftragsarbeiten sind seine Domäne. Sein Prinzip besteht unter Berücksichtigung hoher Qualität vor allem darin, viele verschiedene Stile zu verbinden. Das spiegelt sich in den Produkten wider: bei der Gardinenausstattung, bei Polsterarbeiten, Bodenbelägen, Wandbespannungen sowie bei Bett und Tischwäsche nach Maß. Dem gleichen hohen Anspruch folgt die Eigenkreation. Aus Stoffen von Textilverlagen können im hauseigenen Atelier exklusive Produkte gestaltet werden. Als Raumausstattermeister verfügt Sven Thomsen über ein profundes Wissen zu allem, was mit der Ausstattung zusammenhängt. Kunden sind in der Regel Privatpersonen, „anspruchsvolle Ästheten", wie Thomsen sagt, für die die Wohnung als Ort der Ruhe und Entspannung eine starke Bedeutung hat. Zudem arbeiten Architekten, Unternehmen und Ämter mit dem Fachmann zusammen.

Mit seiner Frau Gudrun übernahm Sven Thomsen 1990 den Betrieb seiner Eltern mit Stammsitz in Hassfurt. 2009 eröffneten sie die Bamberger Filiale. Da konnte das Unternehmen bereits auf eine 50-jährige Firmengeschichte zurückblicken. Die Erfahrung und das Händchen für den guten Geschmack helfen den Wohnberatern, kurzlebige Trends von zeitloser Eleganz zu unterscheiden und die passenden Einrichtungen zu empfehlen. Im Allgemeinen seien die Ansprüche an die Raumausstattung gestiegen, weiß Sven Thomsen. Einen vorherrschenden Stil wie italienisches Design gebe es nicht mehr. Stattdessen Ein-

Eine feine Adresse für Wohnkonzepte – individuelle Auftragsarbeiten sind eine Domäne des Innenausstatters.

„Einen vorherrschenden Stil wie italienisches Design gibt es nicht mehr. Statt dessen Einflüsse aus vielen Richtungen."

– Gudrun und Sven Thomsen

flüsse aus vielen Richtungen: geradliniges skandinavisches Design hier, Neo-Barock dort, englischer Landhaus-Stil neben moderner Abstraktion, Tapeten mit noch nie dagewesenen Materialien, energieeffizienter Einsatz von Rollos innen und außen …

Die interessanten Produkte in dem Geschäft zeigen das Spektrum der Möglichkeiten auf. Mit renommierten Marken wie Designers Guild, JAB, Z&R, Kinnasand, Laura Ashley, Chr. Fischbacher und anderen namhaften Herstellern ist das Unternehmen vielseitig aufgestellt. Wichtiger als die Produkte selbst, die im Geschäftsraum sinnlich und lustvoll präsentiert werden, ist für Sven Thomsen jedoch die Beratung. Die Objekte sollen sich im Wohnraum ja zu einem stimmigen Ganzen fügen, wobei oft Feinheiten wie die Oberfläche oder Farbnuance entscheidend sind. „Die Seele des Ganzen lebt im Detail", lautet ein Ausspruch des Bauhaus-Architekten Mies van der Rohe, der die Anforderung an einen Raumausstatter treffend beschreibt. Das Fachgeschäft hat dieses Zitat zu seinem Credo erhoben.

Sonnenseiten des Lebens
statt Nebensachen des Alltags

Concept-Stores gibt es viele. Aber das Konzept, das hinter MÜLLER 7 steht, ist in Bamberg und darüber hinaus wegweisend für eine neue Form des Einzelhandels.

MÜLLER 7 GmbH
Concept Store
Caffè-Bar
Grüner Markt 7
96047 Bamberg
Tel. 0951 / 2084306

LAMBERT Studio
Grüner Markt 7 /
Ecke Fischstraße
Tel. 0951 / 2084306
shop@mueller-7.de

Öffnungszeiten
Montag bis Samstag
9 – 19 Uhr
Sonntag (Caffè-Bar)
10 – 18 Uhr

MÜLLER 7 GmbH
Showroom für
Innenarchitektur
Markusstraße
12 + 12a
96047 Bamberg
Tel. 0951 / 965120
info@mueller-7.de

Öffnungszeiten
Dienstag bis Samstag
9.30 – 18.30 Uhr
und nach
Vereinbarung

www.mueller-7.de

An beinahe keinem anderen Ort in der Stadt spiegeln sich die schönen Dinge, denen sich „Lebensart genießen" widmet, so umfassend wie hier. Das Produktportfolio fächert sich mit insgesamt drei Standorten – darunter ein Caffè, ein Lifestyle-Shop, ein LAMBERT Studio und ein Einrichtungshaus – zu einer Vielschichtigkeit auf, die ihresgleichen sucht.

Das Caffè hat sich für viele Besucher als erste Adresse am Grünen Markt etabliert. Vor allem im Sommer, wenn man auf den Außenplätzen entspannt das Treiben in der Fußgängerzone rund um den Gabelmann beobachten kann. Die kleinen Gerichte, die allesamt der regionalen Frischeküche verpflichtet sind, können selbst eher zurückhaltende Bamberger zu großem Lob hinreißen. So auch innen, in der prächtigen Atmosphäre des Stapf'schen Barock-Palais. Mit Mode, Schmuck und Wohnideen macht der MÜLLER 7–Shop Lust auf sinnliche Entdeckungen. Geschäftsführer Holger Tille und seine Frau Alice spüren die Produkte unter anderem bei Messen in Paris, Mailand oder Köln auf. „Wir nehmen uns sehr viel Zeit, um Eindrücke zu sammeln und das Besondere exklusiv nach

Bamberg zu bringen", merkt Alice Tille an. Dafür stehen zum Beispiel eine Kaschmir Kollektion von Hemisphere, Schmuck von Marjana von Berlepsch sowie Taschen und Geldbörsen von ABRO, aber auch exquisite BAOBAB Duftkerzen, die in vielen guten Hotels zu finden sind.

Im LAMBERT Studio, dessen Eingang gleich um die Ecke des Caffès und des Shops liegt, erwartet den Besucher dementsprechend auch eine vortreffliche Auswahl an Wohnaccessoires und Geschenkideen mit einem besonderen Fokus auf der Marke LAMBERT.
Das eigentliche Kapital des Betriebs ist das Know-how des Teams. Die Mitarbeiterinnen und Mitarbeiter haben einen Einblick in die Machart der Produkte und vermitteln daher auch die Philosophie der Hersteller.

Die Stärke in Sachen Wohnen, Arbeiten, Kochen kommt vor allem im Einrichtungs-

„Wir planen im Detail, um durch Qualität Werte und Räume zum Wohlfühlen zu schaffen."

– Alice und Holger Tille

Planen, Gestalten,
Eichrichten.

haus mit seinem 600 Quadratmeter großen Showroom zum Tragen. Die Leidenschaft für Möbel, die sich über Generationen, Betriebe und Schicksale spannt, hat eine lange Tradition und reicht zurück ins Jahr 1781. „Wir arbeiten in der besten Tradition des ehemaligen Königlich bayerischen Hoflieferanten Gg. M. Müller", bestätigen die Tilles. Ihr historischer Vorgänger führte einst in der Markusstraße erfolgreich eine Möbelfabrik mit Dampfantrieb.

Heute sind die Unternehmer für jeden da, der Wert auf Qualität legt. Jedes Budget und jeden Wohnbereich, ob für Privatpersonen oder Büros, Studierende oder Luxus-Penthouse-Bewohner, bis zur Komplettlösung aus einer Hand. „Wir sind nicht nur Farb- und Textil-experten, Lichtplaner und Innenarchitekten, sondern übernehmen auf Wunsch auch die Bauleitung für unse-re Kunden" erklärt Holger Tille. „Selbst rund um das Thema Küche sind wir sehr gut aufgestellt." Auszeich-nungen unterstreichen die Kompetenz: Vom Journal „Der Feinschmecker" bekam MÜLLER 7 zuletzt eine Auszeichnung als eines der besten Küchenstudios in Deutschland. Und die Zeitschrift „Architektur & Woh-nen" rechnet MÜLLER 7 zu den Top-200-Einrichtern Deutschlands.

Schöner baden gehen

Ein Bademeister sorgt dafür, dass man nicht unangenehm baden geht. Von dem „Bademeister" aus Bamberg kann man aber noch mehr erwarten. Er meistert Badezimmer individuell so, dass die Kunden in einen Raum jenseits des Alltags eintauchen können.

Der Bademeister
Heumarkt 5
96047 Bamberg
Tel. 0951 / 3020585
www.
der-bademeister.de
info@
der-bademeister.de

Öffnungszeiten:
Mittwoch bis Freitag
10 – 18 Uhr
Samstag 10 – 14 Uhr

Für Bernd Hofmanns Großvater, der in den 30er Jahren des vergangenen Jahrhunderts einen Installationsbetrieb für Heizung und Sanitär gründete, war es noch ganz normal, das Bad als eine Nasszelle zu betrachten, die vor allem praktisch, aber nicht unbedingt schön und erholsam sein sollte. Wie segensreich müssten ihm die Möglichkeiten erscheinen, die das Bad heute eröffnet! In

rungen eine Nische", sagt Bernd Hofmann, der Inhaber des Einrichtungsgeschäftes „Der Bademeister". Um die Kunden mit gesteigerten Ansprüchen an Komfort und Ästhetik bedienen zu können, hat sich der gelernte Heizungs- und Sanitärmeister vor gut zehn Jahren mit etablierten Anbietern aus Italien wie Agape und Antonio Lupi zusammengetan. Seit 2004 präsentiert er

Erfrischend schon beim Ansehen – Die moderne Badeausstattung ist erstaunlich schlicht, steckt technisch aber voller Finessen. Die beruhigende Wirkung der weißen Flächen und der reduzierten Formen wird mit gezielten Kontrasten noch verstärkt.

seiner puristischen Gestalt gleicht es einem Meditationsraum. Das Baden kann als ein dem Alltag enthobenes Ritual begangen werden, das größtmögliche Ruhe und Tiefenentspannung beschert. Kaum noch zu steigern ist diese Wirkung, wenn der Schlaf- oder Wellnessraum gleich an das Bad angrenzt, nur durch eine Schiebtür davon getrennt. Aber auch in den nicht ganz so exklusiven Bädern hat das Bad als ein eigener Wohnbereich eine deutliche Aufwertung erlebt. „Grundsätzlich gibt es für jedes Budget im Neubau und bei Sanie-

beispielhafte Raumsituationen in seinem Geschäft am Heumarkt. Das puristische Design setzt ausdrucksstarke Akzente. Schlichte Farbtöne unterstreichen den zeitlosen und eleganten Charakter. Alles strahlt eine beruhigende und sinnliche Atmosphäre aus, die körperlich spürbar wird, gerade auch beim Anfassen der Oberflächen. „Aufgrund innovativer Materialien können wir Situationen realisieren, die es vor mehreren Jahren überhaupt nicht gab", betont Hofmann. Kunstharz und Steinmehl ermöglichen individuell gestaltete Wannen

und Becken – in der Form, in der Länge wie auch in der Kombination mit verschiedenen Ablagen und Möbelstücken. Für die Fertigung und Installation nach Maß kann sich der „Bademeister" auf das Können seiner Fachkräfte, zu denen auch zwei Innenarchitektinnen gehören, stützen.

Ein Badezimmer ist oft *der* Rückzugsort in der Wohnung. Die Gestaltung als eine kompakte Einheit verstärkt diese Eigenschaft. Unter Verwendung von Naturstein beziehungsweise Steinputz für Wand und Boden kann man auf Fliesen und Fugen im Bad inzwischen komplett verzichten. Die offene Oberfläche nimmt Feuchtigkeit auf und gibt sie, ohne einen Wasserfilm zu bilden, wieder ab – ein gewichtiges Argument für ein angenehmes Raumklima und geringen Pflegeaufwand. Lösungen mit Naturstein in verschiedenen Farben und Formen bietet das Geschäft übrigens nicht nur für das Bad, sondern auch für den Wohnbereich an. Weil auch hier die Grenzen fließend sind.

„Aufgrund innovativer Materialien können wir Situationen realisieren, die es vor mehreren Jahren überhaupt nicht gab."
– Bernd Hofmann

Mittelalterliche Bühne in einem prachtvollem Kleid

Alte Architektur in Bamberg

von Christine
Freise-Wonka

Der Bamberger Fürstbischof Lothar Franz von Schönborn (1655-1729) bekannte freimütig, dass er vom „Bauwurm" befallen sei und dass „ihm das Wasser im Maule zusammenlaufe", wenn er gelungene Architekturen anderer Bauherren sähe.

„Geblieben ist die unveränderbare, wunderbare Topographie des fränkischen Roms auf sieben Hügeln, die zu großartigen Wechseln zwischen eng und weit, dämmrig und licht, oben und unten, Fluss und Berg führt."

Romantische Winkel und traumhafte Blickbeziehungen machen den Reiz Bambergs aus: vom Domberg zur Oberen Pfarre, auf das Inselrathaus (rechts) und aus dem Sandviertel zur Residenz (Seite 151).

Wie unangemessen muss ihm die mittelalterliche Fachwerkstadt Bamberg in einer Zeit erschienen sein, in der das Bauen zu den Freuden des Genusses gehörte und als Mittel der Repräsentation diente? Um nun aus der fränkischen Provinzstadt eine angemessene barocke Residenzstadt zu machen, erließ Lothar Franz im März des Jahres 1700 ein Gesetz, in dem er gestaffelte Steuerbefreiungen für Gebäude, die aus Stein errichtet wurden, festlegte. Zugleich wandte er sich energisch gegen „liderliche Holzbauweise" und einstöckige Häuser in der Stadt. Die Folge dieser rigorosen Anordnung war, dass adelige oder reiche Hauseigentümer ihre alten Kemenaten abreißen und nach Plänen bedeutender Architekten, die auch für den fürstbischöflichen Hof tätig waren, von Grund auf neu bauen ließen. Weniger betuchte Bürger ließen ihre „liderlichen Holzhäuser" mit barocken Fassaden verblenden. So zog sich die Stadt ein prachtvolles neues Kleid an, das bis heute das Bild prägt.
Geblieben ist die mittelalterliche Winkeligkeit der Gassen und die unveränderbare, wunderbare Topographie des fränkischen

Roms auf sieben Hügeln, die zu großartigen Wechseln zwischen eng und weit, dämmrig und licht, oben und unten, Fluss und Berg führt. Ein Beispiel von vielen ist der Blick vom Domberg über den Taleinschnitt, „Bach" genannt, hinüber zur Oberen Pfarrkirche. Scheinbar geplant und doch zufällig entstand eine Ansicht, die die Bezeichnung Stadtlandschaft heraus-

*„Das Wohlfühlen in dieser Stadt hängt mit den
überschaubaren Dimensionen der Häuser, Klöster
und Kirchen zusammen, die den Menschen nicht zur
Bedeutungslosigkeit degradieren, sondern das Gefühl
der Wertigkeit erhalten."*

Villenpracht im Bamberger Hain zeugt vom städtischen Wohlstand des 19. Jahrhunderts.

fordert. Hier und an vielen anderen Stellen der Stadt, deren Zahl Legion ist, erhält das Wort Harmonie seinen Sinn: eine Vereinigung von Gegensätzlichem zu einem stimmigen Ganzen.

Das Wohlfühlen in dieser Stadt hängt einerseits mit diesen Wechselspielen zusammen, andererseits aber auch mit der Maßstäblichkeit, den überschaubaren Dimensionen der Häuser, Klöster und Kirchen, die den Menschen nicht zur Bedeutungslosigkeit degradieren, sondern das Gefühl der Wertigkeit erhalten. Diese Maßstäblichkeit wurde durch die Neubauten und Veränderungen der Barockzeit nicht gesprengt, sondern durch architektonische Delikatessen bereichert, zu denen das Mittelalter nicht fähig gewesen wäre: das Rathaus mitten im Fluß mit den Rokoko-

Balkonen, seiner schwungvollen Malerei und dem vorwitzigen Beinchen, der Rosengarten mit dem verspielten Pavillon, das Böttingerhaus in der Judengasse mit seiner einzigartigen Fassade oder fröhliche Details wie am Kaufmannshaus Hauptwachstraße 7. Ein gut gelaunter Merkur, Gott des Handels, strahlt hier einen nicht minder gut gelaunten Atlant an.

Im 19. Jahrhundert wächst die Stadt über die alten Grenzen hinaus. Dies gilt nicht nur im architektonisch-topographischen, sondern auch im geistig-politischen Sinn. Die Auflösung des Fürstbistums im Zuge der Säkularisation brachte aufklärerisches Gedankengut. Große Plätze, geschmückt mit Denkmälern und Brunnen, Promenaden und Parks entsprachen dem neuen Geist der Urbanität. Sie wurden durch Abriss von Kirchen, alten Stadttoren, Stadtmauern, dem Verschütten des Stadtgrabens und der Umwidmung eines nahen Auenwaldes zum Hain gewonnen. Im Osten und Süden entstanden gründerzeitliche Wohngebiete, die besonders im Hain mit sehenswerten Prachtbauten aufwarten können. Es wurde eine Wohn- und Lebensqualität erreicht, die bis dahin in Bamberg unbekannt war. Palastähnlich liegen die Häuser in großen Gartengrundstücken entlang breiter Alleen, aufgereiht wie an der Perlenschnur. Bis ins kleinste Detail dekorativ durchdacht, legen sie Zeugnis von einer großen Epoche der Architektur ab.

Die modernen Zeiten können und wollen damit nicht Schritt halten. Die Bedürfnisse und Anforderungen, als auch die Vorstellungen von zeitgemäßem Bauen haben sich geändert. Die lokale Problematik ist die Verbindung der heutigen Vorstellungen mit den wuchtigen Vorgaben der Geschichte.

Modernes Bauen in alter, nahezu kriegs-verschonter Umgebung stellt besonde-re Anforderungen. Es gibt gleichwohl gelungene Beispiele der Verbindung von Altem und Modernem. Für die Zukunft der Stadt ist zu hoffen, dass das Verschmelzen von Gegensätzlichem zu einem stimmigen Ganzen, also Harmonie, Maßstab bleibt. Das Kleinod Bamberg ist eingebettet in die grandiose Naturlandschaft des Maintales, der Fränkischen Schweiz und des Steiger-waldes. Die kleinen Märkte und Dörfer sind geprägt vom ländlichen Fachwerkbau, Klosteranlagen, Wallfahrts- und Dorf-kirchen und den prächtigen Burgen oder Schlössern der Territorialherren. Was wäre das Obere Maintal, der „Gottesgarten", ohne das barocke Benediktinerkloster Banz und die Wallfahrtskirche Vierzehnheiligen von Balthasar Neumann, die in einer wun-derbaren Metapher der „Ballsaal Gottes" genannt wird?

In der fränkischen Schweiz findet man in wildesten Lagen Dörfer und mittel-alterliche Burgen wie Adlerhorste an die Felsen geklebt: Tüchersfeld, Raben-eck, Pottenstein … Und mittendrin die barocke Wallfahrtskirche Gößweinstein. Im Südwesten Bambergs, im kleinen Dorf Pommersfelden, liegt das unvergleichliche Weissenstein, das Privatschloss des schon genannten Fürstbischofs Lothar Franz von Schönborn. Bau und Ausstattung sind von solcher Delikatesse, dass sogar der Wiener Kaiserhof beeindruckt war. Solche Macht und Herrlichkeit haben kleine Märkte wie Scheßlitz, Zeil oder Königsberg nicht zu bieten. Dafür findet man hier Fachwerk-häuser und -ensembles, die ihresgleichen suchen.

Betrachtet man alle Aspekte zusammen, so kann man das Resümee ziehen, dass Bamberg trotz seiner Geschichte, die manchmal wie Blei an der Stadt hängt, ein lebenswerter, moderner Mittelpunkt in einer Kulturlandschaft ist, die sich ihrer Herkunft bewusst und über ihre Zukunft im Klaren ist.

Die idyllische Umgebung der Stadt ist ländlich strukturiert, z.B. die Fränkische Schweiz mit Gössweinstein (linke Seite oben und Mitte) und Tüchersfeld (linke Seite unten) oder die Stadt Königsberg in den Haßbergen (diese Seite unten).

„Für die Zukunft der Stadt ist zu hoffen, dass das Verschmelzen von Gegensätzlichem zu einem stimmigen Ganzen, also Harmonie, Maßstab bleibt."

Speziell für den schönen Schein

So viel Glas! Von Trinkgläsern und Fenstergläsern über Vasen und Schalen bis hin zu Leuchten und Kerzenhaltern gibt es hier vom 19. bis zum 21. Jahrhundert fast nichts, was es in punkto Glas nicht gibt. Sogar noch etwas mehr, auch Wohnaccessoires, z.B. für das weihnachtliche oder österlich geschmückte Haus, kann der geneigte Kunde bei Christina Pusch erwerben.

Glaserie Pusch
Katzenberg 6
96049 Bamberg
Tel. 0951 / 53452
www.
glaserie-pusch.de
glaserie@arcor.de

Öffnungszeiten:
Montag
10 – 18 Uhr
Samstag
10 – 16 Uhr

Die Farben und Formen der Glasgestaltung sind beeindruckend für jeden, der den kleinen Laden betritt. Wie Ausstellungsstücke in einem Privatmuseum wirken die bunten Objekte aus drei Jahrhunderten. Der lebendige und persönliche Charakter gibt dem Geschäft einen geradezu entzückenden Charme. Die Inhaberin ist nicht nur eine Händlerin, die ihr Angebot nach der Nachfrage ausrichtet. Sie ist ebenso sehr eine Sammlerin, die anhand ihrer Vorlieben das Angebot zusammenstellt. Zumeist handelt es sich um Einzelstücke, die persönlich in Augenschein genommen werden. Auf diese Weise trifft sie aus der Unmenge an Produkten eine sorgfältige Auswahl. Vor allem dezent und filigran gearbeitete Gläser aus der Zeit des Jugendstils und des Art Deco haben Einzug gefunden in ihren Laden, der sich seit dem Jahr 2000 in einem Altstadthaus am Katzenberg, zu Füßen des Doms, befindet.

Was zahlreiche Besucher, die erstmals in den Laden kommen, nicht vermuten: Christina Pusch, die schon in jungen Jahren fasziniert war von den farbigen Kirchenfenstern der Kathedralen in Frankreich, formt nicht nur als Sammlerin und Händlerin das Sortiment. Sie verfügt als Künstlerin und Restauratorin auch über viel handwerkliches Gestaltungstalent. Mitte der 80er Jahre eignete sie sich, zunächst noch als Hobby, die dem Jugendstil verpflichtete „Tiffany-Technik" an. In ihrer

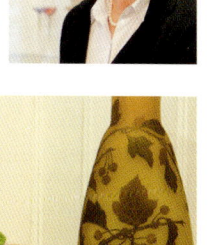

Die Herstellung von Glas erfordert unwahrscheinliches Geschick. Alle vier Elemente – Feuer, Erde, Wasser und Luft – sind an der Entstehung beteiligt.

offenen Werkstatt konnte man zuschauen, wie Jugendstilfenster, Türfüllungen, Lampen und Spiegel nach Kundenwünschen und eigenen Entwürfen angefertigt wurden. Heute hat sich der Schwerpunkt auf das Restaurieren von antiken Lüstern und Lampen verlegt.

„Jedes Stück hier hat eine Geschichte, und ich kann mich an alle Geschichten erinnern", sagt die Inhaberin über die Gegenstände in ihrem Laden und ihrer Werkstatt. Dabei kann sie sich zugleich mit Gegenständen umgeben, die den schönen Schein im eigentlichen Wortsinn verkörpern.

„Jedes Stück hier hat eine Geschichte."

– *Christina Pusch*

Konzentration auf das Wesentliche

„Kreative Gedanken und Bilder im Kopf mit den Händen in Form und Gestalt sichtbar zu machen – das ist meine Aufgabe." So interpretiert Urte Benkert ihre Leidenschaft: das Goldschmieden.

Urte Benkert
Tel. 09525 / 981936
Mobil 0171 / 7381349
www.urte-benkert.de
info@urte-benkert.de

Sybille Thomé
Mobil 0151 / 22617666
www.sybille-thome.de
info@sybille-thome.de

Salzmarkt 10
97486 Königsberg

Öffnungszeiten:
Dienstag – Freitag
10 – 12 Uhr
Mittwoch – Freitag
15 – 18 Uhr
Samstag
10– 12 Uhr
Sowie nach telefoni-
scher Vereinbarung

In der Königsberger Galerie begegnet man ungewöhnlichen Kombinationen – auch über den Schmuck hinaus.

Unspektakulär und auf intelligente Weise schlicht, so präsentieren sich ihre individuellen Schmuckstücke. Sie konzentriert sich auf das Wesentliche, und das ist einfach, zeitlos und schön.

Spontaneität, gute Organisation und die Begegnung mit unterschiedlichen Menschen – das ist für sie die größte Herausforderung und die Freude an ihrem Beruf. Sie selbst bezeichnet sich als kreativ arbeitende Gestalterin im Handwerk. „Wenn man kreativ ist, muss man in viele Richtungen denken", sagt die Goldschmiedin. Wenn es um den gestalterischen Anspruch geht, könnte sie auch Dinge entwerfen, die außerhalb ihres Gestaltungsspektrums liegen.
In den Arbeiten spiegelt sich ihr nordisches Naturell. Urte Benkerts Kollektionen

zeichnen sich durch klare und geradlinige Formen aus. Langlebige Materialien und ungewöhnliche Materialkombinationen unterstreichen den besonderen Charakter des von ihr gefertigten Schmucks sowie der Accessoires.

Das 2009 eröffnete Atelier befindet sich am Salzmarkt im Herzen der Altstadt von Königsberg. Die Ladengestaltung vermittelt schon von außen ein stimmiges Bild der Ästhetik, das in der Auslage wiederkehrt. Bei Urte Benkert lassen sich schöne Dinge für jeden Anlass finden. Sie besticht mit individuellen Kreationen und Einzelanfertigungen. Gemeinsam mit dem Kunden entwickelt sie aus einer spontanen Idee ein persönliches Schmuckstück. Dabei kennt ihr Ideenreichtum keine Grenzen. Für den

Träger erfüllt sich ein Wunsch, über den sich nicht nur der Besitzer, sondern auch die nächste Generation freuen kann. Neue Ideen warten schon darauf realisiert zu werden.

„Jeder ist herzlich willkommen und soll sich in unseren Räumen wohlfühlen." Das meint auch die Kollegin Sybille Thomé. Sie ist die Fotografin im gemeinsamen Atelier. Ausdrucksstarke Gesichter, eine Familie auf dem Kornfeld, stimmungsvolle Szenerien in einem Schloss, antike Kunst … Sybille Thomé hat in drei Jahrzehnte langer Tätigkeit als Fotografin viele Menschen und Objekte vor der Kamera gehabt. Die Porträtfotografie aber ist ihr Steckenpferd, sei es das scheinbar konventionelle Einzel- und Gruppenbild, die reduzierte Schwarz-Weiß-Fotografie oder eine Fotosession für das Internet. Die beiden Frauen teilen sich nicht nur ein Atelier, sondern auch eine Vorliebe für die Einfachheit.

„Wenn man kreativ ist, muss man in viele Richtungen denken."

– Goldschmiedin Urte Benkert (li.) und Fotografin Sibylle Thomé

Skandinavische Akzente an der Regnitz

Originelles und frisches Design bildet in Bamberg einen reizvollen Kontrast zu den alten Steinen der Stadt. Seit 1990 verkauft Ulrike Müller Ausgefallenes und Schickes, ein breites Sortiment rund ums Wohnen. Im Juli 2010 ist ihr Laden noch ein Stück mehr ins Zentrum gerückt.

Licht + Design
Am Kranen 6
96047 Bamberg
Tel. 0951 / 22148
licht-design@gmx.de

Öffnungszeiten:
Montag bis Freitag
10 – 18 Uhr
Samstag
10 – 18 Uhr

„Mit dem Umzug ging für mich und meinen Partner Dirk Röbbel ein großer Wunsch in Erfüllung", sagt Ulrike Müller. Lange habe sie nach neuen Räumen in der Stadt gesucht. Und dann musste sie nur von einer Straßenseite zur anderen ziehen, von der studentischen Austraße in ein exponiertes Gebäude am „Kranen". Der Aufwand war dennoch beträchtlich. Denn dort, wo die Besucher heute ein moderner Design-Mix erwartet, eine freundliche und helle Atmosphäre, in der die Produkte stimmig zur Geltung kommen, befand sich zuvor eine Bankfiliale, die recht altbacken, mit drückenden Decken und goldenen Fensterrahmen, eingerichtet war. Die Sanierung und der Umzug brachte

„Licht + Design" als großzügiges Design-Fachgeschäft in eine optimale Lage. Die Fläche hat sich mit 200 Quadratmetern mehr als verdoppelt. Innen präsentiert das Geschäft nach Themenbereichen sortiert Leuchten, Möbel, Taschen, Schmuck, Uhren, Accessoires und Praktisches bis hin zu Haushaltsartikeln für die Küche. Draußen kommen im Sommer Gartenmöbel und Liegestühle hinzu. Die Produkte und die Marken sind vielfältig und verändern sich. Klassiker von Artemide, Foscarini, Alessi und Stelton sind genauso zu finden wie Objekte junger innovativer Firmen, z.B. muuto, HAY oder Pylones und natürlich die bunten Taschen von ZWEI. Klare, angenehme Formen bilden den gemein-

An exponierter Stelle im Weltkulturerbe: Licht + Design wartet mit modernen Objekten rund ums Wohnen auf.

samen Nenner. „Ausgefallen im Design, qualitativ hochwertig und einfach in der Handhabung", so beschreibt die Inhaberin den Stil des Geschäftes, den sie vor allem bei skandinavischen Designern wiederfindet und der sich auch mit ihren eigenen Vorlieben deckt. Das Leuchtensortiment, das mit dem Umzug beträchtlich erweitert wurde, wählt ihr Partner Dirk Röbbel aus. Er berät die Kunden in allen Fragen rund um das Thema Licht, gerne auch bei ihnen zuhause.

„Licht + Design" liefert deutschlandweit und bringt ein Möbelstück oder eine Lampe sogar persönlich vorbei. „Der Kontakt zu den Menschen in der Region ist uns sehr wichtig", so Dirk Röbbel. Schließlich stam-

Ulrike Müller und Dirk Röbbel (li.) beraten Kunden und liefern Bestellungen in der Region auch persönlich aus.

men viele Kunden aus der Metropolregion. Neben den beruflich Etablierten gehören zur Zielgruppe auch Schüler und Studenten, vermehrt zudem Touristen, die hier kleine Geschenke und Mitbringsel kaufen. „Licht + Design" hat für alle etwas und von allem etwas Besonderes.

Von Anfang an dabei –
oder zurück in die Zukunft …

Beides trifft zu, wenn es um neue Ideen und Umsetzungen geht.
Eva Hagen hat die Grundlagen der digitalen Welt praktisch im Betrieb
und durch ein Diplomstudium erlernt.

ADMService GmbH/
Hagen Digital Media

Holzgartenstr. 6-8
96050 Bamberg
Tel. 0951 / 131277
www.admservice.de
www.hagen-dm.de
info@admservice.de

Ihre Ausrichtung lag schon immer darin, die scheinbar unendlich vielen Facetten der digitalen und realen Welt geschickt miteinander zu verknüpfen und eine Lösung für Anwendungen zu komponieren.

Das aktuelle Projekt, an dem sie seit 2014 arbeitet, hat bei Partnern und Kunden großes Interesse gefunden. Einen Inkjetdrucker, der nach ihren Vorgaben eigens für sie gebaut wurde, erfüllt variable Funktionen im Direktdruck. im engeren Sinn bestand die Herausforderung zunächst darin, Naturleder zu bedrucken, wobei die Haptik und der Softtouch nicht verloren gehen durfte und eine hohe Farbbrillianz zu erreichen war.

Die Anwendung eignet sich darüber hinaus allerdings für x-beliebige Designs, auf ganz unterschiedlichen Oberflächen, von Naturleder bis hin zu Glas und Stahl.

Richtlinien der Spielzeug- und Automobilindustrie, zum anderen ist sie die einzige Farbe, deren Eignung für eine Lederbedruckung durch das Forschungsinstitut für Leder und Kunststoffbahnen (FILK) wissenschaftlich nachgewiesen ist.

Farbe richtig auftragen, dezent oder schrill, mit Glamour und Glitzer oder rein elementar, vorbereitet für die Weiterverarbeitung, heißt nicht nur Knopf drücken und los. Vielmehr liegt die Aufgabe im Wensentlichen in der Beratung und Kommunikation. Damit die Schnittstellen zwischen den einzelnen Zulieferern und Partnern heute und auch in Zukunft optimiert werden können. „You press the button we do the rest" – den Slogan von Kodak, der seit Jahrzehnten Gültigkeit bewahrt, hat sie sich für Ihre Arbeit zu eigen gemacht.

Lederbedruckung.

„Wir können fast alles bedrucken", betont Eva Hagen.
Die Zertifikation der Farbe basiert zum einen auf den strengen Vorgaben und

Die innerbetriebliche Abstimmung und der Austausch im Team sind maßgebend für den Erfolg der Idee und deren Umsetzung. Dies zeigt sich oft in der Ausfertigung, bei

Konzept und Umsetzung Messestand DERU Glaswarenvertrieb GmbH.

der immer wieder neue Herausforderungen gemeistert werden. Den Beitrag dazu legt der Kreative für sich selbst und in Eigenverantwortung fest.

Seit den 1990er Jahren haben sich in dem Unternehmen mit Sitz in der Wunderburg unterschiedliche Bereiche entwickelt. Vom ersten professionellen, digitalen Fotostudio über den ersten Großfor-

Gesamtkonzept Messestand RAK Luxembourg.

mat Digitaldrucker vor Ort und Service-Partner von Octanorm Messebausystem national bis hin zu 3D-Animationen und Grafik bietet das Team alles unter einem Dach, Agentur und Produktion eingeschlossen. Ein Eigenverlag sorgt dafür, dass es niemals langweilig wird. Darunter sind Werke wie die „Wunderburger"-Zeitung, jüngstes Beispiel „Hainblicke" und viele andere Publikationen erschienen.
Aufgrund Jahrzehnte langer Tätigkeit kann das Unternehmen in Sachen Druck und visuelle Kommunikation aus einem großen Erfahrungsschatz schöpfen, mit Leistungen, die nicht nur oberfrankenweit ihresgleichen suchen.

Mit dem Charme
der kleinen Abweichung

Es soll Menschen geben, die den
Feldbaumschen Laden wegen der
schiefen Tür für sich entdeckt haben.
Die einfach sehen wollten, ob sie sich
so wie jede andere öffnen lässt.

Feldbaum Laden
Obere Brücke 2-4
96047 Bamberg
Tel. 0951 / 2086200
info@feldbaum-
bamberg.de
www.feldbaum-
bamberg.de

Öffnungszeiten:
Montag – Freitag
9.30 – 19 Uhr
Samstag
9.30 – 18 Uhr

Ja, sie lässt sich. Und nein, sie ist bei weitem nicht das einzig Sehenswerte in dem Geschäft an der Oberen Brücke. Die schiefe Tür ist der Eingang zu einem bunten Reich der schönen Dinge. Eines, in dem jeder, der Freude hat an Wohnaccessoires in gediegenem Landhauslook, an Tischwäsche aus feinem Leinen, an zeitloser Mode und ebensolchem Zubehör fündig wird. Dazwischen immer wieder, wie eine schiefe Tür in einer wohl proportionierten Rokokofassade, kleine Skurrilitäten wie ein Königspudel aus weißer Keramik oder eine Tischleuchte, deren Schirm von einem Bären gehalten wird.

Den Herrscherinnen in dieser Enklave der Herzlichkeit, Tina Gabriel und ihrer Mutter Gertrud Feldbaum, gelingt die Gratwande-

rung, ihren persönlichen Geschmack und den der Kunden zusammenzuführen. Obwohl die beiden das gar nicht als besondere Leistung sehen: „Wir kaufen nach Gefühl", erklärt Gertrud Feldbaum, „ich sehe ein Produkt und weiß, das passt." Dem Konzept, besondere Geschenkideen zu bieten, sind sie seit der Eröffnung im Jahr 2000 treu geblieben. Deswegen verkauft Feldbaum auch einige Kindersachen, wie Decken aus Naturmaterial und Bademäntel, Seifen und Kosmetik von Bronnley und Knize sowie Potpourris und Sachets von Greenleaf und Maryse de Paris. Weil der Feldbaum-Stil so gut ankommt, mieteten die Betreiberinnen 2008 das Nachbargeschäft dazu. Dessen Eingangstür ist zwar ganz gerade, aber dahinter verströmt es ebenso viel Flair wie das Ur-Feldbaum.

Ein Geschäft wie zum Anschmiegen, nicht nur dank der bekannten schiefen Tür.

„Wir mögen's durchaus traditionell", sagt Gertrud Feldbaum. Es ist aber ein Traditionsbewusstsein, das vor Originalität keine Angst hat. Das merkt man ganz deutlich beim wichtigen Sortimentsbereich Schmuck. Hier gibt es neben den eher klassischen Stücken des Pegnitzers Thomas Sabo und den erfolgreichen Sammelarmbändern von Pandora wildbunte Halsketten der israelischen Designerin Ayala Bar oder Taschen aus Frankreich von Longchamp, gewalkte Jacken von deutschen und österreichischen Herstellern, ebenso feinste Baumwollblusen und Nachtwäsche. „Unser Laden spiegelt unser Wesen wider", meint Gertrud Feldbaum.

Natürlich nicht nur beim Sortiment. Auch die Art, wie die Ware präsentiert wird, hat einen ganz eigenen Charme. Der wird stark vom mittelalterlichen Grundriss des Gebäudes geprägt. Bei der Sanierung zwischen den Jahren 1999 und 2001 wurde die historische Bausubstanz in vorbildlicher Weise bewahrt. Dafür gab es 2002 den Denkmalpflege-Preis der Hypo-Kulturstiftung. Was die Regnitz in sechs Jahrhunderten geschaffen hatte, blieb unangetastet: die Schieflage des Hauses. Sie entstand, weil ein Teil des Fundaments im nachgiebigen Uferschlamm ruht. Ein bisschen schief ist alles im Feldbaum, vom Dielenfußboden bis zu den Deckenbalken. Und auch das Nachbarhaus überrascht mit Ecken und Winkeln, die zum Stöbern einladen. Das alles zu den Klängen klassischer Musik, die so heiter ist wie das Lächeln der steinernen Kunigunde draußen auf der Brücke, und begleitet von Verkaufspersonal, das so freundlich wie unaufdringlich ist. Es lohnt sich, die Tür aufzumachen.

„Unser Laden spiegelt unser Wesen wider."

– Gertrud Feldbaum und Tina Gabriel (li.)

Magie
zum Verschenken

Zauberhaft
Karolinenstr. 17
96049 Bamberg
Tel. 0951 / 3090818
www.zauberhaft-
bamberg.de
info@zauberhaft-
bamberg.de

Öffnungszeiten:
Montag bis Samstag
10 – 18 Uhr

Ob man hier nachts das Schwirren von Flügeln und den Klang silberner Glöckchen hört? Das Geschäft „Zauberhaft" in Bambergs Karolinenstraße ist schon tagsüber so voller Magie, dass man gerne mal zum Vollmond-Einkauf käme.

Dann, so stellt man sich vor, erzählen sich all die Engel und Feen, die im Erdgeschoss des Ladens auf Käufer warten, Geschichten von der Hexe Amalia von Bamberg, die im geheimnisvollen Gewölbekeller des Geschäftes lebt. Das „Zauberhaft" bringt seinen Besucher eben schon bei Tageslicht auf die seltsamsten Gedanken. Das liegt, natürlich, auch am Gebäude.

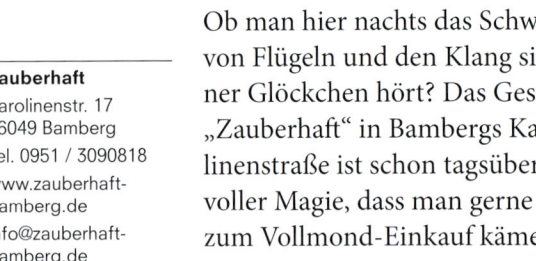

„Ich will Dinge verkaufen, die das Herz berühren."
– Sabine Spars

Es wurde 1188 zum ersten Mal erwähnt, und ist damit, wie die „Zauberhaft"-Inhaberin Sabine Spars stolz berichtet, das älteste dokumentierte Wohngebäude in der Domstadt. Die Besitzer, die es 1997 renovierten, waren so klug, Zwischenwände und sogar ein Innenfenster stehen zu lassen. Im hinteren Teil wurde die originale Ofenstelle freigelegt, samt rußgeschwärzten Steinen und Holzbalken, die so alt sind, dass sie ihrerseits versteinert sind. Die

Ecken und Winkel hat Sabine Spars mit den erwähnten überirdischen Flügelwesen gefüllt – und mit Ideen zum Schenken und Wohnen, die skurril sind, nostalgisch und sehr speziell.

„Ich will Dinge verkaufen, die das Herz berühren", sagt Sabine Spars. Als sie im März 2010 eröffnete, habe ihr ein „Seelen-Laden" vorgeschwebt. Einer, der die zwei Seiten des Menschen anspricht: die helle, freundliche und, im steinernen Kellergewölbe, die dunkle, tiefe. Deswegen wird oben im reizvoll verwinkelten Ambiente die weibliche Seele mit Modischem wie den handgefertigten Taschen von Dorothee Lehnen oder dem bunten Schmuck der Israelin Ayala Bar gestreichelt. Steigt man – oder frau – die steile Treppe ins Gewölbe hinab, finden sich für die mystischen Momente im Leben Feuerschalen, Glockenspiele oder Tarotkarten. Und die Hexe Amalia? Die ist in den Kopf von Sabine Spars geschwebt, als sie wusste, dass sie das „Zauberhaft" machen würde. Eine Hexe, die sich in der einstigen Inquisitionsstadt Bamberg wohl fühlen würde, ein zauberhaft selbstbewusstes Geschöpf: „Ein bisschen eine moderne Business-Hexe", lacht Sabine Spars. Die weise, kräuterkundige Hexe, die ihren Namen der Goethe-Leidenschaft ihrer Schöpferin verdankt, schmückt das Logo des Geschäftes sowie Tassen, Kräutertees, Zauberblüten, Schokolade, T-Shirts, Rucksäcke, Postkarten und sogar Bierkrug-Deckel – neue Bamberg-Souvenirs, die schon viele Einheimische und Touristen verzaubert haben.

Mystischer Gewölbekeller und zauberhafter Laden.

Die Optik macht's

Passt der Schal zur Sonnenbrille? Und wie sieht es mit der Halskette oder der Handtasche aus? Bei Kastner On Stage werden Fragen wie diese beantwortet – das Team um Ute Adam-Lamprecht hat im wahrsten Sinne des Wortes Augen für die Mode.

Optik Kastner On Stage

Keßlerstr. 6
96047 Bamberg
Tel. 0951 / 981060
www.optik-kastner.de
info@optik-kastner.de

Öffnungszeiten:
Montag bis Mittwoch
9.30 – 18 Uhr
Donnerstag
und Freitag
9.30 – 18.30 Uhr
Samstag
10 – 16 Uhr

Nicht von ungefähr liegt das Geschäft für die trendigen i-Tüpfelchen genau gegenüber von Optik Kastner in der Wallenstein-Passage am Ende der Fußgängerzone gleich beim berühmten Gabelmann-Brunnen. Traditionscafés liegen um die Ecke – der Standort ist bestes Bamberger Einzelhandelspflaster. Auf eine stolze Tradition kann auch Optik Kastner zurückblicken. Ernst Kastner, Urgroßvater von Ute Adam-Lamprecht, gründete das Unternehmen 1896. Sein Sohn Willy brachte mit dem Bau der exklusiven Wallensteinpassage Großstadtflair nach Bamberg. Unter der Führung von Brigitte Adam, Tochter von Willy und Elisabeth Kastner, verbesserte das Unternehmen Kastner nicht nur das Sehen der Bamberger, sondern auch das Hören. Spätestens seit Brillen ein modisches Accessoires wurden, korrigieren sie nicht nur die Sehstärke, sondern unterstreichen den Typ des Trägers und der Trägerin. Die Entscheidung der Optik-Profis Ute

Adam-Lamprecht und Werner Lamprecht, mit Kastner On Stage ein Geschäft für Mode und Accessoires einzurichten, war also nur logisch. Dort findet man eine feine Auswahl schöner Dinge fürs feminine Styling. Taschen von u.a. Furla oder Gabs aus Florenz sind zu finden, wie Schuhe von Pretty Ballerina und Sonnenbrillen von Tod's. Mode aus Italien von Twin Set, aus Dänemark ,Graumann' und das deutsche Label Grace. Newcomer entdeckt Ute Adam-Lamprecht auf Messen in Berlin, Düsseldorf oder München. „Die sportliche, klassische Frau mit viel Freude an aktuellen Modetrends" seien ihre Kundinnen. Ute Adam-Lamprecht legt bei allem Trendgespür Wert auf Qualität und Funktionalität. „Ich komme einfach aus der Feinmechanik", lächelt die Augenoptikermeisterin, „ich muss die Wertigkeit der Verarbeitung spüren." Dieser Blick für Details kommt den Kundinnen zugute, die sich bei Kaster On Stage guten Gewissens allein von der Lust an der Optik leiten lassen können. Ihre Partner übrigens auch – Geschenk suchenden Männer sei das Geschäft als Geheimtipp empfohlen.

„Augenoptikermeister haben ein gutes Auge für Mode."

– Ute Adam-Lamprecht und Werner Lamprecht

Der Stoff, aus dem Legenden sind

Die Person und die Marke Levi Strauss

von
Oliver van Essenberg

Ein auf den ersten Blick unauffälliger Brief löste in Buttenheim im Frühjahr 1983 die Entdeckung aus, dass der Ort einen äußerst berühmten Sohn aufzuweisen hat: Levi Strauss. Eine Frau aus Milwaukee wandte sich an den damaligen Bürgermeister der Marktgemeinde, da sie eine Ausstellung über berühmte deutsche Einwanderer in die USA organisierte.

Bis zu diesem Zeitpunkt wurden die Wurzeln der Familie Strauss im fränkischen Bad Windsheim vermutet. Nachforschungen im Geburtsmatrikel der Buttenheimer Judengemeinde und eine Auswanderungsurkunde aus dem Staatsarchiv Bamberg belegten schließlich: Der Mann, der als Vater der bekanntesten Jeans aller Zeiten gilt, ist ein echter Buttenheimer.

In der Geschichte gibt es immer wieder die Tendenz, viele Entwicklungen aus unterschiedlichen Zeiten einer Person zuzuschreiben. So entstehen Legenden. Sie haben oft einen wahren Kern, stimmen aber nicht immer mit den historischen Tatsachen überein. Um es gleich vorwegzunehmen: Levi Strauss hat den Stoff für die Jeans weder erfunden noch selbst gewebt; denn der eng verwobene, strapazierfähige Baumwollstoff wurde schon im 17. Jahrhundert in der französischen Stadt Nimes gehandelt – aus der Herkunftsbezeichnung „de Nimes" leitet sich der Namen für den Jeans-Stoff „Denim" ab. Strauss verwendete für die vernieteten Hosen, die in den Anfangsjahren ab 1873 noch „Waist Overalls" hießen, daher auch kein Segeltuch, wie immer wieder behauptet wurde. Diese Legende brachten Marketingleute des Unternehmens selbst in Umlauf, weil sie die Jeans mit Freibeutertum und Goldgräber-Stimmung in Verbindung bringen wollten. Heute bemüht man sich dagegen

um historische Aufklärung. Korrekt ist allerdings, dass Strauss etwa zeitgleich mit der Vermarktung der „Waist Overalls" in seinem Handelshaus auch Segeltuchhosen verkaufte. So viel zur Legende.

Levi Strauss, der 1829 in Buttenheim geboren wurde und in bitterarmen Verhältnissen aufwuchs, war enorm geschäftüchtig. Er stieg zunächst in den Großhandel für Textilien und Kurzwaren ein, den seine beiden älteren Halbbrüder in New York betrieben. 1853 gründete er in San Francisco eine Niederlassung. Sein Unternehmen belieferte Einzelhandelsgeschäfte mit allem, was die Minenarbeiter und Pioniere des damals noch wilden Westens benötigten, von Zahnbürsten hin zu Hosenträgern, Knöpfen oder dem feinen Sonntagsanzug. Das junge Unternehmen florierte, die Firma „Levi Strauss" hatte bald Kunden im gesamten amerikanischen Westen.

Die Jeans als Co-Produktion

Die Jeans entstand im Grunde recht unspektakulär. Mündlichen Überlieferungen zufolge erhielt Levi 1872 einen Brief von Jacob Davis, einem Schneider aus Reno, Nevada. Davis kauft regelmäßig Tuchballen von Levi Strauss. Der Schneider verstärkte erstmals besonders strapazierte Stellen der Arbeitshosen, z.B. die Ecken der Taschen und das untere Ende des Hosenlatzes, mit Metallnieten. Er suchte nach einem

Das Geburtshaus von Levi Strauss (unten), ein denkmalgeschütztes Fachwerkhaus aus dem Jahr 1687, glich einer Ruine, als es die Marktgemeinde Buttenheim ab 1987 renovierte und in ein Museum umwandelte.
Der „Vater" der Jeans wurde als Löb Strauss in Buttenheim geboren. Bis 1853 amerikanisierte der Auswanderer seinen Namen in Levi.

Geschäftspartner, der ihm half, seine Erfindung in großem Stil zu vermarkten. Levi Strauss war genau der richtige Mann für diese Aufgabe. Zusammen mit Davis meldete er ein Patent auf das Produkt an. Genau genommen hätten die Hosen daher auch „Davis" oder „Davis Strauss" heißen können.

Was also bleibt von der Legende um die Person Levi Strauss außer der Verkörperung des amerikanischen Traums? Viel! Ein Weltunternehmen, das sich nach wie vor in Familienbesitz befindet. Der kinderlose Firmengründer vermachte sein Lebenswerk an seine vier Neffen. Zudem stellte Strauss beträchtliche Summen für Stiftungen, Schenkungen und wohltätige Einrichtungen zur Verfügung. Bis heute gehen 28 Stipendien an der University of California in Berkeley auf ihn zurück, die in den Anfangsjahren speziell auch Frauen das Studieren ermöglichten.

Jeans und Kult

Erhalten bleibt natürlich auch der mit seinem Namen verbundene Kult um die Jeans. Erleben konnte ihn der 1902 verstorbene Firmengründer allerdings nicht mehr. Erst in den 30er Jahren wurde die Arbeitshose als Souvenir von Urlaubern der amerikanischen Ostküste gekauft und daraufhin auch in der Freizeit getragen. Nach dem Zweiten Weltkrieg war der Weg frei für

Im Levi Strauss-Museum wird die Entstehung der Jeans erlebbar. Filme, Tondokumente, umfangreiches Bildmaterial und eine Sammlung verschiedener historischer Stücke widmen sich dem blauen Baumwollstoff.

den weltweiten Durchbruch des Exportartikels. Jeans, ob Jacke oder Hose, wurden zu einem Zeichen jugendlicher Lässigkeit. Sie wurden kunstvoll bestickt, geflickt, absichtlich zerrissen und waren nicht selten begehrtes Tauschmittel. Inzwischen dienen sie weniger der Abgrenzung vom elterlichen Lebensstil als vielmehr der Anpassung an unterschiedliche Moden. Selbst namhafte Designer und die Hersteller nobler Textilien haben ihre Jeans-Label.

Im Buttenheimer Geburtshaus von Levi Strauss, wo seit September 2000 das „Museum Jeans und Kult" untergebracht ist, dreht sich alles um das Symbol „Levis". In den Vitrinen werden ausgewählte Exemplare aus den 30er Jahren bis zu jüngsten Produktionen, z.B. die „I-Pod-Jeans", gezeigt. Die Besucher bekommen Einblicke in jüdisches Leben auf dem Land, in die Situation der Auswanderer, die Anfänge der Textilindustrie und in das Phänomen jugendlicher Begeisterung für ein Kleidungsstück. Über die einmalige Biographie hinaus wird somit eine einflussreiche Entwicklung in der jüngsten Kulturgeschichte sichtbar.

Für den 501-Kunden und den Liebhaber

**Levi Strauss
Museum und Shop**

Marktstr. 33
96155 Buttenheim
09545 / 442602
www.levi-strauss-
museum.de

Öffnungszeiten:
Museum und Shop

Dienstag und
Donnerstag
14 – 18 Uhr

Samstag, Sonntag
und Feiertage
11 – 17 Uhr

Der Levi Strauss-Shop bringt Markenklassiker mit etwas spezielleren Artikeln zusammen.
Der Flaschenöffner (Bild links unten) ist nur eines von mehreren Souvenirs.

Es gibt kaum ein Land der Welt, aus dem nicht schon mindestens ein Gast das Levi Strauss-Museum in Buttenheim besucht hat, darunter, wie nicht anders zu erwarten, viele Amerikaner und englischsprachige Gäste. Ein solcher Besuch weckt unweigerlich Kaufwünsche und daher kann vor oder nach dem Gang durch die Ausstellung auch diese Lust bedient werden. Neben der Basis-Kollektion mit Klassikern wie der 501-Jeans sowie Shirts und Hemden führt der Shop „Levis Vintage Clothing". Dabei handelt es sich um originalgetreue Kopien historischer Modelle, die in den Archiven des Unternehmens verwahrt werden. Für die Nachbildung dieser Produkte reist jedes Jahr ein Designer-Team in San Francisco an, sucht sich Modelle heraus und fertigt Repliken an. Das kann eine Jeans-Jacke sein, wie sie Marlon Brando 1957 getragen hat, eine Hose, die früher häufig von Harley-Davidson-Fahrern angezogen wurde oder auch die „Shrink-to-Fit-Jeans", die in der Badewanne getragen auf die richtige Größe eingeht – in jedem Fall ist es immer eine Besonderheit, die es in der näheren Umgebung auch nur hier zu erwerben gibt.

Mit dem Kauf eines Artikels aus dem Souvenir-Angebot (Geldbeutel, Taschen, Flaschenöffner, Tassen etc.) bzw. eines Kleidungsstückes tut man übrigens auch etwas für die Kultur: Der Shop wird von einem Förderverein auf teils ehrenamtlicher Basis betrieben, wobei alle Gewinne ins Museum fließen. Durch den im Frühjahr 2011 fertig gestellten Umbau befindet sich das Geschäft nicht mehr wie bislang 200 Meter vom Museum, sondern nur noch wenige Schritte von den Schauräumen entfernt.

169

Zwei Männer ziehen Leute an

Bei einer guten Flasche Wein können die tollsten Ideen entstehen. Etwa, gemeinsam eine Boutique zu eröffnen, um damit das Einkaufen in der Altstadt Bamberg noch anziehender zu machen.

A.P. Männer
Karolinenstr. 6
96049 Bamberg
Tel. 0951 / 56589
info@ap-maenner.de
www.ap-maenner.de

Öffnungszeiten:
Montag bis Freitag
10 – 18 Uhr
Samstag
10 – 18 Uhr

ALI er & sie
Obere Brücke 7
96049 Bamberg
Tel. 0951 / 21808
www.ali-shop.de

Öffnungszeiten:
Montag bis Samstag
10 – 18 Uhr
Donnerstag bis 19 Uhr

A und P steht für Ali und Pötzi – zwei Grand Messieurs der Bamberger Szene, die seit vielen Jahren eine enge Freundschaft verbindet und seit dem Frühjahr 2008 auch eine gemeinsame Boutique für Herrenmode in der Karolinenstraße, „A.P. Männer" – ein schlichter Name, über den sie jedoch lange grübelten, wie Ali Ergin verrät. „Wir wollten damit eine Marke schaffen – mit unseren beiden Initialen, so wie wir in Bamberg bekannt sind", erinnert sich der Inhaber der etablierten ALI-Boutique, die sich nur wenige Meter weiter an der Oberen Brücke befindet. „Die räumliche Nähe zwischen Alis Mode-Geschäft und A.P. Männer war gewollt", ergänzt Helmut Pötzinger, dessen sonore Stimme vielen Bambergern vertraut ist: Jahrelang hörte man „Pötzi" als Moderator des ehemaligen Privatsenders „Radio Regnitzwelle". Die fröhlich-herzliche Modeberaterin Inez Peters aus Amsterdam, die bei „A.P. Männer" arbeitet, bildet eine weitere Verbindung zwischen den beiden Geschäften, denn zuvor war sie lange Jahre bei „ALI er & sie" tätig.

„Wer zu uns kommt, weiß, dass er auf Wunsch eine ‚textile Komplettlösung' erhält."

– Helmut Pötzinger (li.) und Ali Ergin

Mit der gemeinsamen Boutique schufen die zwei Szene-Kenner zusätzlichen Raum für stilsicher ausgewählte Herrenmode, für die Alis Altstadtgeschäft nicht mehr genügend Platz bot. Das Angebot ist exklusiv und umfasst renommierte Marken (z.B. Moncler, Ralph Lauren, Timberland, Belstaff, Baldessarini Jeans, Armani Collezioni, Gant und 7Forallmankind). „Unser Kundenkreis ist weit gefächert und sehr treu", erzählt Ali, der sich über

den hohen Stammkunden-Anteil sichtlich freut. Die gemütlichen Altstadt-Adressen fahren sogar Damen und Herren aus Bayreuth, Kronach, Coburg und Nürnberg an. „Wer zu uns kommt, weiß, dass er auf Wunsch auch eine ‚textile Komplettlösung' erhält", beschreibt Helmut Pötzinger das Erfolgskonzept. Tatsächlich führen beide Boutiquen zeitlose Mode für Männer jeden Alters sowie in jeder Größe und Weite von S bis XXXL. Als Quereinsteiger verlässt sich Helmut Pötzinger auf das Know-how seines erfahrenen textilen „Lehrmeisters" Ali, kann aber in Sachen guter Geschmack durchaus mitreden.

Die Atmosphäre, die sich beim Einkaufen in einem denkmalgeschützten Haus mit einem schönen Inneren einstellt, lässt sich in beiden Boutiquen, verstärkt bei „ALI er & sie" erleben. Frauen und Männer können sich hier in drei Etagen von oben bis unten individuell passend einkleiden, vom Schuh bis zur Kappe, vom Blazer bis zu Accessoires. Dabei haben die beiden bekennenden Liebhaber der Bamberger Altstadt noch mehr zu bieten als exklusive und komfortable Artikel. „Unsere Geschäfte sollen ein Treffpunkt sein für Gespräche und Kontakte", lächelt Ali. „Jeder ist eingeladen vorbeizuschauen, und sei es nur zu einem Espresso und einem Plausch über Fußball oder andere wichtige Nebensachen des Lebens."

Wie wohl fühlt man sich in klassisch-sportlicher Mode? Eine Antwort geben „A.P. Männer" und „ALI er & sie".

Absatz
z.B. Schuhe

Zum Beispiel aber auch Taschen, Gürtel, Handschuhe,
Geldbeutel, Schals und andere Accessoires...
Umsehen. Anprobieren. Entspannen.
Wer Inspiration sucht, kommt gerne hierher.
Wer es liebt, sich mit schönen Dingen zu schmücken, auch.

Absatz
z.B. Schuhe
Anne
Dornisch-Dähndel
Lange Straße 31
96047 Bamberg
Tel. 0951 / 200503
www.absatz-
schuhe.de

Öffnungszeiten:
Montag bis Freitag
9.30 – 18 Uhr
Samstag
10 – 16 Uhr

Viele Frauen und nicht wenige Männer wissen, wie schwierig die Suche nach dem richtigen Schuh sein kann. Umso mehr schätzen sie den „Absatz". Der kleine, hübsche Laden, der hinter einem großen Fensterbogen aus Sandstein liegt, hat sich nicht nur unter heimischen, sondern auch bei auswärtigen Kundinnen und Kunden als erstklassige Adresse für Schuhe und modische Accessoires etabliert. Selbst von Besuchern aus München, Köln und Berlin erhält das Geschäft viel Zuspruch, wie die Inhaberin Anne Dornisch-Dähndel verrät, die von den allermeisten einfach nur Anne genannt wird. Sie und ihre Mitarbeiterinnen dürfen sich nicht zu Unrecht auch ein wenig als Trendsetterinnen sehen. „Wir schwimmen nicht auf der Welle des Mainstreams, sondern immer ein Stück voraus", sagt die Händlerin über ihre stets aktuelle und treffsicher ausgewählte Kollektion. „Unsere Kundschaft kann sich darauf verlassen, Qualität und Originalität zu erwerben." Zum Beispiel Schuhe von begehrten Labels, die man anderswo vergebens sucht. Seit Anfang der 90er Jahre ist der „Absatz"

> *„Wir schwimmen nicht auf der Welle des Mainstreams, sondern immer ein Stück voraus."*
>
> – Anne Dornisch-Dähndel

in der Bamberger Innenstadt präsent, anfangs an der Austraße, heute in einem Bürgerhaus in der Langen Straße. Das Angebot verbindet das Extravagante und Trendige mit der Tradition. Gibt es für die Auswahl strenge Prinzipien? „Wir sind nicht auf eine Richtung festgelegt", führt die Inhaberin aus. „Aber beliebig sind wir auch nicht." Alles, nur nicht gewöhnlich, könnte ein Motto des Geschäfts lauten. Egal, ob Stiefel, Stilettos, Pumps oder Ballerinas für die Frau. Ob Turnschuhe oder rahmengenähte Budapester für den Mann. Um ihren Qualitätsanspruch zu erfüllen, schwört Bambergs bekannteste Schuh-Expertin auf die Arbeit kleiner Manufakturen aus den Mutterländern der Fußbekleidung, Italien und Spanien.

Schuhe, Taschen, Gürtel und mehr - alles, außer gewöhnlich.

Die Attraktivität des Geschäfts hängt allerdings nicht nur mit dem Angebot passender Schuhe, den geeigneten Taschen und den richtigen Gürteln zusammen. Frauen wie Männer fühlen sich bei Anne und ihren Mitarbeiterinnen wohl. In familiärer und entspannter Atmosphäre werden sie kompetent und unterhaltend beraten. „Die meisten Kunden kommen ohne konkrete Vorstellung in den Laden", weiß Anne Dornisch-Dähndel. Oft würden der Moment, die Inspiration und das Gespräch den Ausschlag für den Kauf geben. Auf diese Weise wird der Besucher zum Entdecker. „Manche kommen auch einfach mal vorbei, um sich vom Einkaufstrubel in der Stadt zu erholen", sagt die Anne und lacht. Und spätestens ist jetzt klar, warum viele so gerne im Absatz sind.

Wörter-Blumen

Redensarten und Sprichwörter vom süßen Leben

von
Rolf-Bernhard Essig

Einfache Sätze versteht man gut.
Hörten wir aber nur Fakten und Floskeln,
wäre der Alltag gar zu grau.
Wie gut, manchmal etwas durch die Blume
sagen zu können.

»... die leben auf großem Fuß!«

»*Alles in*

... sonst ist es Essig ...

Das war im alten Rom schon so, wo jeder Gebildete das Ausschmücken der Rede mit „floscula" zu lernen hatte. Das Wort heißt „Blümchen". Hübsche Wörter zierten die Rede wie Blumen das Zimmer. Ins Deutsche kamen diese Blumen natürlich auch. Doch manche sahen sie nur als Versatzstücke an, beschimpften sie gar als Floskeln. Und weil das Sprechen durch die Blume die wahren Absichten dahinter verbergen konnte, wünschten sich viele lieber ein unverblümtes Sprechen.

Die Bamberger Gärtner gehörten als ehrliche, direkte und fleißige Menschen sicher dazu. Trotzdem wussten sie immer schon, wie man Süßholz raspelt. Sie bauten Glycyrrhiza glabra an, und zwar so erfolgreich und in so guter Qualität, dass Bamberg berühmt für sein Süßholz wurde. Als Heilmittel kennt man es seit der Antike, ja bis heute. Ebenso werden lange schon Süßmittel und Näschereien wie Lakritze daraus hergestellt. Weil ein Verliebter immer nur schön tut und süße Schmeichelreden führt, verglich man die Tätigkeit seiner Zunge mit der Zerkleinerung des Süßholzes.

Auf Rosen gebettet sind die Gärtner heute leider nicht mehr, die über Jahrhunderte gut von ihren Erzeugnissen leben konnten. Man möchte die wenigen, die immer noch globaler Konkurrenz trotzen, direkt über den grünen Klee loben. Der Ausdruck stammt aus dem Mittelalter, als die Minnesänger immerfort die Frische und Saftigkeit des Frühlingsklees als Nonplusultra – das heißt wörtlich „nicht darüber hinaus" – in ihren Liedern priesen. Noch mehr zu loben, erscheint deshalb als eine Übertreibung. Außer es geht um die „Bamberger Hörnla". Diese Kartoffelsorte kann man gar nicht genug loben.

Genauso die anderen „Bamberger Hörnla", bei denen natürlich alles in Butter ist. Einerseits entsteht diese Qualitätsbezeichnung mit der Erfindung der Margarine 1875, denn man betont, dass alles in guter Butter gebraten und gekocht ist. Andererseits gibt es die Vermutung, es könne mit

»Aha, er raspelt Süßholz!«

Ich will gleich reinen Wein einschenken ...

Butter!«

... sie lobt Ihn über den grünen Klee.

dem Transport kostbarer venezianischer Gläser über die Alpen zu tun haben. Die umhüllte man nämlich in Fässern mit flüssiger Butter, so dass man sie nach dem Erkalten sicher und fest gelagert hatte. Aus solchen Prachtgläsern trank sich Wein weit eleganter als aus den alten Zinnbechern. Man sah auch gleich, ob einem reiner Wein eingeschenkt wurde. Das war nicht selbstverständlich in Zeiten geringerer Hygiene und konnte so zur Redensart für das Sagen der Wahrheit werden. Es hieß ja seit alter Zeit: In vino veritas. Also: Im Wein ist Wahrheit. Der Alkohol löste einem einfach die Zunge. Passte man nicht auf, kippte der Wein allerdings um. Dann war es Essig mit ihm. Natürlich konnte man die Essiggärung auch absichtlich herbeiführen und besten Aceto balsamico herstellen.

Der findet sich leicht auf dem Präsentierteller wieder. Das edle Stück durfte in keiner modischen Wohnung fehlen und diente dem Herumreichen der köstlichen Speisen.

Kein Wunder, dass er redensartlich wurde fürs allgemeine Angestarrt-Werden. Kostbares Geschirr konnte sich natürlich nur leisten, wer auf großem Fuß lebte. Dahinter steckt die Mode im mittelalterlichen Burgund, wo man Schnabelschuhe trug. Je reicher und bedeutender einer war, um so längere durfte er tragen.

Waren sie zu groß und teuer, riskierte man eine Gardinenpredigt, die sich vom Ort ehelicher Zwiegespräche hinter den Vorhängen prächtiger Bettstätten, wie man sie sich vor 150 Jahren leistete, herleitet. Einer guten Ehe schadet ein Tadel an dieser Stelle nicht, denn das Sprichwort weiß: Liebe und Ringe sind endlose Dinge. Für ein glückliches und schmuckes Paar wird das Leben dann sicher dem gleichen, was wir von Federico Fellinis Filmtitel in eine deutsche Redensart verwandelt haben: ein reines dolce vita.

Kunst
Kultur
Natur

Skulptur von Ingo Maurer in der Dominikanerkirche.

Bamberger Eintracht

*Die Villa Concordia bringt internationale Kunst
zum Leuchten*

von Nora Gomringer

Würden Drachen noch die Schätze bewachen, die seit Urzeiten tief
verborgen in Felsen und alten Gebirgszügen von Zwergenhand eingelagert wurden, würden Riesen vielleicht noch die Lande durch-
wandern und hie und da bei ihrer Reiseplanung und beim Blick auf
die kleinen Orte und Siedlungen der Menschen eine Lupe zur Hand
nehmen, dann würden sie recht schnell – auch durch einen speziellen Duft geleitet – Bamberg entdecken.

Wenn sich das Wetter ändert, duftet ganz
Bamberg nach Malz. Zwei Mälzereien
nahe den Bahnschienen, zwei extravagante
Gebäude aus rotem Backstein, sind mitunter der erste Eindruck, der sich von der
im Mittelalter begründeten Stadt ergeben
will. Erst später sind es die italienischen
Anklänge, die sieben Hügel, das fränkische
Römertum, die Gärten und in ihnen die
Zwiebeln, die Bohnenkerne, das Süßholz,
die für Beinamen sorgen, ausgesprochen
mit großer Achtung und genießerischer
Daseinsfreude.

Riesen fallen in Bamberg selten ein, aber
Massen tun es. Sommer- und Herbstrei-
sende entdecken diese kleine, feine Stadt
mit Wonne und fungieren als Zeugen ihrer
Schönheit, Unversehrtheit in der Welt.
Vor allem in der Schweiz, in Japan und
den USA gedenkt man Bambergs Schätzen
gerne. Diese Schätze sind mannigfaltig und
sicher nicht von Zwergenhand geschaffen
und bewacht. Der Freistaat Bayern hält
über die Bamberger Symphoniker – Bayerische Staatsphilharmonie teilweise und über
die Institution des Internationalen Künstlerhauses Villa Concordia zur Gänze seine
fördernde Hand. Das Künstlerhaus wurde
von Ministerpräsident Edmund Stoiber
Ende der 1990er Jahre erdacht, geplant und
mit nicht unerheblichem administrativem
und logistischem Aufwand realisiert.

Die Orangerie Nature
von Roland Schön
im Villa Garten, 2015
(Temp. Installation).

Besucher einer Ausstellung des ehemaligen Stipendiaten Franziskus Wendels.

Bambergs Altbürgermeister Herbert Lauer hatte Edmund Stoiber die Vision von der Künstlerresidenz in Bamberg eingegeben, nachdem bereits Pläne für andere Örtlichkeiten kursierten. Es stünde eine alte Bürgervilla aus dem 18. Jahrhundert, nämlich das Wasserschloss des Johann Ignatz Tobias Böttinger zur Verfügung und böte sich an, Heim- und Arbeitsstätte für alljährlich 12 Künstler aus zwei Nationen zu werden. Concordia hieße die Villa – Eintracht würde also bereits im Namen beschert sein. Ein gutes Omen! In Erbpachtnahme übernahm der Freistaat das Gebäude, investierte Millionen in seine Renovierung, den Ausbau und die Einrichtung von Dienststelle, Wohnungen und Ateliers.

Am schönsten Sackgassenende

Mittlerweile ist die Institution in zwei stattlichen, staatlichen Gebäuden untergebracht: dem Neuen Ebracher Hof am Unteren Kaulberg, quasi Bamberg Central, und in der Villa Concordia, „dem Licht" am schönsten Sackgassenende der Stadt. Dort begegnen sich für elf Monate Aufenthaltsstipendium Künstlerinnen und Künstler, die zur Hälfte aus Deutschland und zur Hälfte aus einem anderen Land anreisen, eingeladen vom Minister für Bildung und Kultus, Wissenschaft und Kunst. Bildende Künstler, Literaten und Komponisten präsentieren ihre Werke einer interessierten Öffentlichkeit bei Veranstaltungen in der Villa oder außerhalb zum Teil mit namhaften Kooperationspartnern und mit stets internationalem Augenmerk.

In Bamberg und weit über seine Grenzen hinaus zu wirken, das ist eines der explizit vermittelten Anliegen der Institution. Dem kann durch die Arbeit mit Kunst leicht beigekommen werden. Künstlerinnen und Künstler gestalten ihre Umwelt aktiv mit, wie nur wenige Berufsstände. Gründungsdirektor Prof. Dr. Bernd Goldmann übernahm 1997 die Geschäfte – damals noch von einer angemieteten Lokalität am Schillerplatz aus – und begleitete Umzug und Einzug der Institution in die mit Stuck verzierten Räume des Wasserschlosses in den ersten Jahren des 21. Jahrhunderts, das dem Haus Gäste wie die Nobelpreisträgerin Herta Müller, die Trägerin des Goslarer Kaiserrings Wiebke Siem und den für den Turner-Preis nominierten Luke Fowler bescherte. Bernd Goldmanns große Auftaktaktionen von Großplastikenausstellungen im öffentlichen Stadtraum

Centurione von Igor Mitoraj.

Seit 2012 setzt eine Fähre zum Villa-Garten und an den Leinritt über. Ein Projekt des Don Bosco Jugendwerks macht's möglich.

erwarben Bamberg umgehend die Beachtung der internationalen Kunstwelt.

Ecce! Bamberg hat nun ein Künstlerhaus von staatlichem Format. Fernando Botero, Joannis Avramidis, Igor Mitoraj, Erwin Wortelkamp, Bernhard Luginbühl und Markus Lüpertz wurden ausgestellt und nach jeder Ausstellung kauften engagierte Bürger, zum Teil im Verbund mit dem Verein der Freundinnen und Freunde des Internationalen Künstlerhauses Villa Concordia, je eine Skulptur an, die in der Stadt verblieb und mittlerweile bildprägend ist (siehe Beitrag auf Seite 202). Seit 2010 leite ich das Haus als seine Direktorin. Der Fokus auf die Werke und Persönlichkeiten der Stipendiatinnen und Stipendiaten ist verstärkt worden, die Zahl der Veranstaltungen, die den Künstlerinnen und Künstlern gewidmet sind, erhöht. Jährlich erscheint das prämierte Concordi.A.-Magazin, Zusammenarbeiten mit verschiedenen Vereinen, Hochschulen, Theatern, namhaften Interpretinnen und Interpreten aus der ganzen Welt sowie der Justizvollzugsanstalt Ebrach bereichern das Programm und stellen den vermeintlichen Elfenbeinturm mitten ins Leben der Stadt, so dass er zum Leuchtturm internationaler Kunst wird.

Kontemplation und Miteinander im Gartenhaus

Neuerdings haben wir ein Gartenhaus – eine temporäre Installation des Künstlers Roland Schön. Die Scheiben des luftigen Baus sind handbeschrieben mit schönen Wörtern, dem gemalten Kräutergarten an der Decke der Kirche der 1000-jährigen Michaelsberganlage eigens „entzupft". Der Garten der Villa Concordia, in dem sich ein großer Appartementbau befindet, der sechs Stipendiatinnen und Stipendiaten Wohnungen bietet, erhält durch dieses weitere Gebäude einen neuen Ort für Kontemplation und Miteinander im Zeichen der Künste. Eintracht, könnte man sagen. Eine herrliche Angelegenheit, hörte man die Riesen bei ihren Landdurchquerungen mit ihren lauten, fröhlichen Stimmen donnern und wenn sie ihre Krüge, gefüllt mit bestem Bamberger Bier gegeneinander stießen, regnete es golden vom Himmel auf glückliche Bürgerinnen und Bürger. So oder anders können die Geschichten ihr Ende nehmen in einer Stadt wie Bamberg. Mit den Anfängen verhält es sich ähnlich.

Internationales Künstlerhaus Villa Concordia
Concordiastr. 28
96049 Bamberg
www.villa-concordia.de

Jazz hautnah

Eine auffällige Entwicklung der Musikbranche ist, dass seit Jahren weniger Tonträger, dafür aber mehr Konzertkarten verkauft werden. Live-Musik hat etwas, mit dem keine High-Tech-Anlage konkurrieren kann: Unmittelbarkeit und menschliche Nähe. Jazz ist als improvisiertes Zusammenspiel, das aus dem Augenblick entsteht, prädestiniert für Live-Musik und der Jazzkeller ist in Bamberg der Ort, an dem sich diese Musik zugleich auch hautnah erleben lässt. Die Musiker spielen beinahe im Publikum, nur durch eine kleine Bühne von den Zuhörern getrennt. In den Pausen kommen die Gäste mit den Künstlern (im Bild: Evan Parker) oft sogar persönlich ins Gespräch. Eine derart familiäre und doch weltoffene Atmosphäre bieten nur noch wenige Jazzclubs.

Ein spezielles Angebot für junge Gäste: Schüler und Studierende können mit einer Vierer-Karte vier Konzerte für 15 Euro hören, einmal im Monat, bei der Jazzclub-Session, ist der Eintritt frei. Konzerte finden in der Saison von September bis Mai am Wochenende ab 21 Uhr statt.

Jazzclub Bamberg
Obere Sandstr. 18
96049 Bamberg
Tel. 0951 / 53740
info@jcbamberg.de
www.jcbamberg.de

Lichtspielkino
Untere Königstr. 34
96052 Bamberg
Tel. 0951 / 26785
linz.diana
@lichtspielkino.de
www.lichtspielkino.de

Ein Glücksfall – nicht nur für Cineasten

Die Bamberger-Kinolandschaft war schon immer verhältnismäßig groß für eine kleine Stadt wie Bamberg. Angesichts der gestiegenen Konkurrenz durch Multiplex-Säle ist es allerdings schon ein Phänomen, dass sich hier gleich zwei Programmkinos halten können. Das 1995 aus einem studentischen Filmclub entstandene „Lichtspiel" (im Bild) und das 2002 eröffnete „Odeon" haben statt Breitwand-Spektakeln mit Rundumbeschallung ein regelmäßig ausgezeichnetes Kinoprogramm in liebenswerter Atmosphäre im Angebot.
Gerrit Zachrich und seine Partnerin Diana Linz sorgen für eine erstklassige Auswahl: eine Reise durch unterschiedliche Kontinente und unterschiedliche Zeiten, darunter Neues und Unterhaltsames, aber auch Schwieriges und Experimentelles, alte Filme und Raritäten, Fremdsprachenfassungen und Kinoabende mit Live-Musik oder Lesungen. Gerrit Zachrichs Vision von einem Kino geht jedoch noch einen Schritt weiter: „Es wäre toll, wenn das Kino eine Art kostenloses Museum wäre, wo es Räume gibt mit zig Bildschirmen, wo man nach Belieben auswählen kann." Für Cineasten sind die Programmkinos schon jetzt ein Glücksfall. Für alle Nicht-Cineasten kann es jederzeit einer werden.

Heimspiel: die Bamberger Symphoniker – Bayerische Staatsphilharmonie im Joseph-Keilberth-Saal der Bamberger Konzerthalle.

Böhmen an der Regnitz

Eine Spurensuche in die Vergangenheit
der Bamberger Symphoniker

Am 20. März 2016 sind es 70 Jahre, dass das Bamberger Tonkünstlerorchester sein erstes öffentliches Konzert gab; ein Ensemble, das
sich wenig später „Bamberger Symphoniker" nennt, in der Nach-
kriegszeit einen rasanten Start in die Spitzenliga der deutschen
Orchester hinlegt und sich seit 2003 mit dem Prädikat „Bayerische
Staatsphilharmonie" schmücken darf.

von
Marcus Rudolf Axt

1950 wird Joseph Keilberth Chefdirigent
und fährt mit „seinen Bambergern" in den
folgenden Jahren in aller Herren Länder,
als Kulturbotschafter der neuen deutschen
Bundesrepublik. Kurz zuvor, im September 1948, schreibt Hans Knappertsbusch
dem Orchester ins Stammbuch: „Für mich
gehören die Bamberger Symphoniker heute
unter die führendsten Orchester nicht nur
Deutschlands, sondern ganz Europas".

Doch woher rührt diese Qualität aus
einer kleinen fränkischen Stadt, die zwar
vor rund 1000 Jahren einmal der Nabel
der Welt war, als Hauptstadt des Heiligen
Römischen Reiches Deutscher Nation, die
aber nie vorher durch eine große Musiktradition aufgefallen war? Was hat es mit dem
viel beschworenen „böhmischen Klang"
der Bamberger auf sich? Pensionierte Musiker erzählen von Keilberths Wirken beim
Deutschen Philharmonischen Orchester
in Prag, aber auch von dem Gerücht, dass
dieses Orchester bereits unter Mozart in
Prag den „Don Giovanni" uraufgeführt
haben soll…

Joseph Keilberth, der erste Chefdirigenten der Bamberger Symphoniker, der zuvor bereits Chefdirigent
des Deutschen Philharmonischen Orchesters Prag
gewesen war.

Grund genug für mich, direkt nach meiner
Berufung als Intendant in die Vorgeschichte dieses Klangkörpers einzutauchen. Zwei
Auslöser waren es vor allem, die mich
dabei neugierig machten. Der erste ist ein
Bericht aus der WELT zum 50-jährigen
Bestehen, vom 8. März 1996 mit dem Titel
„Die Lebenslüge eines Orchesters". Dort
schreibt der Autor über die Mär von der
böhmischen Vergangenheit, die angeblich
von den Musikern dazu benutzt wurde, um
sich als Flüchtlingsorchester in der Nach-

kriegszeit materielle Vorteile zu verschaf-
fen, und um unter Vorspiegelung einer
großen Tradition nicht als Neugründung
zu erscheinen. Der zweite Auslöser war für
mich die Frage nach der NS-Vergangenheit
von Joseph Keilberth und dem Orchester,
die heute noch, vor allem im anglophonen
Raum, bei Verhandlungen über Gastspiele
und Tourneen der Bamberger Symphoniker gestellt wird – befruchtet durch die
offensive und transparente Auseinandersetzung der Berliner Philharmoniker mit
ihrer Geschichte („Das Reichsorchester" als

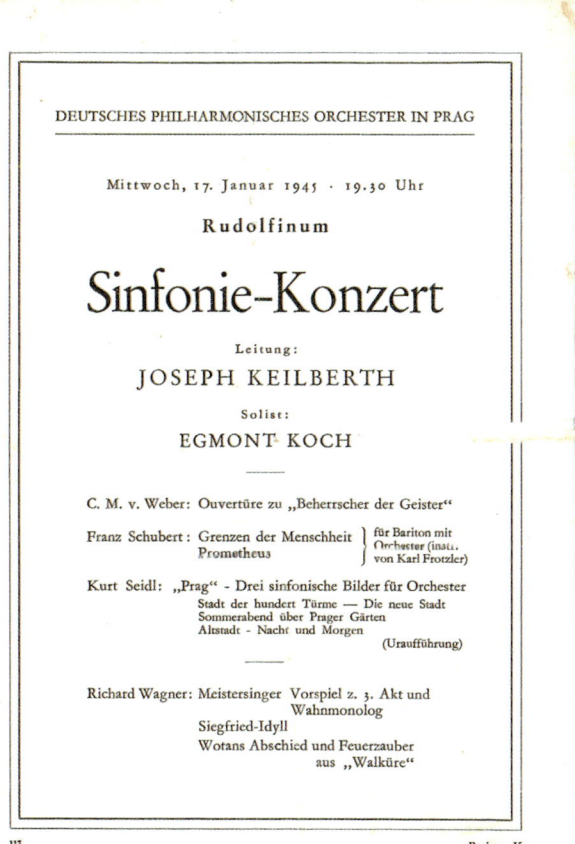

DEUTSCHES PHILHARMONISCHES ORCHESTER IN PRAG

Mittwoch, 17. Januar 1945 · 19.30 Uhr

Rudolfinum

Sinfonie-Konzert

Leitung:

JOSEPH KEILBERTH

Solist:

EGMONT KOCH

C. M. v. Weber: Ouvertüre zu „Beherrscher der Geister"

Franz Schubert: Grenzen der Menschheit   für Bariton mit
Prometheus   Orchester (inst.
                                          von Karl Frotzler)

Kurt Seidl: „Prag" - Drei sinfonische Bilder für Orchester
            Stadt der hundert Türme — Die neue Stadt
            Sommerabend über Prager Gärten
            Altstadt - Nacht und Morgen
                                          (Uraufführung)

Richard Wagner: Meistersinger Vorspiel z. 3. Akt und
                                          Wahnmonolog
                Siegfried-Idyll
                Wotans Abschied und Feuerzauber
                aus „Walküre"

117   Preis 1 K

Der Programmzettel eines Konzertes des Deutschen Philharmonischen Orchesters im Januar 1945

Das Cover einer Telefunken-Schallplatte mit den Bamberger Symphonikern

Buch und Film) und die ähnlich gelagerten Diskussionen bei den Wiener Philharmonikern.

Also auch in Bamberg – ein Orchester unter NS-Verdacht? Oder eine Neugründung von verstreuten böhmischen und sudetendeutschen Musikern, die sich durch Zufall in Bamberg getroffen haben? Nur – kann ein Orchester dieser Qualität, dieser Singularität auch in der Klangtradition durch zufälliges Aufeinandertreffen von Musikern entstehen, oder haben sich hier nicht doch Keilberths alte Prager Philharmoniker unter neuem Namen wiedergefunden? Die politische Festigung der guten Beziehungen zwischen dem Freistaat Bayern und der Tschechischen Republik in den letzten Jahren gibt uns heute die Chance, den Spuren nachzugehen, die noch in Prager Archiven zu finden sind. Eine spannende Indiziensuche hat hier begonnen, die zum 70-jährigen Jubiläum im März 2016 nicht abgeschlossen sein soll.

Eine spannende Indiziensuche

Dass wir nicht die einzigen sind, die sich für die spannende Geschichte der Bamberger Symphoniker interessieren, wurde uns bald bewusst: Ein Produzent des tschechischen Fernsehens wandte sich an uns mit der Frage, ob wir nicht an einer Dokumentation über unser Orchester interessiert seien. Nach einer ersten Kontaktaufnahme war schnell klar, dass auf beiden Seiten zwar Kenntnisse über die Geschichte des Orchesters vorhanden waren, dass aber vieles auf Hörensagen beruhte und zur Klärung der Fakten umfangreiche Recherchen notwendig wären. Der Zufall wollte es, dass kurz zuvor eine junge in der Oberpfalz lebende tschechische Historikerin Studien im Stadtarchiv Bamberg durchführte, sie wurde uns vom Leiter des Archivs nun auch für unser musikalisches Thema empfohlen. Gemeinsam mit ihr beauftragten wir eine Musikwissenschaftlerin in Wien, mit der wir bereits über die Anfrage des tschechischen Fernsehens in Kontakt standen, das Archivmaterial zu suchen und zu sichten. Sie erhielten Einblick in Archive in Prag, Wien und Reichenberg, durften im

RM 1:50 -Balkon-Stehplatz

BAMBERGER TONKÜNSTLERORCHESTER

Festliches Symphoniekonzert

(BEETHOVEN-ABEND)

Mittwoch, 20. März 1946, punkt 19.30 Uhr
im großen Zentralsaal, Bamberg.

Leitung: *Professor Wetzelsberger*
Generalmusikdirektor der Bayr. Staatsoper
in München a. Gast

Solist: *Konzertmeister Otto Büchner*

Programm

Leonoren-Ouvertüre Nr. III

Konzert D-dur für Violine und Orchester
Allegro ma non troppo — Larghetto — Rondo

Voranzeige:
*Dieses Konzert
wird Donnerstag,
den 21. März 1946
punkt 19.30 Uhr im
grossen Zentralsaal
wiederholt.*

Pause

Symphonie Nr. VII
*Poco sostenuto — Vivace — Allegretto
Scherzo — Allegro con brio*

Unter der Lizenz Johannes Siegert, München, Nr. 1025 der amerikanischen Nachrichtenkontrolle.

Der Programmzettel des ersten Konzertes des „Bamberger Tonkünstlerorchesters", das sich später umbenannte in „Bamberger Symphoniker"

Archiv der Tschechischen Philharmonie forschen und trugen so umfangreiches Material zusammen, das wir nun gemeinsam – wie ein spannendes Puzzle – zu einem Bild zusammenfügen.

Von großer Hilfe ist dabei Dr. Thomas Keilberth, der Sohn von Joseph Keilberth, dem ersten Chefdirigenten der Bamberger Symphoniker und früherem Chef des Deutschen Philharmonischen Orchesters in Prag. Durch den Abgleich der in den Archiven gewonnenen Erkenntnisse mit den Tagebuchaufzeichnungen von Joseph Keilberth, die noch immer im Besitz seines Sohnes sind, dringen wir Stück für Stück in die Vorgeschichte der Bamberger Symphoniker ein. Immer wieder sind wir dazu auch am „Ort des Geschehens", fahren nach Prag und suchen z.B. in Antiquariaten nach eventuell noch vorhandenen alten Schallplattenaufnahmen.

Überraschende Funde

Wiederholt kam Hilfe von unerwarteter Seite: Ein junger Historiker aus Freiburg wandte sich im Zuge seiner Habilitationsarbeit an uns. Die Treffen mit ihm und seine Recherchen brachten uns auf die Fährte von Radio- und Filmdokumentationen in den Archiven des Norddeutschen Rundfunks, von Radio Bremen und im Bundesfilmarchiv.

Nicht zuletzt ist unser jahrzehntelanger Medienpartner, der Bayerische Rundfunk, eine große Hilfe. In seinen Archiven schlummert umfangreiches Bild- und Tonmaterial, zum Teil aus den Anfangsjahren des Deutschen Fernsehens. Aber auch alle Tonaufnahmen der Bamberger Symphoniker, die der BR in fast 70 Jahren produziert hat, liegen dort: eine stattliche Zahl von gut 2500 Werken und so gewissermaßen ein „Bamberger Kanon der Orchestermusik" auf Tonträgern. Auch diesen Schatz gilt es zu heben und zu bewerten.

Da wir unsere Recherchen nicht als „Geheimoperation" führen, sprechen wir auch immer wieder mit ehemaligen Musikern und mit langjährigen Abonnenten – und staunten nicht schlecht, als wir eines Tages einen Brief vorfanden, in dem uns ein Freund unseres Orchesters die Programmzettel zweier Konzerte des Deutschen Philharmonischen Orchesters Prag aus dem Januar 1945 überließ! Auch alte Schallplatten, zum Teil Probe-Pressungen und Schellack-Editionen tauchen langsam aus Sammlungen, von Kellern und Dachböden wieder auf und finden den Weg nach Bamberg. So schließen sich mehrere Kreise: die Komplettierung des Schallplatten- und Tonarchivs der Bamberger Symphoniker, die Beweisführung der Zusammenhänge zwischen dem Prager Vorkriegs- und Bamberger Nachkriegsorchester, die historische Linie bis hin zum Ständetheater des 18. Jahrhunderts.

Soviel ist bisher klar: Das Deutsche Philharmonische Orchester in Prag, 1940 von den Nationalsozialisten als Gegengewicht

zur Tschechischen Philharmonie aufgestellt, war bereits seit der Annektierung der Tschechoslowakei 1938 in Reichenberg, heute Liberec, unter den Namen „Sudetendeutsche Philharmonie" tätig und war dorthin direkt aus dem Orchestergraben des Prager Neuen Deutschen Opernhauses nach dessen Schließung gekommen. Die Kulturmetropole Prag hatte seit dem Ende des 19. Jahrhunderts zwei Opernhäuser mit eigenen Orchestern, ein tschechisches und ein deutsches; beide Häuser teilten das Repertoire unter sich auf und spielten die großen symphonischen „Schwergewichte" gemeinsam. So auch die Uraufführung von Gustav Mahlers 7. Symphonie 1908 unter der Leitung des Komponisten, die ca. 60 Musiker der Tschechischen Philharmonie und 40 Musiker unseres Vorgängerorchesters aus dem Deutschen Opernhaus gemeinsam aus der Taufe hoben.

Gemeinsame Wurzeln?

Es bleibt noch der Nachweis zu erbringen, inwiefern sich die Tschechische Philharmonie aus dem erweiterten Orchester des Ständetheaters heraus entwickelt hat – also ob dieser Klangkörper gewissermaßen ein „Zwilling" der Bamberger Symphoniker wäre? Beide Orchester hätten dann eine gemeinsame Grundlage: das berühmte Ständetheater, das zu Zeiten von Mozart und Carl Maria von Weber von europäischem Ruf war. Vor allem die böhmischen Holzbläser genossen die Wertschätzung von Wolfgang Amadeus, seitdem die Spatzen seinen „Figaro", der in Wien durchgefallen war, von den Prager Dächern pfiffen und er daraufhin den Auftrag zur Komposition des „Don Giovanni" erhielt. Dessen Uraufführung begründete gewissermaßen den Mythos des böhmischen Klanges und war der Start einer großen Musiktradition: Namen wie Carl Maria von Weber, Richard Wagner, Gustav Mahler, Alexander Zemlinsky, Erich Kleiber, Otto Klemperer und George Szell standen in Prag am Pult.

Offen bleibt zunächst auch noch die Frage, wie viele Musiker des Deutschen Philharmonischen Orchesters Prag zu den

Gründungsmitgliedern der Bamberger Symphoniker zählten – mithin also die Definition dessen, ob eine Tradition dieses Klangkörpers weiterlebt. Wir werden also Mitgliederlisten aus Prag mit den Namen der Musiker unseres Orchesters aus den Nachkriegsjahren abgleichen und weitere Dokumente in den Archiven sichten. Unbeschadet dieses Ergebnisses ist es aber wohl der Klang, die böhmische Musiziertradition, die hier durch Verwandlungen, Umbenennungen, Übersiedlungen die Zeitläufte überdauert hat. Die Geschichte der Bamberger Symphoniker könnte somit eine Art Mikrokosmos der zentraleuropäischen Gesamtgeschichte sein: Höfischer Beginn, bürgerlicher Aufschwung, multikulturelle Kreativität der Jahrhundertwende, Krieg, Vertreibung und Neubeginn wären dann bei diesem, heute bayerischen Orchester wie unter einem Brennglas wiederzuerkennen.

Der Text ist ein Originalbeitrag für aviso – Zeitschrift für Wissenschaft und Kunst in Bayern, Ausgabe 2/2015.

Die Bamberger Symphoniker beim Lucerne Festival 2013

Die Musikwelt als Wille und Vorstellung

Gibt es ein besseres Vorbild, wie Völkerverständigung sehr gut funktionieren kann als ein Orchester? Kreative aus aller Welt kommen nach Bamberg, um hier zu spielen – fast immer übrigens vor vollem Saal – und um von hier aus aufzubrechen zu Konzerten rund um den Globus.

Bamberger Symphoniker – Bayerische Staatsphilharmonie

Mußstraße 1
96047 Bamberg
Tel. 0951 / 9647–100
www.bamberger-symphoniker.de
intendanz@bamberger-symphoniker.de

Die Bamberger Symphoniker sind eine Heimstatt für Kreative und eine multikulturelle Gesellschaft im Kleinen. Nebenbei bietet das Orchester auch noch höchstes musikalisches Niveau.

In der öffentlichen Diskussion wird über den kulturellen Reichtum Deutschlands selten großes Aufheben gemacht. Dabei kann sich kein anderes Land, inklusive der USA, mit der gleichen kulturellen Vielfalt schmücken. Das hängt auch damit zusammen, dass Deutschland nach 1945 mehr internationale Einflüsse absorbiert hat als jedes andere Land. In diese Zeit reichen auch die Wurzeln der Bamberger Symphoniker zurück. Sie wurden 1946 von ehemaligen Mitgliedern der Deutschen Philharmonie in Prag und Musikern aus Karlsbad und Schlesien gegründet. Als erstes deutsches Orchester gingen die Symphoniker schon kurz nach Endes des Zweiten Weltkriegs auf Tourneen durch Europa, Nord- und Südamerika, Asien und Afrika. Im Gepäck hatten sie zunächst vor allem Werke des klassisch-romantischen Repertoires. Wer in das Archiv schaut, stellt fest, dass sich das Orchester daneben immer auch dem zeitgenössischen Schaffen gewidmet hat. Jonathan Nott, bis Sommer 2016 Chefdirigent des Klangkörpers, verbindet mit großer Virtuosität beide Richtungen. Er geht mit einem romantischen Klangideal an moderne Musik heran und gibt somit auch einer kühl kalkulierten Komposition noch eine unerhörte Wärme und Emotionalität.

Berlin, München und Frankfurt haben die größeren Stars im Programm, wenn es um den neuen Supergeiger oder den neuen Superpianisten geht. In Bamberg ist die Musik der Star, weniger die Person. Eindrucksvoll ist die Ahnengalerie auch so. Erster Chefdirigent der Bamberger Symphoniker war Joseph Keilberth, der frühere Leiter der Deutschen Philharmonie in Prag, der seine Position bis zu seinem Tod im Jahr 1968 ausfüllte. Am Pult des Chefdirigenten folgten James Loughran sowie Horst Stein, der im März 1996 zum Ehrendirigenten des Orchesters auf Lebenszeit ernannt wurde. Mit Herbert Blomstedt, Eugen Jochum, Rudolf Kempe, Hans Knappertsbusch, Georg Solti, Christoph von Dohnányi, Wolfgang Sawallisch, István Kertész,

Günter Wand, Kurt Sanderling, Giuseppe Sinopoli, Christoph Eschenbach und Ingo Metzmacher haben viele weitere große Dirigenten mit dem Orchester zusammengearbeitet und eine unverwechselbare Klangkultur geschaffen.

Die Bamberger Symphoniker wurden im Juli 2003 von der Bayerischen Staatsregierung in den Rang eines Staatsorchesters erhoben und tragen seitdem den Namenszusatz „Bayerische Staatsphilharmonie". 2009 öffnete die renovierte Konzerthalle ihre Pforten. Als bauliches Aushängeschild vermittelt das neue Foyer dem Besucher schon vor dem Konzert jene Offenheit, die dem Orchester von Welt seit jeher zu Eigen ist.

„Bamberg war eigentlich in Italien geplant"

Interview mit dem Gestalter Peter Schmidt
über Essen, Ausstattung und (Bamberger) Lebensart

Peter Schmidts Beziehung zu Bamberg ist eine besondere. Der gebürtige Bayreuther schwärmt für die Musik der Bamberger Symphoniker und für die lebendige Tradition der Stadt. 2013 entwarf er ein neues Logo für die Symphoniker, 2009 wurde die Konzerthalle nach seinen Entwürfen umgebaut. Peter Schmidt ist jemand, der die Prinzipien der Gestaltung meisterhaft beherrscht: als Deutschlands vielleicht renommiertester Verpackungsdesigner, aber auch als Layouter, Innenarchitekt und Bühnenbildner.

Wie modelliert er Formen und Inhalte bei der Verpackung, der Ausstattung und für das Kulturleben? Wie können Oberflächen, etwa die Formen eines Tisches oder eines Geschirrs, perfekt gestaltet werden? Welche gesellschaftlichen Phänomene kommen in der Gestaltung zum Ausdruck? Braucht Bamberg einen Slogan, damit sich die Stadt nach außen besser präsentieren kann? Über Möglichkeiten und Grenzen suggestiver Gestaltung sprach ich mit Peter Schmidt in seinem Hamburger Büro im Mittelweg.

❯ Herr Schmidt, Sie haben das Corporate Design für eines der modernsten Restaurants in Berlin entworfen, das Restaurant „VAU", für das sie auch den Namen kreiert haben. Zudem haben Sie für ein Kochbuch, in dem der Koch Kolja Kleeberg die besten Rezepte das Restaurants präsentiert, das Layout beigesteuert. Hinzu kommen noch die Arbeiten als Bühnenbildner. Das sind äußerst weitgespannte Aufgaben. Sehen Sie diese gestalterische Herausforderung auch als so etwas wie einen Ritterschlag an?

Schmidt: Ein Ritterschlag würde ich nicht sagen, eher ein Befreiungsschlag. Im Jahr 2006 habe ich meine Agentur, die Peter Schmidt Group, an das Agenturnetzwerk BBDO verkauft, weil ich wegen der Verwaltungsaufgaben kaum noch gestalten konnte. Dass ich jetzt so viele Freiheiten bei der Gestaltung habe, liegt allerdings auch an meinem hohen Alter und der Erfahrung. Beim Restaurant VAU zum Beispiel ließ mir der Auftraggeber Josef Viehhauser alle Freiheiten. Ich überlegte mir für den Namen eine schöne, sinnlich klingende Buchstabenkombination. So landete ich bei „VAU". Mit einem Akzent über dem A bekommt der Name einen Hauch französisch. Es ist ein Kunstwort, aber es funktioniert, da der Klang als Bedeutungsträger dient.

❯ 1998 haben Sie ein mehrfach ausgezeichnetes Buch über Essen gestaltet, das den Betrachter nicht animieren, sondern zum Nachdenken anregen soll. „Das apokalyptische Menü" stellt die bedenklichen Auswirkungen der Nahrungsmittelindustrie dar. Blieb das ein Ausreißer?

Schmidt: Bei meiner Arbeit für viele verschiedene Firmen habe ich immer auch die ökologische Seite der Aufgaben mitbetrachtet, zum Beispiel habe ich bei meiner Arbeit für AEG auch Einfluss darauf gehabt, dass die Maschinen sparsamer arbeiten und nicht nur nach Gesichtspunkten des Marketings verkauft werden. Sehr früh habe ich zum Beispiel auch bei Parfümflakons versucht, dass nicht unnötig viele Materialien zusammengesetzt werden. Die

Peter Schmidt

Peter Schmidt wurde 1937 in Bayreuth geboren. Nach seinem Studium an der Werkkunstschule in Kassel ging er nach Hamburg und gründete 1972 die Peter Schmidt Studios, die er über 30 Jahre leitete. In dieser Zeit arbeitete er mit einer Vielzahl renommierter Firmen und Marken. Im Jahr 2006 übergab Peter Schmidt seine Agentur vollständig an die BBDO, um sich auf ausgewählte Projekte zu konzentrieren. Jüngst erweiterte sich das Spektrum der gestalterischen Tätigkeit um das Gebiet der Innenarchitektur: So entwarf Peter Schmidt u.a. das Foyer der Hamburgischen Staatsoper neu. Auch die im September 2009 wiedereröffnete Bamberger Konzerthalle wurde nach seinen Ideen umgebaut.

 **bamberger symphoniker**

2013 gestaltete Peter Schmidt dieses Logo für die Bamberger Symphoniker. Es besteht aus einer Wort-Bildmarke: einem dreidimensionalen Zeichen und der Typografie »bamberger symphoniker«. Die Formsprache der Bildmarke erinnert an ein abstrahiertes Musikinstrument. Durch die Verwendung von glänzendem Schwarz, das an Klavierlack erinnert, werden diese Assoziationen unterstützt. In der Ursprungsform erkennt man in der Silhouette die Anfangsbuchstaben »B« und »S« der Bamberger Symphoniker.

Frage, wie Glas die Umwelt belastet, lässt sich heute klar beantworten. Noch kann aber niemand sagen, wie sich Kunststoffe auf die Öko-Bilanz auswirken.

„Mein ökologisches Bewusstsein hat viel damit zu tun, dass ich zwischen Gemüse aufgewachsen bin."

› Wurde Ihnen das ökologische Bewusstsein von Ihren Eltern eingepflanzt? Sie stammen ja aus einer Gärtnerfamilie.

Schmidt: Ganz sicher, das Bewusstsein hat viel damit zu tun, dass ich zwischen Gemüse aufgewachsen bin. Meine Eltern hatten zunächst eine Blumengärtnerei, die nach dem Krieg zur Gemüsegärtnerei umgewandelt wurde und später wieder zur Blumengärtnerei. Die Nähe zur Natur und dem, was mir meine Eltern über die Natur vermittelt haben, ist sicher der Auslöser gewesen, aber das Bewusstsein hat sich insgesamt verstärkt. Ich bin überzeugt, dass wir eine Essensrevolution erleben werden. Es wird eine Welle geben in Richtung gesunder und sauberer Ernährung mit weniger exzessivem Fleischkonsum. Vielleicht werden alle Menschen italienischer.

› Ein Plädoyer für Frische und Natürlichkeit?

Schmidt: Ja, denken Sie an Bamberg und die Umgebung, man kann dort gerade auch auf dem Land so fein essen und so schön sitzen, wie ich es selten in Deutschland erlebe. Die Bamberger Küche hat auch etwas sehr Originelles. Das liegt unter anderem daran, dass Bamberg eine reiche Stadt war, in der die Bischöfe gerne gutes Essen und Trinken gepflegt haben.

› Gerade der Katholizismus war ja nicht ausschließlich enthaltsam, sondern auch sehr lebensfroh. Das Aufschieben des Genusses hat dem Genuss weniger geschadet, als vielmehr geholfen. Genießen mit allen Sinnen heißt auch, dass die Augen mitessen. Sie haben sich bei Arzberg Porzellan als Gestalter eines ebenso schönen wie schlichten Geschirrs profiliert. Wie lässt sich bei Tisch Genuss optisch umsetzen?

„Lust an der Inszenierung", „Freude über den Gast"

Schmidt: Ich hatte durch die Logo-Gestaltung für Unternehmen der Porzellanindustrie schon vorher viel mit Porzellan zu tun. Porzellan ist vom Material her zwar etwas völlig anderes als Glas, das ich durch die Gestaltung von Parfüm-Flakons hundertfach verwendet habe, aber mein Stil zeigt sich auch hier. Ich wollte eine einfache Form finden, die trotzdem auffällt. Es gibt so viele runde Teller, die sehr ähnlich aussehen, und dann noch geschwungene Formen. Diese Formen meide ich jedoch, ebenso wie alles Verschnörkelte, weil ich sehr geradlinig denke. Auf diese Weise ist ein Geschirr mit nahezu gerade Linien entstanden.
Ich mag diese Klarheit und Ruhe, die von den Proportionen her etwas Asiatisches hat, aber ganz eigene Raffinessen aufweist. So auch bei der Tischinszenierung. Als mich neulich der Musiker Kent Nagano besuchte, hatte ich vorher lange überlegt, wie ich den Tisch dekoriere. Ich habe bei meinem Urlaub auf Ibiza alle Kräuter

gepflückt, die auf meinem Grundstück wachsen, vor allem Rosmarino, und diese dann in etwa 30 kleinen Vasen aufgestellt, und zwar auf einen schwarzen Lacktisch, wo man eigentlich Blumen erwartet. Die Kräuter hatten durch den Regen eine sehr frische grüne Farbe. Das sah toll aus und roch sehr angenehm. Obwohl ich wenig Zeit habe und nicht selbst koche, gebe ich mir große Mühe bei der Dekoration. Das hängt mit meiner Lust an der Inszenierung zusammen, aber auch mit der Freude darüber, dass ich einen Gast empfange.

› Wenn Sie Dinge fördern, die man für ein Essen benötigt, fördern sie in gewisser Weise auch die Esskultur. Das funktioniert dann genauso in Restaurants. Welche Dinge spielen bei der Inszenierung hier noch eine Rolle?

Schmidt: Ich achte vor allem auf Geräusche, weil ich als Musikliebhaber da sehr empfindlich bin. Wenn an einem Tisch zu viele aggressive Geräusche entstehen durch zu viele verschiedene Materialien, ist das störend. Deshalb versucht man bei der Herstellung einer Porzellantasse auch, den Unterteller sehr genau anzupassen, so dass keine unerwünschten Kratzgeräusche auftreten. Schön ist zudem ein weicher Untergrund. Ich bin sehr für Tischdecken. Noch etwas anderes ist wichtig: das Besteck. Silberbesteck klingt besser als Stahlbesteck. Aus Japan habe ich spezielle Holzblätter als Besteck mitgebracht. Die geben einen wunderbar anderen Klang. Man darf auch nicht zu viele Dinge aneinander stoßen lassen.

› Bamberg hat nicht nur feine Adressen, in denen das Ambiente und das Essen stimmen, sondern auch eine außergewöhnlich hohe Dichte an Ästhetik, Geschichte und Kulinarischem. Ist Ihnen das in anderen Städten in ähnlicher Weise begegnet?

Schmidt: Ich kenne keine. Bamberg ist ja aus Versehen in Oberfranken gebaut worden, es war eigentlich in Italien geplant, so wie es sich zeigt. Man empfindet die Stadt als südlich und in dieser Form gibt es das in Deutschland nirgends.

› Auch nicht in Regensburg?

Schmidt: Regensburg ist schwerer. Es hat nicht diese Leichtigkeit.

› Sollte sich diese Lebensart auch in einem Slogan ausdrücken? Bamberg hat keinen Slogan.

Schmidt: Hamburg hat auch keinen.

› In Bamberg wurde darüber diskutiert, ob die Stadt einen braucht, weil umliegende Städte in Franken einen Slogan haben.

Schmidt: Ich würde sagen, einen Slogan braucht Bamberg nun gar nicht. Die Stadt kann die Atmosphäre nach außen vermitteln. Aber den Gesamteindruck mit dieser lebendigen Tradition auf einen Slogan zuzuspitzen, ist nicht möglich. Das schließt schon wieder so viel aus. Über die Zeitung habe ich jetzt erfahren, dass Bamberg eine tolle Basketball-Mannschaft hat. Das wusste ich gar nicht und plötzlich sehe ich die Stadt wieder anders. Diese Nachricht ist wichtiger und lebendiger als ein Slogan.

Text und Interview:
Oliver van Essenberg

Konzentration auf das Wesentliche mit kleinen Raffinessen – Für die Porzellanfirma Arzberg entwarf der Gestalter die mehrfach preisgekrönte Form „2006 Peter Schmidt".

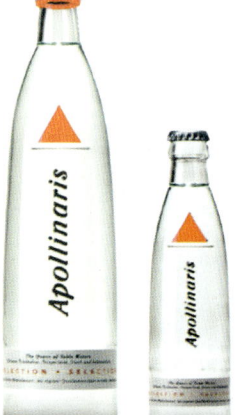

Bei der Neugestaltung der Apollinaris-Flasche griff Peter Schmidt auf die ursprüngliche Form eines Tonkrugs zurück und variierte sie. Mit der ungewohnten Form und dem nach oben gesetzten Zeichen schuf er 1997 einen Markenklassiker, nicht seinen einzigen, aber den bekanntesten.

Oasen der Kunst – Inseln der Ruhe

In den quirligen Sommermonaten, wenn sich zwischen dem berühmten Brückenrathaus, der legendären Sandstraße und dem Bamberger Domberg Menschen aller Nationalitäten dicht an dicht bewegen, gibt es mitten im Welterbe ein ganz anderes Bamberg:

Domberg – Museen um den Bamberger Dom
Domplatz
96049 Bamberg

Aktuelle Informationen und Öffnungszeiten:
www.
domberg-bamberg.de

Mit dem Schritt über die Schwellen der Alten Hofhaltung, des Kapitelhauses oder der Neuen Residenz beginnt eine Reise durch die Geschichte und Kunstsammlungen der einstigen Kaiserstadt und des blühenden Fürstbistums. Hier, am Domplatz, wo sich alle touristische Aufmerksamkeit auf den Dom konzentriert, lohnt der Blick hinter die Fassaden des einzigartigen pittoresken Ensembles aus Mittelalter-, Renaissance- und Barockbauten. Die Museen um den Bamberger Dom haben das Privileg an diesem historischen Ort, Kaiser Heinrichs „Nabel der Welt", ansässig zu sein – in Gebäuden, die als Sitz von Kaisern, Bischöfen und Fürstbischöfen errichtet worden waren. Bis vor kurzem war es nicht leicht herauszufinden, welches Museum sich hinter welcher Fassade verbirgt. Nun hilft ein Infotisch am Domplatz, Stelen und Fahnen in den Leitfarben der Museen, um den Weg in die Refugien der Kunst zu finden.

Das Diözesanmuseum

Das Diözesanmuseum ging aus der alten Domschatzkammer hervor. Es ist im altehrwürdigen, von Balthasar Neumann entworfenen Kapitelhaus und im stimmungsvollen gotischen Kreuzgang des Domes beheimatet. Neben den gotischen Originalfiguren von den Domportalen sowie Gemälden aus der barocken Ausstattung des Domes bilden daher noch heute die vom hl. Kaiserpaar Heinrich II. und Kunigunde geschenkten ‚Kaisergewänder' einen besonderen, weltweit einmaligen Sammlungsschwerpunkt. Im Zentrum steht dabei der um 1018–20 entstandene ‚Sternenmantel' Kaiser Heinrichs II., dessen Goldstickereien die seit der Antike überlieferten Sternbilder zeigt. Der ebenso aufwendig gestaltete Blaue Kunigundenmantel enthält in seinen Medaillons u.a. weihnachtliche Szenen und die Legende des Dompatrons Petrus. Zu diesem einzigartigen Ensemble, das seine Erhaltung der Heiligsprechung des Stifterpaares verdankt, gehören außerdem der sog. Reitermantel, der weiße Kunigundenmantel, die Kaisertunika und das Rationale. Neben diese kaiserlichen Gewänder tritt schließlich noch der einzige erhaltene Papstornat des Hochmittelalters hinzu, gefertigt in der Mitte des 11. Jahrhunderts aus kostbarer byzantinischer

Domberg – Museen um den Bamberger Dom.

Seide.
Diese und
weitere Ex-
ponate lassen den
Bamberger Domschatz da-
her zur bedeutendsten Sammlung
hochmittelalterlicher Textilien in Europa
werden.

Sternenmantel Kaiser
Heinrichs II.

Das Historische Museum

Das Historische Museum in der Alten
Hofhaltung grüßt zum Domplatz mit der
„Schönen Pforte" und dem stattlichen
Renaissancebau. Es entführt den Besucher in ein Labyrinth spätmittelalterlicher
Raumfolgen, wo bereits das Treppensteigen
oder ein Pferdestall zum Erlebnis wird. Der
Besucher darf erstaunt sein, dass hier nicht
klassisch Stadtgeschichte doziert wird. In
verschiedenen Themenausstellungen leuchten Ausschnitte der Kunst und Geschichte
Bambergs auf. Kernstück ist die 1838 ge-
gründete Gemäldegalerie der Stadt, aus der
eine Auswahl von hundert Meisterwerken

„Von Lucas Cranach über Pieter Brueghel
zu Otto Modersohn" zu bewundern ist.
Einen besonderen Blick verdient dabei die
Bamberger Stilllebenmalerin Catharina
Treu, die es 1776 zur ersten Professorin an
die Düsseldorfer Kunstakademie brachte.

Neue Residenz mit Prunkräumen, Staatsgalerie und Staatsbibliothek

Auch in der ehemaligen Residenz der Bamberger Fürstbischöfe, die dem Domplatz
einen herrschaftlich-monumentalen Rahmen verleiht, gibt es neben so berühmten
Prunkräumen wie dem Kaisersaal besondere Orte, an denen man sich auf die Kunst
und einen grandiosen Blick über Bamberg
zurückziehen kann: Ein Geheimtipp ist
hier die Staatsgalerie mit der bemerkens-

Links: Tierkreiszeichen
„Zwillinge" (Detail aus
dem Sternenmantel
Heinrichs II.).
Rechts:
Krümme eines Bischofs-
stabs, sog. Otto-
Krümme.

Treppenspindel im
Historischen Museum.

Kreuzgang des
Diözesanmuseums.
Darunter:
Das Gunthertuch.

werten Sammlung Altdeutscher Meister
wie Lucas Cranach, Hans Baldung Grien,
der Altkölner Malerschule sowie einer
glanzvollen Galerie des 17./18. Jahrhunderts in barocker Hängung.

In der benachbarten Staatsbibliothek, die
in ihren reichen Sammlungen mittelalter-
licher Handschriften gleich vier Welt-
dokumentenerbe vereint, finden regelmäßig Wechselausstellungen und Vorträge
statt. Einen Einblick in kostbare Manu-
skripte wie die „Bamberger Apokalypse"
bieten die frei zugänglichen Terminals im
Eingangsbereich.

Die Belohnung für seine Reise durch Zeit
und Kunst erwartet den Besucher schließlich, wenn er die dreibogige Toreinfahrt
der Neuen Residenz durchschritten hat,
hinter einer langen Mauer: Blütenpracht
und Düfte begleiten im Rosengarten einen
der schönsten Blicke über die Stadt und
auf den Michelsberg. Ein Café lädt zum
Verweilen ein …

Sehenswertes im Überblick

Diözesanmuseum:
Bistumsgeschichte und Domschatz, Replik
der Heinrichskrone sowie Skulpturen-
sammlung im Kreuzgang, Sonderausstellungen zu moderner sakraler Kunst

Historisches Museum:
Älteste Gemäldegalerie der Stadt, Themenausstellungen zur Stadt- und Kunstgeschichte Bambergs, Sonderausstellungen
zeitgenössische Kunst und Sammlung des
Historischen Vereins

Staatsgalerie in der Neuen Residenz:
Galerie altdeutscher und barocker Meister
aus dem Besitz der Bayerischen Staats-
gemäldesammlungen und der Stadt
Bamberg

Prunkräume der Neuen Residenz:
Kaisersaal und prachtvolles Interieur aus
dem 17. – 19. Jahrhundert (stündlich
geführte Besichtigungen)

Staatsbibliothek in der Neuen Residenz:
Wechselausstellungen, Handschriften-
Terminals

Experimentelle Kunst im Itzgrund

Es ist beachtlich, was Carola Eller und ihr Mann Heinz mit Herzblut und Engagement auf die Beine gestellt haben: 2003 eröffneten sie ihre Galerie und holten experimentelle Kunst in den lieblichen Ort Mürsbach, 15 Kilometer nördlich von Bamberg. Schon die erste Ausstellung zeigte international tätige Künstler aus Franken, darunter mit Werner Knaupp auch einen documenta-Teilnehmer. Den Inhabern ist es gelungen, ihren Anspruch Jahr für Jahr zu halten. Wechselnde Gruppenausstellungen und Einzelpräsentationen mit Künstlern aus Mexiko-City, New York, Berlin und Leipzig wechselten sich ab mit dem grafischen Werk von Günter Grass und den monochromen Bildern des Nürnberger Künstlers Hasso von Henninges. Sie sorgten regelmäßig für Aufsehen und wecken stets schon die Vorfreude auf das nächste Mal.

Die KunstMühle ist auch ein Ort der Kunstproduktion. Schon im Jahr 1999

entstand aus der alten Holzlege die jetzige Künstlerwerkstatt. Der Weg zur Kunst-Mühle war lang. Die urkundlich erstmals im Jahr 1550 erwähnte Anlage tat bis in die 80er Jahre des 20. Jahrhunderts ihren Dienst als Getreide-Mühle. Da sie alle Mehle herstellen konnte, hatte sie bereits das Prädikat „Kunstmühle". Carola Eller übernahm als Erbin das Anwesen von Fritz Rose und baute die Mühle zur Galerie aus – zur KunstMühle. Der historische Charakter der Räumlichkeiten blieb weitgehend erhalten und bildet einen spannenden Kontrast zur modernen Kunst. Über aktuelle Ausstellungen informieren die Webseite und die (elektronische) Post von Frau Eller.

KunstMühle Mürsbach
Mühlstraße 8-10
96179 Mürsbach
09533 / 8153
www.kunstmuehle.org
galerie@kunstmuehle.org

Öffnungszeiten bei Ausstellungen:
Sonn- und Feiertag von 14 – 18 Uhr sowie nach Vereinbarung

Das Kind ist für jeden geboren

Der Betrachter spielt die wesentliche Rolle bei der Gestaltung einer Krippe. Um ihm die Identifikation mit der Szenerie zu erleichtern, werden Krippen in aller Welt in landestypischer Weise gearbeitet. In Afrika haben die Figuren eine schwarze Hautfarbe, in Frankreich tragen sie eine französische Tracht und so weiter. Die von Erk Baumann in fast 40-jähriger Arbeit aufgebaute Sammlung umfasst Krippen aus mehr als 40 Ländern, darunter viele historische Stücke und auch sehr interessante moderne Darstellungen aus künstlerischer oder industrieller Produktion. In dem 2001 eröffneten und privat betriebenen Krippenmuseum kann er stets nur eine kleine, erlesene Auswahl zeigen, diese Werke aber bekommt der Besucher in der Regel woanders nicht zu sehen.

Neben dem etwas festeren Kernbestand präsentiert das Museum einen Sonderteil, der zweimal im Jahr wechselt. Zur

Adventszeit kommen neue, bislang nicht gezeigte Krippen hinzu, im Sommer Objekte eines krippenverwandten Themas (in den letzten Jahren waren das z.B. Adam und Eva oder Wachsarbeiten). In der Zeit vom Samstag vor dem ersten Advent bis Sonntag nach Dreikönig hat das Museum täglich von 10 bis 17 Uhr geöffnet, im Sommer am Montag und Mittwoch von 14.30 bis 17.30 Uhr, immer nach Anmeldung oder wenn eben offen ist.

Krippenmuseum Bamberg
Obere Sandstr. 23
96049 Bamberg
Tel. 0951 / 55657
0174 / 9883306
bamberger.krippenmuseum@gmx.de

Das Kesselhaus ermöglicht eine unkomplizierte Auseinandersetzung mit Gegenwartskunst. Über den attraktiven Uferweg ist das Gebäude, direkt gegenüber der Konzert- und Kongresshalle, schnell erreichbar.

Nach fast 200 Jahren ein starkes „JETZT!"

Einen geeigneten Raum für zeitgenössische, aktuelle Kunst suchte man in Bamberg lange vergeblich.

**Kunstraum
Kesselhaus**
Untere Sandstr. 42
Eingang Am Leinritt
96047 Bamberg
www.
kunstraum-jetzt.de
info@
kunstraum-jetzt.de

Öffnungszeiten
abhängig von der
jeweiligen Ausstellung

Obwohl Idealisten den Wunsch nach einem solchen Ort schon bei der Gründung des Bamberger Kunstvereins im Jahr 1823, einem der ältesten Kunstvereine Deutschlands, formuliert hatten, blieb das Defizit fast 200 Jahre lang bestehen. Doch 2009 ging ein Ruck durch die Szene: Der Kunstverein, der Berufsverband Bildender Künstlerinnen und Künstler Oberfranken und der Architekturtreff schlossen sich zusammen, um diese Lücke zu schließen. Das ehemalige Kesselhaus des früheren Bamberger Krankenhauses wurde mit enormem Ehrgeiz zum Ausstellungsraum umfunktioniert. Zähe Verhandlungen mit der Stadt und mit Sponsoren folgten. Nach der baulichen Instandsetzung konnte der Verein „Kunstraum JETZT!" das feste Domizil an der Regnitz im Sommer 2015 feierlich eröffnen. Das Haus bietet mit seinem rauen Charme und den bis zu neun Meter hohen Wänden stimmige Voraussetzungen für das Wirken zeitgenössischer Kunst. Es ist ein Raum, der Künstler anregt zu experimentieren, die Architektur verlangt, dass die Werke in Beziehung zum Raum gesetzt werden, um mit den Gegebenheiten zu spielen bzw. sich davon zu lösen.

Der Ort strahlt eine wohltuende Frische und Vitalität aus, nach der sich viele gesehnt haben. Schon bei der Gründungsversammlung hatte der Verein 100 Mitglieder. Pro Jahr finden fünf Ausstellungen statt, zudem erwartet die Besucher ein ansprechendes Rahmenprogramm mit Lesungen, Vorträgen, Tanz und Konzerten, alles ehrenamtlich organisiert, bis hin zum Aufsichtspersonal. Das erhält vor jeder Ausstellung vom Künstler persönlich eine Einführung in das Werk, um Fragen zur Kunst kompetent beantworten zu können.

Freies Spiel

Bamberg ist für Bildende Künstler, die in der historischen Altstadt
zeitgemäße Skulpturen präsentieren, eine Herausforderung.

Bernd Wagenhäuser
arbeitet bevorzugt mit
Cor-Ten Stahl. Im Bild:
hängende und liegende
Arbeiten aus der Serie
Coquille II (2013).

**Atelier Bernd
Wagenhäuser**

Gertraudenstr. 10/R
96050 Bamberg
Tel. 0951 / 25883
www.atelier-
wagenhaeuser.de
kontakt@atelier-
wagenhaeuser.de

Termine nach
Vereinbarung

Der in Hanau geborene, aber in Bamberg
lebende Plastiker Bernd Wagenhäuser hat,
so viel lässt sich nach einer relativ kurzen
Zeitspanne sagen, weniger Aufregung
hervorgerufen als manche seiner Kollegen,
aber nicht, weil seine Skulpturen weniger
„modern" oder abstrakt wären. Sicher hat
die Anerkennung auch damit zu tun, dass
die Bamberger Bevölkerung aufgrund der
vorangegangenen Ausstellungen des Internationalen Künstlerhauses Villa Concordia
bereits auf Skulpturen im öffentlichen
Raum vorbereitet war. Zum nicht geringen
Teil liegt es freilich auch an der spannenden und stimmigen Formensprache, die
Wagenhäuser gefunden hat.
Der Öffentlichkeit sind vor allem seine mit
einer schützenden Rostschicht über-
zogenen Skulpturen aus Cor-Ten-Stahl
bekannt: die prominente Großplastik am
Markusplatz, die die Stadt 1999 nach einem
Wettbewerb erwarb, sodann aber auch die

zahlreichen Werke – Ellipsen, Scheiben,
Säulen –, die sich dank einer Privatinitiati-
ve des Künstlers im Skulpturenpark an der
Regnitz (Mußstraße) niedergelassen haben.
Für die Stadt Haßfurt gestaltete Wagenhäuser ein dynamisches Skulpturen-Quartett
an einem Verkehrskreisel und für den
geografischen Mittelpunkt Oberfrankens
nahe der Gemeinde Kasendorf einen acht
Meter hohen Stahlwirbel – nur ein paar
herausragende Beispiele von vielen.
Noch zu entdecken sind Wagenhäusers
kleinteiligere Arbeiten, Grafiken, Ent-
wurfsmodelle und Skizzen, die sein breites
gestalterisches Spektrum in den Fokus
stellen. Hierfür lohnt sich der Weg ins
Gärtnerviertel. Der Künstler eröffnete über
seiner Werkstatt 2012 ein Ausstellungsloft.
Neuere Arbeiten werden hier ergänzt um
frühere Werke aus vier Jahrzehnten, somit
auch aus den 1970er Jahren, als Wagenhäuser noch an der Hochschule für Gestaltung,
Wiesbaden, Plastische Formgebung studierte. Vom Ausstellungsraum aus kann der
Besucher in die Fertigungshalle blicken. So
ist er ganz nah an der Entstehung der Werke dran. Auf dem Programm stehen auch
Führungen, u.a. für Schulklassen, in denen
Wagenhäuser seine abstrakte Kunst wie
auch das Handwerk vermittelt. Mindestens
einmal im Jahr lädt er zu einer Ausstellung
bei sich ein.

Weißes Gold als sinnliches Vergnügen

„Poetische Fingerzeige aus Luft und Licht" wurden Christiane Toewes Arbeiten schon genannt. Der Werkstoff der Keramikgestalterin und Meisterin ist ein faszinierendes Material: Porzellan. Mit großem Geschick gelingt es ihr, daraus etwas Lebendiges entstehen zu lassen: feine, transluzente Objekte die Sinnlichkeit ausstrahlen.

Atelier für Studioporzellan Christiane Toewe

Hainstr. 57
96047 Bamberg
Mobil 0179 / 6833067
Tel. 0951 / 2998661

www.toewe.net
info@toewe.net

Im Alter von 14 war ihre Entscheidung für den Beruf klar: Mit den Eltern besuchte sie damals eine Keramikwerkstatt im Allgäu und wäre am liebsten nicht mehr von dort weggegangen. Während der Lehre, des Studiums und der Meisterprüfung tauchte sie in die Welt des weißen Goldes ein, für das sie bis heute nicht nur buchstäblich brennt. Lange, spitze Porzellankegel mit einer millimeterdünnen, durchscheinenden Wandung sind zu einem Markenzeichen der selbstständigen Künstlerin geworden.

dete Material wie gewünscht zu formen. Je nachdem, wie die Oberfläche gestaltet sein soll, bemalt Toewe Flächen, ritzt kleine Muster ein, schafft Hoch- oder Tiefreliefs, bohrt winzige Löcher in die Wandung und formt mit Wasser zierliche Kügelchen zum Ornament. Bei 1340 Grad werden die Formen in reduzierender Atmosphäre 24 Stunden gebrannt und kommen dann erst nach zwei Tagen aus dem Ofen. „Die Entwicklung war ein langer Prozess", erinnert sich Toewe. Ein Jahr ihrer zehn-

Filigrane Objekte mit einer positiven Kraft. Links: „29.1." und „5.8." aus der Serie ‚seasons'. Rechts: „moonlight" aus der Serie ‚hang UP'.

Toewe taufte sie „Zip", was „Schwung", „Freude" bedeutet.
Das Schlüsselerlebnis, das die Entstehung der bis heute fortgesetzten Feinstarbeiten anregte, geht auf eine Begegnung mit hauchdünnem, chinesischem Eierschalenporzellan zurück. Wobei Toewes Objekte aufgrund der Länge eine besondere handwerkliche Herausforderung darstellen. Es erfordert außerordentlich viel Geduld, um das im Rohzustand extrem bruchgefähr-

jährigen Ausbildung experimentierte Sie mit der Rezeptur, Brenntechnik, und den Grenzwerten der Oberflächengestaltung, und noch heute, nach Jahrzehnte langer Erfahrung, ist es nicht ausgeschlossen, dass ein Produkt wegen seiner Fragilität bei der Herstellung zerbricht. Nach dem Brand sind die Objekte stabil. Hartporzellan eben. Im Grunde ewig haltbar. Von innen durchscheinendes Licht verstärkt die Transluzenz. Das Formenrepertoire reicht längst über

Christiane Toewe in einer Gruppe von Leuchtobjekten.

die markanten Kegel hinaus und umfasst Flaschen, Vasen sowie Kokons aus Porzellan. Und fast immer präsentiert die Künstlerin Porzellan in Kombination mit Licht. Eine Rauminstallation mit Augenzwinkern: die blinkenden Brüste, oder die „Hängebusen", die der Frage nachgingen „daydream or nightmare?". Ein andermal stellt Toewe 147 personalisierte Schaukel-schalen so auf, dass diese bei jeder Bewegung einen zarten Klang erzeugen. Oder aber – ein drittes Beispiel – sie entwirft für eine Ausstellung zum Thema „DinA 4" Seiten eines Tagesbuches aus Porzellan, die –mit persischen Lettern beschrieben– zurückgelassen auf unsicherem blau waberndem Wasser treiben. Aktuelle Auszeichnungen würdigen die Arbeit: Der Kunstverein Bayreuth lud die Künstlerin zu einem Künstleraustausch in China ein. 2015 ernennt die Stadt Bamberg sie zur ersten Preisträgerin des neu geschaffe-nen Kunststipendiums.

Herzstück der Arbeit ist Toewes Atelier in der Hain-straße. Die vom hauseigenen Garten eingerahmten Räume beherbergen eine Ausstellung, u.a. mit floralen Motiven aus der Klosterkirche St. Michael. Hier sind auch die bekannten „Zips" zu sehen. Regelmäßig lädt die Künstlerin zu Veranstaltungen ein, bei denen sie auch Künstler anderer Sparten präsentiert. Da meist für Essen, Getränke und persönliche Atmosphäre gesorgt ist, sitzen die Gäste manchmal bis in die Nacht zusammen.

Termine nach Vereinbarung
Dienstag, Mittwoch und Donnerstag: 5-Uhr-Tee. Besucher können spontan klingeln und erhalten auf Wunsch Tee – die Künstlerin ist fast immer da und macht um diese Zeit eine Pause
Jedes Jahr am 4. Advent: „last minute", Exquisites zum Fest. Der Weihnachtsmarkt.Über aktuelle Veranstaltungen informiert die Künstlerin auf Ihrer facebook-Seite und gerne per e-Mail.

Anstöße für Auseinandersetzungen
Skulpturen im öffentlichen Raum

von
Bernd Wagenhäuser

Bamberg ist ein einziges Kunstwerk, so urteilen viele Besucher und Einwohner der Welterbestadt. Als ich 1982 als freischaffender Künstler nach Bamberg zog, empfand ich so ähnlich und ich war glücklich in einer Stadt zu wohnen, wo andere Menschen (Kultur-)Urlaub machen.

Die Stadt auf den sieben Hügeln mit ihrer vielfältigen historischen Architektur und den dazugehörigen Kunstschätzen zog auch mich in den Bann. Nur, gute zeitgenössische Kunst im urbanen Raum gab es kaum. Lag es an der Sattheit, die sich einschleicht, wenn das Stadtbild so üppig ausgestattet ist? Oder konnte sich der Stadtrat eine „moderne" Kunst in Verbindung mit „alten" Gemäuern schwer vorstellen?

Das historische Innenstadtgebiet verkörpert ein prägnantes Eigenleben, das Kunstwerk im urbanen Raum muss sich selbstbewusst in diesem Umfeld behaupten.

Joachim Bandau: Denkmal für die in der Zeit der nationalsozialistischen Herrschaft ermordeten Juden Bambergs (1995)

Das stellt den Künstler vor eine Herausforderung. Erwin Wortelkamp formulierte hierzu in einem Gespräch mit mir folgende Frage: „Wie schaffe ich es, eine Intensität zu erzeugen, dass die Skulptur in der Lage ist, das Auge auf sich zu ziehen, ein ganz eigenes Kraftfeld zu entwickeln, als gäbe es alles andere nicht." Für ihn stellen sich daraufhin weitere Fragen: Wie bestimmt sich ein Baukörper? Was verkörpert er als Volumen? Wie geht er mit den Grundprinzipien des Öffnens und des Schließens um? Das sind alles Aspekte, die in eine Platzierung von Kunstwerken einfließen müssen. Wortelkamp ist bei seiner Ausstellung im Jahr 2002 ein stiller Dialog mit den historischen Gegebenheiten gelungen. „Für den Betrachter konnte das Zwiegespräch tatsächlich eine Erweiterung sein, weil es große Rücksicht nahm auf das, was da war und das, was hineingebracht wurde", so Wortelkamp. Über das einzelne Objekt hinaus luden die Skulpturen zu einem Gang durch Bamberg ein, um die Stadt unter neuen Gesichtspunkten zu erschließen.

Es ist erfreulich zu sehen, dass in den letzten Jahren zunehmend interessante, zeitgenössische Kunst Einzug in den öffentlichen Raum der Stadt gefunden hat und in einem spannenden Verhältnis zum Umfeld steht. Besonders ist hier Joachim Bandaus Wettbewerbsarbeit aus dem Jahre 1995 zu erwähnen. Er gestaltete auf dem Synagogenplatz das „Denkmal für die in der Zeit der nationalsozialistischen Herrschaft ermordeten Juden Bambergs". Ein für diesen traurigen Anlass ausdrucksstarkes und sehr gelungenes Werk, auf einem zurückhaltend und sparsam neu gestalteten Platz, dem ehemaligen Standort der 1938 zerstörten Synagoge. Dies war leider einer der wenigen Wettbewerbe für Kunst im öffentlichen Raum, die von der Stadt Bamberg ausgelobt wurden.

Kunst ohne Schutzraum

Eine intensive Diskussion über zeitgenössischen Kunst im Stadtbild begann erst mit den Skulpturenausstellungen, die auf Initiative von Prof. Dr. Bernd Goldmann, ehemaliger Direktor des Internationalen Künstlerhauses Villa Concordia, durchgeführt wurden. Jetzt war plötzlich eine große Anzahl zeitgenössischer Skulpturen im Stadtgebiet präsent und es konnte eine lebhafte, zum Teil hitzige Auseinandersetzung mit der „Moderne" beginnen. Ein besonderes Merkmal der Kunst im urbanen Freibereich besteht ja schließlich darin, dass diese unausweichlich da ist, ohne den schützenden Raum der Galerien und Museen.

Es ist erfreulich, dass von allen sieben Künstlern, deren Arbeiten zwischen 1998 und 2012 gezeigt wurden, ein Werk dauer-

haft in der Stadt vertreten ist. Die „Liegende Frau mit Frucht", eine Bronzearbeit aus dem Jahre 1996 von Fernando Botero, hat sich auf dem Heumarkt breit gemacht und Joannis Avramidis' „Große Figur 1982" hält auf dem Pfahlplätzchen Ausschau. Die große Bronzemaske „Centurione I" (1987) von Igor Mitoraj strahlt ihre Melancholie vom Kranen an der Unteren Brücke aus und der „Poet" des spanischen Künstler Jaume Plensa hockt gedankenvoll über der Regnitz an der Oberen Mühlbrücke – eine Fiberglas-Arbeit, die bei Dunkelheit verschiedenfarbig leuchtet. Die stark reduzierte Figur strahlt eine asketische und in sich gekehrte Ruhe aus und verbietet sich das Sprechen.
Der Bronzeabguss einer Holzskulptur von Erwin Wortelkamp steht seit 2009 vor der Konzerthalle, deswegen wurde der „Dreiklang" von Herbert Peters, eine dreiteilige Steinskulptur von 1993, um einige Meter versetzt; der neue Standort bekommt der Skulptur sehr gut. In Sichtweite zu diesen beiden Werken befindet sich Bernhard Luginbühls „Ankerfigur", eine geschweißte Eisencollage aus dem Jahr 2002. Auf der anderen Regnitzseite, vor der Elisabethenkiche, steht „Apoll", eine bemalte Bron-

Markus Lüpertz:
Apoll (1989)

Links:
Joannis Avramidis:
Große Figur 1982

Jaume Plensa:
Poet (aus der Ausstellung von 2012)

Fernando Botero:
Liegende Frau mit
Frucht (1996)

blieb eine in der Stadt: acht glatzköpfige, hockende Chinesen treffen sich seit 2015 dauerhaft auf dem Schönleinsplatz. Die Skulpturengruppe Meeting (2008) aus rot lackierter Bronze hat der chinesische Künstler und Ernst-Barlach-Preisträger Wang Shugang geschaffen, der u.a. zehn Jahre in Deutschland lebte. Die buddhistische Formensprache Tibets und des alten China, aber auch die Auseinandersetzung mit den deutschen Expressionisten beeinflusste sein künstlerisches Schaffen – ein Künstler zwischen den Welten.

So hat sich in gut eineinhalb Jahrzehnten eine beachtliche Fülle zeitgenössischer Kunst als ergänzender Kontrast in die über 1000 Jahre alte Stadt eingefügt. Mal temporär, mal dauerhaft – für vielschichtige Gedanken, Sichtweisen und Diskussionen.

Kunst lässt sich niemals ganz vereinnahmen

Und nun zeigt sich, dass sich die zeitgenössische Kunst bei sensibler Standortwahl sehr wohl in das historische Ambiente einer Weltlerbestadt wie Bamberg einbrin-

zeplastik von 1989 des Künstlers Markus Lüpertz.

2013 konzipierte und inszenierte der Berliner Galerist und Kurator Alexander Ochs-Barwinek die sehr beachtenswerte temporäre Ausstellung CIRCLES-KREISE – internationale zeitgenössische Kunst im historischen Stadtgebiet – auch eine Reverenz an seine Geburtsstadt.

Aus den über 30 künstlerischen Arbeiten

Unbeabsichtigterweise hat sich eine Kunstachse der zeitgenössischen Plastik in Bamberg gebildet: Sie beginnt am Kranen mit der Mitoraj-Plastik, geht weiter zur „Liegenden" von Botero auf dem Heumarkt über den Markusplatz mit einer Großplastik von Wagenhäuser zum Freibereich vor der Konzerthalle mit Werken von Wortelkamp, Luginbühl und Peters und reicht bis zum 2009 eröffneten Skulpturengarten Bernd Wagenhäusers neben dem Ziegelbau, zu dem über zwanzig Skulpturen gehören.

Igor Mitoraj:
Centurione 1 (1987)

gen kann. Ja, es ist sogar ein notwendiger Schritt, das kulturelle Jetzt dem Historischen gegenüber zu stellen. Aber was ist eigentlich die Aufgabe der zeitgenössischen Kunst im öffentlichen Raum? Diese Frage ist mir schon oft gestellt worden und die Antwort ist so treffend wie einfach: Das Kunstwerk ist einfach nur da, es behauptet sich und ist autonom, es passt sich nicht an und lässt sich niemals ganz vereinnahmen. Bis dahin ist es ein steiniger und Kräfte zehrender Weg, den die Künstler gehen müssen. Ein Kunstwerk kann nicht in einem Augenblick erfasst und erschaffen werden. Es fordert Zeit, die man ihm einräumen muss. Auch in Bamberg musste das erst gelernt werden. Was nicht Aufgabe der zeitgenössischen Kunst sein kann, ist das Verschönern und Kaschieren. Ein hässlicher Platz oder eine langweilige Architektur wird nicht schöner durch ein Kunstwerk und nicht jeder freie Platz muss mit Kunst „bestückt" werden.

Der Kulturphilosoph Wolfgang Welsch, der u.a. bis 1993 an der Uni Bamberg lehrte, schrieb 1992 in der Fachzeitschrift „orte" zum Thema Kunst im öffentlichen Raum: „Eine Kunst, die nur der Verschönerung dient, brauchen wir im öffentlichen Raum in der Tat nicht mehr. Aber der Kunst bleibt eine andere Möglichkeit. Sie kann eine Instanz der Andersheit, der Fremdheit, der Irritation, der Sperrigkeit sein." Der

Ausstellungsmacher und Kunsthistoriker Manfred Schneckenburger schrieb im gleichen Heft über die Kunst der öffentlichen Räume: „Sie kann harmonisierend und destruktiv, aufklärerisch oder anarchisch sein. Sie wendet sich nicht an die Psychologie

Bernd Wagenhäuser:
oben:
Skulptur am Markusplatz, ohne Titel (1999)
unten:
Skulpturengarten (2009)

Erwin Wortelkamp:
Ohne Titel (2009)

der Massen, sondern an den Einzelnen und seine Sensibilität. Sie hat, im Gegensatz zur älteren öffentlichen Kunst, keine programmatische Botschaft, sondern fördert die individuelle Reaktion."

Wie auch immer die verschiedenen Sichtweisen aussehen mögen, wichtig ist, dass die Kunst zur Auseinandersetzung anregt. Natürlich haben die kreativ Schaffenden nicht den Anspruch, dass ihre Kunst jedem gefallen müsste, aber Offenheit und Toleranz lassen sich einfordern. Oft gibt sich der Betrachter gar nicht die Möglichkeit, sich an dem Kunstwerk zu bereichern, schnell werden die Scheuklappen aufgesetzt und der geistige Rollladen herunter gelassen. Denn nach der Kreativität des Künstlers ist die Eigenkreativität des Betrachters gefordert. Das muss ein Lernprozess sein. Wie in anderen Bereichen kann man mit viel Hintergrundwissen und Erfahrung die feinen Nuancen, die ein gutes Kunstwerk ausmachen, sehr viel besser wahrnehmen als ohne. Noch hat es die öffentliche zeitgenössische Kunst in der Welterbestadt Bamberg nicht leicht, aber eine gute Basis wurde gesetzt.

Wang Shugang:
Meeting (2008)

Der Weg zur Quelle

Wer denkt, dass es nicht möglich sei, aus so einfachen Gegenständen wie einer Tasse, einer Vase oder einem Brunnen eine Philosophie zu entwickeln, hat vermutlich Georg Döppmann noch nicht kennengelernt.

Keramik Döppmann
Dörfleinser Str. 72
96103 Hallstadt
Tel. 0951 / 73/90
mail@keramik-
doeppmann.de
www.doeppmann-
brunnen.de

Öffnungszeiten:
Immer nach
Vereinbarung

„Mir gefällt die Gelassenheit und intensive Form der Handwerklichkeit, mit der Keramiker arbeiten."
– Georg Döppmann

In seinen auffallend schlichten Keramiken kommt eine Lebensphilosophie zum Ausdruck, die jeder verstehen und sinnlich erfahren kann, interessanterweise auch ohne irgendein Wort. „Mir gefällt die Gelassenheit und die intensive Form der Handwerklichkeit, mit der Keramiker arbeiten", erzählt er. Die Konzentration bei der Gestaltung des Gegenstandes sei vergleichbar mit einer Meditation. Wer dem gelernten Keramiker zuhört, kann das gut nachvollziehen. Man spürt, wie sehr Georg Döppmann die Bewegungen, die er mit dem Körper ausführt, verinnerlicht hat. Sie bilden für ihn eine Möglichkeit, um ganz bei sich zu sein. Jedes Werk ist anders als ein Industrieprodukt, anders aber auch als eine volkstümliche Keramik individuell gestaltet und lebt zugleich wesentlich von der Tradition. Wie die Produktion, so die Wirkung: Die Gegenstände, die Georg Döppmann schafft, lassen auch den Betrachter zur Ruhe kommen, ganz so, wie es seiner ganzheitlichen Lebensauffassung entspricht.

Die Werkstatt in Hallstadt besteht seit 1990. Zum Atelier gehören Ausstellungsräume und ein Garten, wo Döppmann Objekte im Alltagseinsatz zeigt. „Wenn ich mir die Entwicklung der letzten Jahre anschaue, habe ich die Dinge immer weiter reduziert", merkt er an. Die Gegenstände behaupten ihren Platz im Spannungsfeld von Funktion, Ästhetik und Ethik, gleichgültig, ob es sich um Tassen und Vasen in unterschiedlicher Gestaltung handelt oder um freiplastische, oft sehr schwere und dickwandige Formen. Im Idealfall weisen sie über sich hinaus und spielen auf eine tiefere Bedeutung an, so wie die Zimmerbrunnen, die auf die Quelle, den Ursprung, also auch auf die Herkunft allen Lebens verweisen.

„Ich lasse mich inspirieren von den Wurzeln alter Kulturen und setze eine Tradition fort, die durch die Massenproduktion verschüttet wurde", sagt Georg Döppmann. Traditionsverliebt ist er keineswegs. Das Auge und die Hand stoßen immer wieder auf Neues: mit Stempeln bearbeitete Oberflächen, differenzierte Glasuren oder auch Erosionen, die auf die Vergänglichkeit hindeuten. Das Streben nach dem Einfachen ist das Streben der Natur.

Platz da für die „Humsera"!

Das bodenständige Bamberg und die über 700-jährige
Gärtnergeschichte hängen untrennbar zusammen.
Mit der Brunnenskulptur der „Humsera" hat Hans Leitherer
den alten Gärtnerfrauen einst ein Denkmal gesetzt.

Rechts: Seit 1976 steht Hans Leitherers „Humsera" am Grünen Markt. Davor schmückte sie 43 Jahre lang
einen Zapfbrunnen am Maxplatz. Links: Der Blick der „Humsera Jetzterdla" ist nicht mehr grimmig, sondern
geht in die Weite. Zudem fällt die wesentlich barockere Leibesfülle auf und das, Bambergerisch gesprochen,
„britscherbraate" Hinterteil.

SOUVENART
Stephan Zehentmeier
www.humsera.com
hallo@humsera.com
Tel. 0151 / 68403034

Auch wenn seine Figur am Grünen Markt
bei Weitem nicht so populär ist wie der
Bamberger Reiter, steht sie vielen Einheimischen vermutlich näher als das Wahrzeichen aus dem Dom. Während der Reiter
seit Jahrhunderten unbewegt auf einem
Sockel an einem Kirchenpfeiler ausharrt,
hat sich die „Gärtnera" ganz volksnah auf
dem Marktplatz niedergelassen.
Seit 2015 kann die „Humsera" überall

einen Platz finden: als „Humsera Jetzerdla".
So taufte Stephan Zehentmeier seine Figu-
ren, mit denen er und eine Bildhauerin in
die Spuren des Originals getreten sind. Die
Abgüsse, klassisch in Stein und poppig in
Kunststoff erhältlich, gehen über eine bloße
Nachschöpfung dabei deutlich hinaus.
Auf ihre Weise verkörpert auch die neue
„Humsera" ein gutes Stück Bamberger
Kultur. Der gebürtige Bamberger Stephan

Die Künstlerin Antjepia Gottschalk hat Stephan Zehentmeiers Idee umgesetzt: als große und kleine Steinfigur (im Bild die große Variante) sowie als poppige Kunststoff-Figur in leuchtenden Farben.

Zehentmeier ließ die Steinfigur zunächst aus rein privaten Gründen herstellen. Seit 1999 lebt er mit seiner Familie in Düsseldorf. Dennoch haben seine Frau, die ebenfalls aus Bamberg stammt, und er über all die Jahre ihre Wurzeln nie vergessen. „Mit dem Einzug in unser neues Haus haben wir uns gefragt, wie wir ein Stück unserer echten Heimat Bamberg in unsere Wahlheimat Düsseldorf bringen können", erzählt Stephan Zehentmeier. So entstand die Idee, sich eine Humsera-Skulptur für den Garten modellieren zu lassen, „jedoch eine modernere und peppigere Interpretation". Für die Auftragsarbeit wählten sie Antjepia Gottschalk aus, die ihr Atelier vor den Toren Düsseldorfs in Ratingen hat. Bei strahlendem Sonnenschein wurde die Skulptur am 1. Januar 2015 im heimischen Garten aufgestellt. Immer mehr Verwandte und alte Freunde aus Bamberg erfuhren davon, sahen die Skulptur und

interessierten sich für sie. Zur Vervielfältigung war es da nur noch ein kleiner Schritt …

Seit März 2015 kann die große steingussbasierte „Humsera Jetzerdla" als Gartenfigur – ca. 90cm hoch und mit knapp 50kg kein Leichtgewicht – in einer limitierten Auflage von 20 handsignierten Skulpturen gekauft werden. Zusätzlich hat die Künstlerin eine kleine steingussbasierte Variante, ca. 16cm hoch, geschaffen, die man ebenfalls (nicht limitiert) im Internet unter www.humsera.com bestellen kann.

In Bamberg hat die Figur schnell Freunde und Unterstützer gefunden. Carmen Dechant, Inhaberin der Bamberger Hofstadt Gärtnerei, und Dr. Hubertus Habel, Leiter des Gärtner- und Häckermuseums, regten Stephan Zehentmeier zu weiteren „Humsera-Varianten" an. Die vorerst jüngste ist die in poppigen Farben erstellte und preislich leicht erschwingliche aus wetterfestem Kunststoff. Es ist anzunehmen, dass sie das Bild von der „Humsera" in Zukunft stärker prägen werden als die historische Figur. In jedem Fall stellt sie auch ein authentisches Geschenk bzw. Souvenir aus Bamberg dar. „Ein Massenartikel wird jedoch nicht draus werden", verspricht der Produzent. „Auch wenn es die Humsera irgendwann als Schlüsselanhänger gibt, muss die Ausführung hochwertig sein und selbstverständlich *Made in Germany*."

Der Name „Humsera" geht auf den Familiennamen „Hums" zurück, eine Gärtnerfamilie aus der Heiliggrabstraße. Die „Humsera" ist ein Sinnbild der alten Marktfrauen bzw. „Markthöcken". Diese waren für ihr loses Mundwerk und deftige Sprüche bekannt. Der Mundartdichter Hans Morper hat sie in seinem Buch „Heimat im Spiegel" verewigt.

Museum mit lebendiger Tradition

Mitten in Frensdorf liegt der Fischerhof, das frühere Anwesen der Familie Fischer. In dem Wohnstallhaus mit Scheune, einem Austragshaus aus dem frühen 19. Jahrhundert und einem idyllischen Innenhof mit Backofen ist heute das Bauernmuseum Bamberger Land beheimatet.

Bauernmuseum Bamberger Land

Treffpunkt für Volkskultur und Heimatpflege

Hauptstraße 3 - 5 96158 Frensdorf

Tel. 09502 / 8308

www.bauernmuseum-frensdorf.de

bauernmuseum@lra-ba.bayern.de

Öffnungszeiten April bis Oktober:

Dienstag bis Freitag 14 – 17 Uhr, So- und Feiertage 13 – 17 Uhr

Von November bis März geschlossen

Termine außerhalb der regulären Öffnungszeiten nach Vereinbarung.

Bürozeiten: Dienstag bis Freitag 9 – 12 Uhr

Reiche Ernte

Farbenfrohe Schablonenmalerei, originale Möbel und Gerätschaften dokumentieren die ländliche und bäuerliche Wohnkultur zu Beginn des vergangenen Jahrhunderts. Hinter dem Museum öffnet sich ein Museumsgarten, der die Herzen der Spezialitäten-Liebhaber höher schlagen lässt. Kartoffelsorten wie das „Bamberger Hörnla" oder der „Rosa Tannenzapfen" finden sich hier ebenso wie der purpurrot schimmernde Rosenkohl „Rubin", der rot gesprenkelte Römersalat „Forellenschluss" oder die alte Tomatensorte „Schlesische Himbeere".

2003 wurde der Museumsgarten erweitert und mit einem neuen Konzept gestaltet. Die im Garten verteilten Elemente eines „Sinnenfeldes" wie Barfußweg, Duftbeet, Drehscheiben oder Summsteine vermitteln intensive Sinneseindrücke und Themenbeete informieren über die Herkunft der Gartenblumen und die Zeit ihrer Einwanderung. „Wir haben die handelsüblichen

Sorten gegen historische Sorten ausgetauscht", so Dr. Birgit Jauernig, Leiterin des Bauernmuseums. Eng mit dem Garten verbunden ist die Museumspädagogik. Ein Großteil der museumspädagogischen Aktionen findet hier statt und ermöglicht es den Kindern, die Natur spielend zu entdecken.

Jedes Jahr lädt das Museum zu einer umfangreichen Sonderausstellung ein, die sich jeweils einem kulturhistorischen Thema widmet. Zugleich wird der Bezug zur Gegenwart hergestellt. Ein Beispiel: Die Landesgartenschau 2012 in Bamberg. Da präsentierte das Bauernmuseum die Sonderausstellung „Sauerkraut und Ketchup – Ein Streifzug durch drei Jahrhunderte Vorratshaltung". Passend dazu wuchsen im Museumsgarten 14 Tomatensorten, über ein Dutzend verschiedene Salate, über 20 Sorten von Hülsenfrüchten wie Linsen, Erbsen und Bohnen, drei Senfsorten sowie etliche kaum noch bekannte heimische Nutzpflanzen.

Auch die Trachtenberatung des Bezirks Oberfranken hat im Museum in Frens-

Museumsgasthof Schmaus (li.) und Wohnstallhaus des historischen Fischerhofs.

Im Museumsgarten: Barfußweg mit Kräutermosaik (li.) und historische Tomatensorten (re.).

dorf eine Heimat gefunden. Alte Trachten werden hier dokumentiert, neue Formen entwickelt und in Nähkursen werden die Modelle nachgearbeitet. Höhepunkt für alle Trachtenliebhaber ist der Oberfränkische Trachten- und Spezialitätenmarkt, bei dem an zahlreichen Ständen Stoffe, Borten, Knöpfe, Tücher ebenso wie Hüte, Blaudruck, Flitterkränze, Leinenhemden und Filzdesign feilgeboten werden.

Weithin sichtbar ist die bunte Kuh, das Logo des Bauernmuseums. Sie leitet die Besucher auch in den Museumsgasthof Schmaus, der unmittelbar an das Museum grenzt und über dessen Tür das Museumstier prangt. Die Verbindung zwischen Gasthof und Museum kommt beiden Seiten zugute. Für Pächter Daniel Köpplinger steht die „Fränkische Küche mit regionalen Produkten" im Mittelpunkt und er will damit kulinarische Zeichen setzen. Dazu gehört der sonntägliche Braten ebenso wie selbstgemachte Nudeln oder spezielle Kartoffelgerichte. Insbesondere bei der Auswahl der Fleischprodukte achtet der Pächter auf Herkunft und Aufzucht. Die Getränke kommen selbstredend aus der Region. Auch Vegetarier werden auf der Speisekarte fündig und ein weiteres Kennzeichen des Hauses bleibt vor allem Familien in guter Erinnerung: Kinderfreundlichkeit!

Museumsgasthof Schmaus
Hauptstr. 3
96158 Frensdorf
Tel. 09502 / 9243400
www.museums
gasthof-schmaus.de
info@museums
gasthof-schmaus.de

Öffnungszeiten:
Dienstag bis
Donnerstag:
14 – 22 Uhr,
Küche: 17 – 21.30 Uhr
Freitag bis Sonntag:
11 – 23 Uhr,
Küche: 11.30 – 14 Uhr
und 17 – 22 Uhr

Stube und Stubenkammer im historischen Wohnhaus

Tradition und zeitgenössische Trends stehen beim Oberfränkischen Trachten- und Spezialitätenmarkt in farbenfrohem Einklang.

Malerischer Hof
mit weltoffenem Flair

Der Kunsthandwerkerhof in Königsberg erweckt den Anschein, schon seit ewigen Zeiten hier beheimatet zu sein. So malerisch fügt sich das in einer alten Gasse gelegene Gebäude in das Fachwerk-Idyll der Stadt ein. Der Hof erfreut die Sinne mit Kunst, Kunsthandwerk, Mode und Kulinarischem.

**Kunsthandwerkerhof
Königsberg**
Altes Brauhaus
97486 Königsberg
Tel. 09525 / 1863
www.kunst-
handwerkerhof.de

Öffnungszeiten:
Mittwoch bis Sonntag
ab 14 Uhr

Angesichts des Ambientes, das bis ins kleinste bauliche Detail die Handschrift eines hervorragenden Architekten trägt, kann man sich die Mühen nur ungefähr vorstellen, die das Projekt gekostet hat. Seine Entstehung verdankt sich dem glücklichen Zusammenspiel zweier Kräfte: Während die Stadt Königsberg und die Regierung von Unterfranken die Zuschüsse beisteuerten, trieb die Initiatorin Anne-Marie Reiser-Meyerweissflog, die man getrost als die gute Seele des Kunsthandwerkerhofes bezeichnen darf, das Projekt voran. 1989 stürmte sie das Rathaus mit ihrer Idee, ein verfallenes Gebäude in einer Gasse, einst Sitz eines Brauhauses

mit Geräteschuppen und Darre, aus dem Dornröschenschlaf zu wecken. Nach sechs Jahren intensiver Planung und der Auseinandersetzung mit überkritischen Bürgern war es soweit: Die Renovierung konnte beginnen und ein Jahr später kehrte Leben in die Anlage ein, dessen Rücken an die nördliche Stadtmauer angrenzt. Künstler und Kunsthandwerker erhielten damit erstmals in Königsberg angemessene Räume, um ihre Werke der Öffentlichkeit stilvoll präsentieren zu können.

„Die Plattform für Künstler, Gespräche und Freundschaften bot von Anfang an viele Möglichkeiten der Weiterentwicklung", erklärt Anne-Marie Reiser-Meyerweissflog. „Im Kern geht es immer um die Kombination von sinnlichem Erleben und Kunst." Die Galerie im ehemaligen Sudhaus, einem hohen Raum mit sakraler Atmosphäre, befindet sich in städtischer Hand und bildet das künstlerische Herzstück. Hier wechseln sich pro Jahr vier bis fünf Ausstellungen von Einzelpersonen und Gruppen aus dem In- und Ausland ab, mit einem weit gespannten Bogen von der Volkskunst bis zur abstrakten Malerei. Ein Teil der Werke bleibt nach der Ausstellung für ein paar Monate im flachen, lang gezogenen Gebäude nebenan präsent. Aus Gefälligkeit gegenüber den Künstlern verzichtet man auf eine Provision.

Die Organisatorin und Bildhauerin Anne-Marie Reiser-Meyerweissflog hat die ehemaligen Geräteschuppen Stück um Stück in kleine, miteinander verbundene Einheiten voll schöner Dinge umgewandelt, darunter befinden sich feine englische Kosmetikartikel von Crabtree & Evelyn, ausgefallener Schmuck von Eldorado und Couer de Lion, Gold- und Silberkreationen der ortsansässigen Goldschmiedin Doris Endres, hochwertige Gmundner Kermamik aus dem Salzkammergut, katalytische Luftreiniger von Berger, bestes Leinen von Leitner und viele andere Objekte der Begierde. Mit

Hätte die Stadt Königsberg den Kunsthandwerkerhof nicht unterstützt, würden hier vermutlich Garagen stehen. Stattdessen beherbergt der Hof heute eine Galerie, ein Café und charmante Verkaufsräume. Anne-Marie Reiser-Meyerweissflog (links oben), Elias Wolff und Nadine Schlossbauer sind die Mieter.

„Im Kern geht es immer um
die Kombination von sinnlichem
Erleben und Kunst."
– Anne-Marie Reiser-Meyerweissflog

der Frau der ersten Stunde haben sich zwei weitere Kreative eingemietet: Der Maler Elias Wolff fertigt Radierungen und Acryl-bilder an, die Designerin Nadine Schloss-bauer entwirft Mode und Accessoires aus Filz. Für einen komfortablen Aufenthalt sorgt das kleine Cafe, in dem es auch selbst gebackene Kuchen gibt. Im Frühjahr 2010 wurde das Angebot um eine viel verspre-chende Regionalvinothek erweitert. Es findet sich hier somit Vieles, um mehr Zeit in Königsberg zu verbringen.

„Ein recht schönes Cavaliershaus"

Im Süden Bambergs liegt eine der bedeutendsten Privatresidenzen Süddeutschlands: Schloss Weissenstein ob Pommersfelden.

Schloss Weissenstein bietet viele Gelegenheiten, sich an prunkvollen Formen zu erfreuen. Höhepunkte sind unter anderem die Muschelgrotte und das Spiegelkabinett, das Treppenhaus und die weitläufige Parkanlage.

Schloss Weissenstein

96178 Pommersfelden
Tel. 09548 / 98180
info@schloss-weissenstein.de
www.schloss-weissenstein.de

Öffnungszeiten:
1. April bis
31. Oktober,
täglich 10 – 17 Uhr
Stündliche Führungen
ab 10 Uhr
Der Park ist das ganze
Jahr geöffnet!

Nach dem Ableben des letzten Truchsess von Pommersfelden 1710 erbte der Bamberger Fürstbischof Lothar Franz von Schönborn die Herrschaft mit einem völlig verkommenen Wasserschloss. Die Menetekel des dreißigjährigen Krieges waren zu dieser Zeit längst vergessen, man richtete sich wieder für die Ewigkeit ein. Eindeutig war diese „speluncam latronum", diese Räuberhöhle, wie sich der Fürstbischof bei einer Ortsbesichtigung äußerte, deren Gebäude alle „ganz vermorscht und verfaulet" sind, nicht für die Ewigkeit geeignet! Wie aber nun die „Esel" (eine schönbornsche Wortkreation, abgeleitet von Dukatenesel) zusammenbringen, um einen prachtvollen Neubau zu finanzieren? Glücklicherweise griff bei der Lösung dieses Primärproblems der Wiener Kaiserhof helfend ein, denn Lothar Franz hatte erstens für die Konversion der protestantischen Prinzessin Christine von Braunschweig gesorgt und damit die Hochzeit mit Karl VI. möglich gemacht. Zweitens sicherte er die Wahl dieses umstrittenen Habsburgers zum Kaiser, was ihm

postwendend mit 100.000 Gulden gelohnt wurde. Der höchstbesoldete Hofbeamte hätte dafür 20 Jahre und 8 Monate arbeiten müssen.

„Wie könnten die Künstler, die doch Gott haben will auf dieser Welt, bestehen, wenn er nicht zugleich Narren werden ließe, die sie ernähren täten." Seinem eigenen Motto gemäß erteilte der Fürstbischof seinem Hofarchitekten Johann Dientzenhofer sofort den Auftrag zum Neubau. Er denkt tatsächlich für die Ewigkeit, denn es soll auch für „zukünfftige weib und kinder ein recht schönes und gemachliches cavaliershaus" entstehen.

Das Treppenhaus entwirft er selbst. Und obwohl er von renommierten Architekten und auch aus befreundeten Adelskreisen Kritik erntet, besteht er auf die Verwirklichung. „Meine Stieg muß bleiben, als welche von meiner Intention und mein Meisterstück ist!" Seiner Beharrlichkeit verdanken wir eines der schönsten Barocktreppenhäuser Deutschlands. 8.000 Kubikmeter umbauter Raum als barocke Theaterbühne der Repräsentation! 1718 war das Gebäude mit all seinen Prachtgemächern bezugsfertig.

1996 wurde das Schloss von Dr. Karl Graf von Schönborn in eine gemeinnützige Stiftung eingebracht. Diese Stiftung wird seit 1998 von seinem Sohn verwaltet. Die Familie wohnt nach wie vor in den Sommermonaten im Schloss. Seit 1958 treffen sich unter der Schirmherrschaft der Schönborns in Pommersfelden junge Musiker zu einer Sommerakademie, dem Collegium Musicum. Aus allen Teilen der Welt werden die Teilnehmer eingeladen, im Schloss untergebracht und verköstigt. Die öffentlichen Konzerte und Kammermusikabende sind besondere Erlebnisse.

Lothar Franz von Schönborn schuf außerdem den Grundstock für eine der größten Privatsammlungen alter Meister im deutschsprachigen Raum. Trotz einiger Verluste enthält sie noch heute Gemälde von unschätzbarem Wert, die in der Schlossgalerie gezeigt werden.

„Indianische Kastanienbäume" und „ein Oranzenplatz mit Pyramiten von Obst"

Schloss und Park Seehof –
ehemalige fürstbischöfliche Sommerresidenz

von Marion Dubler

Die erste Chaussee, die im Hochstift Bamberg gebaut wurde, führte nicht etwa zu größeren Städten und wichtigen Handelspartnern – ncin, sie führte vom östlichen Stadtrand hinaus zur Sommerresidenz Schloss Seehof!

Möglichst geradlinig sollte sie auf das exponiert und auf einer leichten Anhöhe im Seengebiet liegende Schloss zuführen. So rückte es als „Point de vue" auf einer Länge von ungefähr einem Kilometer ins Blickfeld der Ankommenden. Diesen Aha-Effekt steigerte eine Allee „von indianischen Kastanienbäumen", die Fürstbischof Adam Friedrich von Seinsheim (1757-1779) anpflanzen ließ. Der Begriff „indianisch" wurde damals für exotische, nicht heimische Baumarten angewendet. Diese Trasse war gepflastert, im Unterschied zu den übrigen Wegen und Straßen, die gekurvt, meist der Topografie folgend, unbefestigt und unkomfortabel das Land durchzogen.

Damit wird klar, welchen Stellenwert Schloss Seehof bei Adam Friedrich einnahm. Zu seiner Zeit waren die großen Bauaufgaben an den Residenzen in Bamberg bzw. Würzburg bereits erledigt, und so konnte sich der bekennende Gartenenthusiast den Schlossparks in seinem

Ein Heckenquartier -
Schattenspender und
ehemals Ort neckischer
Spiele und Scherze.

Der Naturgott Pan, mit
Flöte und Löwenkopf,
setzt fast tänzerisch
seine Beine auf. An
einem Baumstumpf
aufgehängt eine Flöte
aus Rohr, die nach ihm
benannte Panflöte.

Herrschaftsgebiet widmen. Überdies war er das strenge und belastende Hofzeremoniell sehr oft Leid, weshalb er sich gern auf die Landsitze Veitshöchheim und Seehof zurückzog.

Die Gärten wurden sozusagen zur Chefsache. In den Hofdiarien Bambergs findet sich denn auch 1757 der Eintrag, dass Seinsheim „… allda die Orangerie in Högsten Augenschein genommen" habe. Zwar hatten ab 1733 seine Vorgänger bereits die alten Orangeriebauten durch eine neue, dem französischen Schlossbau nachempfundene Doppel-Orangerie mit dem dazwischen gespannten „Memmelsdorfer Tor" nach Plänen von Balthasar Neumann errichten lassen und der fürstbischöfliche Hofbildhauer Ferdinand Tietz war beauftragt worden,

über 100 Skulpturen für den Park zu schaffen. Es wird auch berichtet, dass sich Fürstbischof Lothar Franz von Schönborn schon 1725 die beachtliche Anzahl von 3000 Zitrusfrüchten an den Mainzer Hof hatte schicken lassen, aber es war doch Fürstbischof Adam Friedrich von Seinsheim, der den Park von Schloss Seehof zur Hochblüte brachte.

Privatvergnügen und Repräsentation

Für das Anliegen, sein Jagdschloss und den Garten als Kulisse für heiteres, gelöstes Vergnügen zu nutzen, ließ er den Park mit weiteren 300 Skulpturen aus der Tietzschen Werkstatt ausstatten, die Heckenquartiere im Stil des Rokoko kleinteiliger und intimer mit Heckenlabyrinth und Theater gestalten, die Kaskade vollenden und vor den Orangerien den „Oranzenplatz mit Pyramiten von Obst" ausbauen. Trotz Kleinteiligkeit und Heiterkeit war jedoch alles darauf ausgerichtet, dem Herrscher zu huldigen und seiner Repräsentation zu dienen. Der Skulpturenzyklus der Kaskade spricht Bände: ganz oben steht Herkules, der Inbegriff des Helden der Antike, der gekrönt wird von der Göttin Fama. Er steht über den Flussgöttern Main und Regnitz und unter ihm stürzt Diomedes, der Barbar. Adam Friedrich nutzt diese „Bilder" für sich, identifiziert sich mit dem Helden der Antike und sieht sich als Herrscher, unter

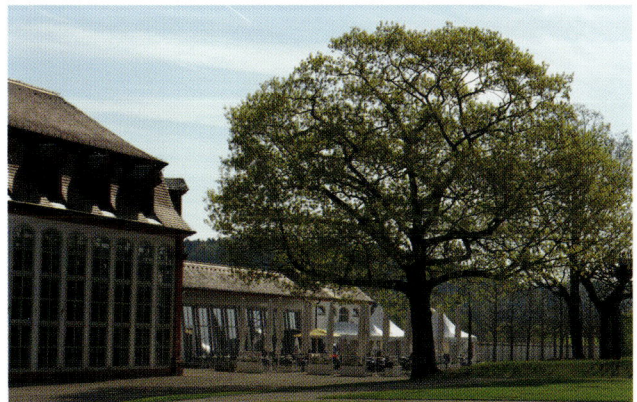

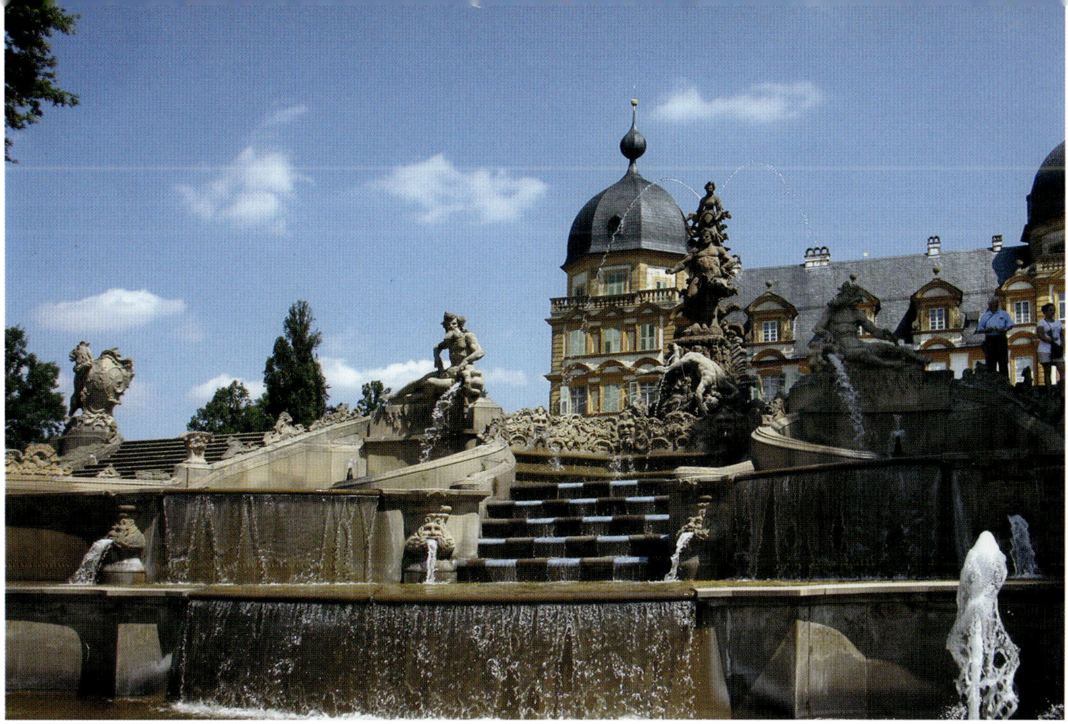

Seit 1995 zur vollen Stunde in Aktion: die Kaskade mit ihrem programmatischer Höhepunkt Herkules, über ihm die Fama, die Göttin des Ruhmes.

dessen Regime nach Überwindung von Widrigkeiten die Kunst und die Wissenschaften aufblühen. Die Götter und Helden aus Stein sind weiß gefasst und ähneln damit dem teureren Werkstoff Marmor. Deutlich heben sie sich vor den dahinter liegenden grünen „Wänden" geschnittener Bäume mit ihrem ganzen, mitunter martialisch anmutenden Ausdruck ab.

Damit setzte Adam Friedrich im Park fort, was Johann Philipp Anton von Franckenstein (1746-1753) vor ihm mit der Ausstattung des sog. Weißen Saals im Westflügel des Schlosses im Deckengemälde zum Ausdruck bringen ließ: Er hatte 1751 den kurmainzischen Hofmaler Joseph Ignaz Appiani beauftragt, das Deckenfresko als wahren Götterhimmel zu kreieren. Im Osten Neptun, der Gott der Meere, kraftvoll auf einem wilden Schimmel reitend, ihm gegenüber, zur Gartenseite, Diana, die Göttin der Jagd, umringt von Nymphen, ihr huldigend zur Linken Pan, der Hirtengott, über ihr schwebend Amor. Aurora, die Göttin der Morgenröte, Flora, die Göttin der Blüte, Pomona, die der Baumfrüchte, Ceres und Bacchus, die für Acker- und Weinanbau stehen – sie alle stellen Allegorien auf Jagd, Fischerei und Feldbau dar, passend für ein Jagdschloss der damaligen Zeit.

Der neue Café-Bau, errichtet anstelle des abgebrochenen Franckenstein-Schlösschens.

Vom Gegenprogramm zur Rekonstruktion

Adam Friedrichs Nachfolger Karl Ludwig von Erthal vertrat quasi das Gegenprogramm. Er gilt als aufgeklärter Fürst, dem diese Pracht zuwider war und der das Ende der absolutistischen Herrschaft einläutete. Ein aufwendig mit Rauchkanalheizung ausgestattetes Orangenhaus, Wasserverschwendung an einer Kaskade, der in seinen Augen überausgestattete Park mit Figuren – all das reduzierte er durch Verkauf und sogar Rückbau. 1803 schließlich fällt durch die Säkularisation das Hochstift Bamberg. Eine kurze Blütezeit erlangte die Orangenzucht noch unter der bayerischen Herzogin Amalie, nach deren Tod aber der gesamte Bestand an Orangenpflanzen

Die Orangenkübel auf dem rekonstruierten Parterres stehen auf Sandsteinplatten; diese speichern Sonnewärme und sorgen dadurch für „warme Füße".

veräußert wurde. Mit dem Übergang von Schloss und Park Seehof an den Husarenoberst Ferdinand von Zandt wird der Niedergang und schließlich fast der Totalausverkauf eingeleitet. Sogar die Zerstückelung und der Verkauf des Appiani-Freskos waren geplant. Erst das neue Bayerische Denkmalschutzgesetz verhinderte 1973 das Schlimmste. 1975 konnte der Bayerische Staat Schloss und Park zurückerwerben. Das Bayerische Landesamt für Denkmal-

pflege zog mit seiner Außenstelle ein und wichtige Ausstattungstücke fanden den Weg zurück nach Seehof. Der Park wurde von Wildwuchs befreit und in Teilen rekonstruiert.

Für die Bamberger ist das ehemalige Jagdschloss der Fürstbischöfe ein beliebtes Ausflugsziel geworden, zu dem gern und stolz die Gäste geführt werden. Nach einer Schlossbesichtigung können wir nun also unter schattenspendenden Lindensälen, deren einzelne Exemplare zum Teil ein beachtliches Alter und gute Durchhaltekraft aufweisen, hinüber zum 2012 im Zuge der Landesgartenschau rekonstruierten und mit 168 Orangenbäumchen bestückten Parterre lustwandeln und uns zur vollen Stunde zur Kaskade begeben. Wer mag, kann den schönen Tag im Orangerie-Café abschließen, dessen delikater Käsekuchen ebenfalls über die Grenzen der Stadt hinaus bekannt ist.

Exkurs Orangerien

Die Myrtenblättrige Orange (Citrus myrtifolia), Teil der kleinen Ausstellungsfläche unterhalb des Parterres.

Für einen absolutistischen Herrscher war das Sammeln von Zitrusfrüchten schier unerlässlich. Keine Pflanze besaß einen höheren Repräsentationswert. Sie vereint alle geschätzten Eigenschaften, ist immergrün, fruchtet und blüht zugleich, ihre Früchte besitzen exotischen Reiz und ihre Blüten duften betörend. Der Besitz einer solchen Sammlung verhalf Königen, Fürsten und hochgestellten Patriziern zu Anerkennung und Ansehen. Zucht und Pflege sind kostspielig und aufwändig. Die mythologische Bedeutung – nur Herkules, der jugendliche Held, konnte die von Ladon bewachten „Goldenen Äpfel", die den Göttern ewige Jugend verliehen, stehlen - tat ein Übrigens. So geriet denn mancher Orangeriebau prächtiger als das Schloss selbst.

Bayerische Schlösserverwaltung
Schloss Seehof
96177 Memmelsdorf
www.schloesser.bayern.de

Öffnungszeiten
April bis Oktober: 9 – 18 Uhr,
Montags geschlossen
November bis März: geschlossen

Wasserspiele:
Mai bis Anfang Oktober täglich von 10 – 17 Uhr
zu jeder vollen Stunde

Tarte Tatin

von Anne-Marie Reiser-Meyerweissflog

Mürbteig:
200 g Mehl
100 g Butter
1 Prise Salz
1 Eigelb
etwas Wasser

Belag:
6–8 Äpfel
200 g feiner Zucker
80 g Butter

Aus den Zutaten einen feinen Mürbteig zubereiten, kühl stellen, dann zu einer Platte ausrollen. Die Äpfel schälen, entkernen und sechsteln. Unterdessen eine Tarteform auf dem Herd erhitzen, 170 g Zucker hineinstreuen und langsam karamellisieren lassen, bis der Zucker eine schöne goldbraune Farbe angenommen hat. Dabei immer wieder umrühren. Sobald der Karamell dunkel genug ist, die Butter in kleinen Stücken zugeben und ein paar Minuten brutzeln lassen. Dann die Form vom Herd nehmen, die Apfelspalten dicht darin einschichten, mit der runden Seite nach unten, dann die Zwischenräume ausfüllen. Eventuell die restlichen Zucker- und Butterstückchen darauf verteilen.

Die Teigplatte über die Äpfel legen, die Ränder an den Seiten in die Form stecken. In den auf 180 Grad vorgeheizten Ofen schieben und ca. 40 Minuten backen. Herausnehmen und 10 Minuten ruhen lassen. Dann vorsichtig die noch heiße Tarte auf eine passende Platte stürzen. Schmeckt köstlich mit halbgeschlagener Sahne. Ein Kuchen, der die Seele schweben lässt!

Wenn Licht und Schatten zu erzählen beginnen

Die 1000-jährige Geschichte Bambergs in knapp 90 Minuten – wie lässt sich das vermitteln? Noch dazu unterhaltsam und spannend! Was im Geschichtsunterricht kaum funktionieren würde, weil die Stoffmenge die Zuhörer überfordern würde, gelingt dem Künstler Norbert Götz.

**Theater
der Schatten**

Norbert Götz
www.theater-der-schatten.de
info@theater-der-schatten.de

Spielort:
Katharinenkapelle
neben dem Eingang
zur Alten Hofhaltung

Aufführungen
von Mai bis Oktober
Samstag
17 und 19.30 Uhr
Sonntag 11 Uhr

Karten:
Tourismus Service
Geyerswörthstr. 5
96047 Bamberg
Tel. 0951 / 2976200
Tourist-info@
bamberg.info
Montag bis Freitag
9.30 – 18 Uhr
Samstag 9.30 – 16
Uhr

Im August bietet
Norbert Götz Kurse
für den Einstieg ins
Schattentheater an.

Die Idee zu einem Stück mit Lokalkolorit entstand 2002, während der Landesausstellung in Bamberg. In Gesprächen mit Stadtführern kristallisierte sich für Götz der Kern seines Theaterstücks heraus: Die ganze Geschichte der Stadt ist ein Krimi und mit dieser Spannung sollte sie auch erzählt werden, reduziert auf Licht und Schatten, so dass „die erschütterndsten und erfreulichsten Ereignisse noch einmal lebendig werden, die diese Stadt zu einem unschätzbaren Kleinod haben verwenden lassen", wie er es formuliert. Der Bogen spannt sich von der Bistumsgründung durch Heinrich II., dem heimtückischen Königsmord in der Alten Hofhaltung, die fortwährenden Konflikte zwischen weltlichen und geistlichen Kräften, über Reformation, Hexenverfolgung, 30-jährigen Krieg und die Barockisierung Bambergs bis zur Säkularisation und den Extremen des 20. Jahrhunderts. Die konkrete Lokalgeschichte steht dabei immer im Vordergrund.

Das Stück mit dem sprechenden Titel „Licht und Schatten in Bamberg" hebt sich wohltuend vom althergebrachten Schattentheater ab. Das hat mit einem technischen Kniff zu tun. Norbert Götz verwendet eine punktgenaue, bewegliche Lichtquelle, die stets scharfe Konturen zeichnet. Die Leinwand ist wie ein großes aufgeschlagenes Buch, mit zwei schräg nach vorne gerichteten Seiten vor dem Publikum aufgestellt. In der Mitte befindet sich ein Spieltisch. Hinter ihm steht und erzählt Götz, zieht nach und nach Modelle der Stadt aus seinem Requisitenbuch hervor und baut damit die Szenerien auf. Die geschnitzten Figuren kann er im Spielraum vor der Leinwand frei bewegen.

Das Publikum in der Katharinenkapelle, dem ältesten Raum der Stadt, mit dem auch die Geschichte Bambergs beginnt, ist gut eineinhalb Stunden lang gefesselt. Der Stoff ist für Einheimische wie Touristen gleichermaßen interessant. Eine Reservierung ist empfehlenswert.

Romantische Randbemerkungen

Clemens Brentano und Ludwig Emil Grimm in Bamberg

von
Martin Neubauer

Dass der Romantiker Clemens Brentano die Stadt Bamberg besucht hat, ist kaum bekannt. Doch ein Brief des Dichters vom 20. August des Jahres 1809 belegt diesen Aufenthalt. Da schreibt Brentano an seinen Schwager, den berühmten Rechtsgelehrten Friedrich Karl von Savigny:

„In Bamberg war ich zwei Tage, und dancke Röschlaub herzlich für die Empfehlung an Göbhardt, Bamberg ist ein herrlicher Ort, … ."

Clemens Brentano hielt es nirgends sehr lange, auch nicht in Bamberg.

Ludwig Emil Grimm

Auf diese Passage bezieht sich der Vermerk in Konrad Feilchenfeldts „Brentano-Chronik": „1809 / 4.-7.August: B reist nach Bamberg, wo er den Verleger Joseph Anton Göbhardt aufsucht, …"

Lässt sich dieser Besuch auch aus einer lokalen Quelle nachweisen? Das „Bamberger Intelligenzblatt" vom 11. August 1809 gibt zunächst allerhand „Abgestrafte Polizeifrevel" bekannt, etwa: „Zween Handwerksburschen, die durch Schlägerey auf der Straße die öffentliche Ruhe störten, wurden mit 24stündigem Arreste belegt. … Ein junger Mensch mußte wegen Tobakrauchens auf der Straße nur die Strafe von 1 Rthlr erlegen, weil dieser seines noch nicht langen Aufenthalts wegen als Fremder zu betrachten war … Ein hiesiger Einwohner, der einen Nachtwächter während seiner Dienstverrichtung schimpfte, wurde mit 3stündigem Arreste belegt."

Unsere Zeitreise in Sachen Bamberger Lebensart hat begonnen! Wir lesen weiter:

„Ein Handwerksbursche, der seinen Meister beleidigte, musste nach geleisteter Abbitte einen 24stündigen Arrest aushalten … Zween Metzgern, die im Gewicht bevortheilten, wurden mit 2 fl. 37 ½ kr. bestraft, und mussten noch die Untersuchungskosten bezahlen. Eine fremde Weibsperson, die falsche Gerüchte ausstreute, wurde nach einem 24stündigen Arreste in ihr Heimath abgegeben … Bamberg, den 9ten August 1809. Königliches Stadt-Polizei-Kommissariat. Schauer."

Das „Bamberger Intelligenzblatt" (man kann diesen hübschen Titel gar nicht oft genug zitieren!) berichtet weiter von Versteigerungen, Verkäufen und „Miethen", Personen, die gesucht werden. Endlich, direkt vor der Taxe für Ochsenfleisch, Kuhfleisch, Hammelskopf und -lunge, grünen und dörren Speck, stoßen wir auf das Gesuchte: „Angenommene Fremde vom 1ten bis zum 7ten August 1809. Im Bamberger Hofe: Frau Gräfin von Wrbna, Frau Fürstin Jablonoska nebst Dienerschaft aus Wien,

Hr. Doctor Titterich aus Leipzig, …
Hr. Brentano und Hr. Julius, beyde Doctores a.
Frankfurt." Da haben wir es Schwarz auf Weiß. Zwar
ist Clemens Brentano nie Doktor gewesen, aber es ist
nicht nachzuweisen, ob er hier nach seiner gewohnten
Art etwas geflunkert hat, oder der Eintrag mangels
tauglicher Bezeichnung für einen „freischaffenden
Poeten" erfolgte.

Romantischer Poet im Bamberger Hofe

Jenen Bamberger Hof, in dem Brentano damals
abgestiegen ist, suchen wir heute vergeblich. Er stand
zwischen der alten Martins- und der Universitätskir-
che, galt als das erste Haus am Platz, wurde besonders
wegen seiner Küche gerühmt und 1909 kurzerhand
für den Neubau des Kaufhauses Tietz (später Hertie,
derzeit Karstadt) abgebrochen. Romantikfreunde,
die heute das Kaufhaus betreten, dürfen sich also
vorstellen, dass Brentano hier irgendwo auf Rolltrep-
penhöhe genächtigt hat. Um das eigentliche Ziel seines
Besuches anzutreffen, musste der Dichter nur den
Platz überqueren. Denn der Verleger Göbhardt besaß
eine kleine Druckerei und stattliche Bibliothek im 1.
Distrikt, dem heutigen Grünen Markt 16. Den Eingang
zierte damals ein großes Adlerrelief aus Sandstein, das
noch heute im Eingang der Universitätsbibliothek am
Kranen betrachtet werden kann: der Adler, der Brentano gesehen hat.

> „Dein Adler steht auf,
> Und streckt seine Schwingen,
> Zur Sonne hinauf,
> Und wiegt seine Kronen …
> Dein Adler zieht aus,
> Blickt fest in die Sonne,
> Und machet sich kraus,
> Und schüttelt den Fittig."

So zu lesen in einem der nicht gerade besten Gedichte
Brentanos. Was immer Dichter und Verleger in den
Räumen hinter dem Adler (heute Buchhandlung
Hübscher) besprochen haben – denkbar wäre, dass
Brentano ihm das Manuskript seiner „Romanzen vom
Rosenkranz" gezeigt hat – es wurde nichts Bleibendes
daraus. Unbeantwortet blieb bisher auch die Frage,
ob sich Clemens Brentano und E.T.A. Hoffmann
getroffen haben. Möglich wäre es, da E.T.A. Hoffmann
die Musik zu Clemens Brentanos 1805 in Warschau
uraufgeführtem Singspiel „Die lustigen Musikanten"
geschrieben hatte. Doch belegen Briefstellen, dass sich
diese beiden großen Romantiker suspekt geblieben
sind, einander für allzu versponnen hielten.

Unbelastet lange hielt es Brentano im Jahr 1809 an kei-

nem Ort. Die Bamberg-Visite fiel in die wohl schwerste
Zeit seines Lebens. Die Krise seiner zweiten Ehe mit
Auguste Bußmann tobte quälend, und der Dichter
befand sich vor ihr auf einer beständigen Flucht. Was
bleibt? „Bamberg ist ein herrlicher Ort." Zugegeben,
für diese aus lokalpatriotischer Sicht so sympathische
Zeile hätte es nicht gerade eines großen Lyrikers der
Romantik bedurft.
Auch nicht für den Vers im „Märchen vom dem Müller
Radlauf":

> „Ich bin edel, heiße Regnitz,
> stamme aus dem Nordgau her,
> Aysch und Wiesent und die Pegnitz
> Tragen meine Gaben schwer."

„Von Bamberg", schreibt Brentano weiter an Savigny, „gieng ich über Erlangen, wo ich bei Kammerer
einen completen Schelmufsky für dich kaufte, …
nach Koburg und Saalfeld. Du glaubst nicht, wie von
Nürnberg an eine ganz andere Luft weht!" Leider hat
uns Clemens Brentano einen poetischen Bericht seines

„Im Wäldchen sind viele Tempelchen, Mooshäuschen und dergleichen, so dass man bei überraschendem Regen gleich Obdach
findet." – Ludwig Emil Grimm über den Bamberger Hain.

Bamberg-Aufenthaltes vorenthalten. So trösten wir uns
mit einem seiner Freunde, dem Maler und Zeichner
Ludwig Emil Grimm, einem dritten Bruder der Brüder
Grimm. Dieser schuf nicht nur das wohl berühmteste
Portrait Brentanos in priesterlichem Gewand, als Illus-
trator des „Märchen von Gockel, Hinkel und Gackeleia"
musste er sich dem anspruchsvollen Dichter gegenüber
in wahrer Engelsgeduld üben. Grimm berichtet in
seinen „Erinnerungen aus meinem Leben" am Ende
des Kapitels „Lehrjahre 1803 – 1813" von seinem
Bambergbesuch. Diese Aufzeichnungen sind nicht
nur mit spürbarem Malerauge abgefasst, ihr mitunter
bissiger Witz hätte auch Clemens Brentano zu Gesicht
gestanden:

Besuch, ihre Kleidung war schwarz und weiß, entsetzlich alte Klatschschwestern. Sie waren aber sehr lustig und aufgeräumt. Eine besonders, die erzählte uns oft aus ihrem Leben, von ihren früheren Liebschaften, mit wem sie schon versprochen, was sie bewogen habe den Schleier zu wählen. Keine war dabei, die aus innerer Überzeugung ins Kloster gegangen, sie waren nur dem Gewand nach Nonnen. Die zu Besuch kamen, waren sehr hässlich, und alle Lust zum Zeichnen verging mir. Ich frug sie, ob auch noch jüngere Schwestern im Kloster wären. Da sagten sie: „O, noch manch schöns Maidle!" Kaspar Mattenheimer sagte mir aber schon früher: „Es ist nichts Schönes im Kloster." Einmal fand ich die Klostertür offen. Ich hatte mich aber kaum im Kreuzgang umgesehn, so wurde ich höflichst wieder hinausgewiesen.

Sonntags wurde nach Bug gegangen, der Weg führt durch einen schönen Buchenwald, wo am Ende ein Gasthaus ist. Ganz Bamberg wallfahrt dann hinaus, besonders weil es ganz nah ist. Im Wäldchen sind viele Tempelchen, Mooshäuschen und dergleichen, so dass man bei überraschendem Regen gleich Obdach findet. Die nächste Gegend wurde von uns besucht, oben von der Burg die Stadt gezeichnet und überall hingeklettert. …

Nun war die Abreise bestimmt … . Wir zeichneten noch Mattenheimers Mutter. Sie trug die bürgerliche Tracht, eine unförmliche Mütze von schwarzem Zeug mit einer entsetzlich großen Schlubbe, und hinten hingen die großen, breiten, langen Bänder von schwarzem Mohr herab, eine hässliche Tracht, die selbst jungen, schönen Mädchen nicht gut steht. (Anmerkung: Grimm meint die Bamberger Gärtnertracht.)

Nachdem wir zum letztenmal warm Bier mit Hörndeln gefrühstückt hatten, gingen wir durch die stillen, dunklen Gassen. Der Himmel war bedeckt und das Wetter sehr schwül. Kaum waren wir eine Viertelstunde von der Stadt entfernt, als ein sehr starkes Gewitter losbrach und wir durch die Erleuchtung der Blitze die Türme von Bamberg zum Abschied sahen."

„Bamberg liegt reizend, und die Umgegend sehr schön … Es wurde gleich warmes Bier, ein gebräuchliches Getränk aufgetragen und dazu Hörndeln; ein sehr gutes Backwerk, in Gestalt von einem Horn. Den andern Tag wurde gestiefelt und gespornt die Stadt besehn, auch das Schloß, und die Weißenburg (sic!) bestiegen, abends in den Biergärten Felsenbier getrunken, Bech-Bier, wie sie es nennen …

Wir gingen dann auch oft ins Kloster, wo uns die Herren zum Frühstück einluden im Klostergarten, wo uns die alten Gartenanlagen und allerlei Sonderbares und Malerisches interessierte. Im Ganzen waren aber diese frommen Leute erstaunlich bequem, faul. Nur in der Küche waren sie rührig. Der eine hatte einen Karpfen in der Arbeit, der andere Backwerk, der war am Gemüs oder Salat, einer hielt das Feuer in Ordnung. Schöne Brunnen waren in Küche und Garten. Kurz, alles für den Leib wohlbesorgt; was das Seelenheil dieser frommen Brüder anbelangt, so glaube ich gewiß, dass nicht einer unter ihnen war, der nicht gewiß glaubte, dass er geradenwegs in den Himmel komme. Denn sie fangen so früh an zu beten, und hören so spät auf! Das ging aber alles so mechanisch, so gleichgültig, so herkömmlich, dass man ihnen wohl ansah, sie dachten an gar nichts. Sie waren aber sehr neugierig, und wenn ich ihnen erzählte, so standen sie oft in einem Kreis um mich, und jeder nahm dann aus seiner alten, vergriffenen Dose eine Prise. Verstand schien mir keiner zu haben; ihre Fragen und Antworten waren ordinär. Zur alten Frau Mattenheimer kamen oft Nonnen zu

Tür auf für leise Töne

Seit 1993 beherbergt die idyllische kleine Backsteinvilla
in der Gartenstraße 7 die wohl kleinste Schauspielbühne
Deutschlands, das „Brentano-Theater".

Dorothea Schreiber und Martin Neubauer in einer
Szene aus Horváths „Geschichten einer kleinen Liebe".

Brentano-Theater
Gartenstr. 7
96049 Bamberg
Tel. 0951 / 54528

Benannt nach Clemens Brentano wurde es von dem Schauspieler und Rezitator Martin Neubauer als Ort für leise Töne geschaffen. Romantischer Geist bestimmt den Spielplan. Neben der Pflege von Brentanos Werk in Rezitationen und Lesungen sind Ausgrabungen und Neuentdeckungen vergessener Dichterinnen und Dichter ein besonderes Anliegen. Inspiriert von der Bauzeit des Hauses liegt hier der Schwerpunkt – außer der Romantik – auf der Zeit der Wende vom 19. zum 20. Jahrhundert. So waren Uraufführungen kleiner

Dramen von Clemens Brentano, E.T.A. Hoffmann, Eduard von Keyserling, Otto Julius Bierbaum, Ödön von Horváth u.v.a. zu erleben. Im Sommer veranstaltet das Brentano-Theater die „Bamberger Hans-Sachs-Spiele" und einen alljährlich neuen Literarischen Hainspaziergang.
Mit Theaterszenen, Gedichten und kleiner Prosa geht es durch den Bamberger Theresienhain. Auch wenn die Vorstellungen seit 18 Jahren fast immer überfüllt sind, lohnt mitunter doch ein spontaner Platzwunsch unter der hier genannten Telefonnummer.

„Das Wohnzimmer, das die Welt bedeutet:
Die Kulisse beginnt am schmiedeeisernen Gartentor."

– Katja Auer, Süddeutsche Zeitung

„Die Attraktion des kleinen Theaters bewährt sich,
es bindet Künstler und Kunstfreunde zu ungezwungener
Gemeinschaft, erleichtert den Sprung über die Hürden,
animiert zum Gespräch, zu Fragen, zum Plaudern."

– Winfried Schleyer, Fränkischer Tag

Charaktermenschen

Das Künstlerische liegt bei Cleff III. in der Familie.
Der Großvater des 1947 in Bamberg geborenen Malers,
Prof. Erich Cleff der Ältere, war Bildhauer und Maler.

Cleff III.
Tel. 0951 / 63840
www.cleff3.de

Termine nach
Vereinbarung

Erich Cleff der Jüngere malte ebenfalls und leitete als Deutscher
Direktor die von den Amerikanern eingerichtete „Art School" in
der Villa Concordia. Sein Atelier befand sich für einige Jahre im
Böttingerhaus.

Das Talent ging auf den Sohn über. Cleff III. ist vor allem mit
Porträts bekannt geworden, regional und international. Außen-
minister a.D. Hans Dietrich Genscher (im Bild), Festspielleiter
Wolfgang Wagner, Ex-Bundespräsident Prof. Roman Herzog, der
Schauspieler Günter Strack, der Bamberger Erzbischof Elmar Maria
Kredel, Fußballidol David Beckham, „Siegfried" vom Artistenpaar
Siegfried & Roy ... Die Liste illustrer Persönlichkeiten sowie auch
der Privatpersonen, die als Modell dienten, ist lang.

In den Bildern verschmelzen expressive und gestische
Elemente mit Einflüssen der Postmoderne. Eindrucksvoll gelingt es Cleff, das Wesen der Porträtierten einzu-
fangen. Durch aufgelegte Liniennetze, die zum Teil in
vielerlei Farben aufbrechen, und mit frei auslaufenden
Farbtropfen wird dem Dargestellten ein markanter Charakter verliehen, was den individuellen Porträtausdruck
stärkt. Cleff III. führt seine Modelle somit auf ihre
Ausstrahlung zurück, entkleidet von jeglichem Nimbus,
und offenbart damit essentielle Aussagen über sie.

Michael Cleff

Ein Schütze
als Gedächtnisstütze

Hier lässt es sich gut malen: Die Giechburg,
das Tor zur Fränkischen Schweiz, befindet
sich praktisch vor Erhard Schützes Haustür.

Atelier
Erhard Schütze

Poxdorfer Weg 5
96110 Schesslitz-
Ludwag
Tel. 09542 / 1526

erhard-schuetze
@schuetze-bamberg.de

www.schuetze-
bamberg.de

Öffnungszeiten
des Ateliers:
nach telefonischer
Vereinbarung

Erhard Schütze: Ludwag 1. Mai (2011)

Nur ein paar Ecken weiter, bei Tiefenellern, öffnet sich ein sa-
genhafter Fernblick Richtung Bamberg. Immer wieder taucht die
idyllische Umgebung in einigen Bildern des Malers auf, verfremdet, aber nicht weniger reizvoll.
Das Genie gedeihe in der Provinz, behauptete Gottfried Benn.
Inzwischen ist es allerdings nicht mehr nur die Großstadt wie noch
zu Benns Zeiten, die mit einer akustischen Dauerberieselung und
anschwellender Bilderflut die Konzentration und Sammlung des
Betrachters erschwert, sondern das weltumspannende Netz der
Medien. Insofern war es für die Laufbahn von Erhard Schütze vermutlich hilfreich, dass er als gelernter Grafiker in den 80er Jahren
mit dem jungen Medium Computer nicht klar kam. Da er mit der
Hand wesentlich schneller und freier zeichnete als mit Maus und
Tastatur, wurde die Malerei zu seinem neuen Medium, mit Möglichkeiten, die eigentlich schon immer in ihm schlummerten, aber
zuvor nicht voll ausbrechen konnten.

„Es ist ein ewiges Spiel."
– Erhard Schütze

Seinen unverkennbaren Stil hat der 1935 in der Tschechoslowakei geborene und nach der Vertreibung in Bamberg gelandete Schütze längst gefunden. Man kennt ihn hier und andernorts als kraftvollen Maler, dessen Werke mit Poesie und einem Sinn für hintergründigen Humor daherkommen. Zwischen freier und gegenständlicher Malerei fühlt er sich zu Hause. „Da brauche ich nicht viel experimentieren. Dennoch reizt es mich, einen Schritt weiterzugehen oder zurückzugehen zu den Anfängen. Es ist ein ewiges Spiel." Der Urknall, der Schütze endgültig zum freien Maler machte, ereignete sich in der Salzburger Akademie der Bildenden Künste. Schütze erinnert sich noch gut an die Situation, als er das Atelier von Prof. Giselbert Hoke, seinem damaligen Lehrer, betrat: „Das war für mich ein Blick ins Himmelreich der Malerei." Wie in einem Puzzle-Spiel haben sich die Grundsteine in seiner Laufbahn Stück für Stück zusammengesetzt. Die Idee, Türen zu malen, entstand noch in Salzburg, angestoßen durch seinen Lehrer. Zum Serienmotiv „Der Baum" wurde

Schütze aufgrund eines Sturms angeregt, der in apokalyptischer Stärke über sein Atelier in Ludwag hinwegfegte und die hundertjährige Hoflinde, wie durch ein Wunder, bis auf ein paar Schrammen verschonte. Seine „Tischtuchbilder" entstanden aus launischen Zeichnungen auf einem Blatt, das er als Unterlage auf seinem Arbeitstisch ausgelegt hatte. Zu Bamberg-Motiven und Landschaftsbildern kam er durch den ehemaligen Museumsdirektor Lothar Hennig. Dieser brauchte geeignete Bilder als Geschenk für den damaligen Landesvater Edmund Stoiber. Stattdessen erwarb er sie für Bambergs historische Sammlung, weil sie ihm gar so gut gefielen.
Wenn ein Bild Tage nach seiner Entstehung noch dieselbe Kraft vermittelt wie anfangs, weiß der Maler, dass sein Werk gelungen ist. Schützes Bilder bleiben - - - länger, viel länger als nur Tage.

Einst Scheune, heute Malwerkstatt – das Atelier von Erhard Schütze.

Betrachtung und Erholung am Regnitzufer

Die Kombination von Kunst, Klein-kunst, Gastronomie und Camping findet sich in Bamberg nicht häufig. Die Hoffmannsklause im Bamberger Stadtteil Bug dürfte auch weit über die Stadtgrenzen hinaus die einzige Einrichtung mit diesem Profil sein.

Galerie Hoffmannsklause

Am Campingplatz 1
96049 Bamberg (Bug)
Tel. 0951 / 56320
buero
@campinginsel.de
www.campinginsel.de

Öffnungszeiten:
November bis März
Täglich 12 – 18 Uhr

April bis Oktober
Täglich 12 – ca. 21 Uhr
(im Sommer bis 23 Uhr)

Allein die großzügige Anlage, nicht zuletzt aber die anspruchsvolle Galerie sind immer einen Abstecher wert – im Sommer wie im Winter.

Der Trend, dass sich Bamberger und Touristen ein Stück weit auseinandergelebt haben, lässt sich hier nicht beobachten. Zum einen verirren sich an gewöhnlichen Tagen nicht viele Einheimische in die Gale-rie. Zum anderen suchen Camper den Ort selten wegen der dort gezeigten Bilder und Skulpturen auf. Wenn die Hoffmannsklause zu einer Veranstaltung mit Unterhaltungs-musik, Jazz, Kabarett, einer Lesung oder einer neuen Ausstellung einlädt, ist jedoch kein Halten mehr und die Klause füllt sich mit Stammgästen. Dann begegnen sich im Sommer, wenn der Biergarten eröffnet ist, Bamberger, Holländer und Engländer

mitunter an einem Tisch. Kleine Speisen und selbst gebackenen Kuchen gibt es das ganze Jahr über.

Der Bamberger Maler und Bildhauer Reinhard Klesse gehört praktisch zum Inventar. Skulpturen von ihm sind jeden Tag präsent und meistens ist er auch in natura anzutreffen. Klesses Verbundenheit mit der Galerie reicht zurück in die Zeit, als die Hoffmannsklause der Brennpunkt der Bamberger Kunstszene war. Ein kurzer Ausflug in die Geschichte: Der Maler Fritz Hoffmann gründete die Klause 1952, zunächst als Atelier, und schuf sich mit dem Campingplatz ein zweites Standbein. Ab 1970 nutzte er die Galerie am Stephans-berg als Atelier und Ausstellungsraum. Sein Sohn, Peter Hoffmann, führt die Ausstellungsarbeit seit dessen Tod im Jahr 1997 mit klassisch-modernen Werken fort. Seitdem dient die bewirtete Klause als Galerie und Kleinkunstbühne. Zweimal im Jahr werden Schauen mit profilierten Künstlern, zumeist aus der Region, gezeigt. Zu den Favoriten, die außerhalb von Einzelausstellungen über einen längeren Zeitraum präsentiert werden, zählen Bilder von Bele Bachem, Erhard Schütze, Robert Siebenhaar, Gertrud Turban und eben auch Fritz Hoffmann.

Das Zusammenspiel von Natur und Kunst gibt der Anlage am Regnitzufer ihren Reiz. Der Ort lebe von „Fröhlichkeit und Künstlertiefsinn", so Peter Hofmann. Sicher liegt das auch am Einfluss des Galerieva-ters Fritz Hoffmann, der jene Mentalität als Rheinländer nach Bamberg brachte. In Franken konnte er sich damit gut aufgeho-ben fühlen. Schließlich war das Rheinland vor langer Zeit ja einmal das Kerngebiet der Franken.

Fast eine Einladung zum Nacktbaden in der Regnitz (im Bildhintergrund) – Skulpturen des Malers und Bildhauers Reinhard Klesse („Musiker" und „Drei Grazien").

„Der Ort lebt
von Fröhlichkeit
und Künstlertiefsinn."

– Christoph, Daniela, Peter
und Bärbel Hoffmann (v. li.)

Mulligatawny-Soup

von Peter Hoffmann

Traditionsgemäß am dritten und vierten Adventssonntag gibt es zur Feuerzangenbowle bei uns Mulligatawny-Suppe, bekannt durch das Sylvestermenü von „Dinner for One".

Kräftige klare Hühnersuppe kochen und abfetten. Hühner entbeinen und klein schneiden. Äpfel und Bananen in Butter anschwitzen, mit Mehl und Curry bestäuben und mit der Hühnersuppe ablöschen, glattrühren. Mit dem Rest der Suppe dann aufkochen, kleingeschnittenes Hühnerfleisch sowie Curry, Piment, Pfefferweiß und Mango Chi hinzugeben. Mit Ingwer abschmecken, mit Sahne und Eigelb legieren. Einen Tupfer Sahne auf die Suppe geben und mit einem französischem Weißbrot servieren.

Seite um Seite eine Entdeckung

Auf der Suche nach einem alten und seltenen Buch
oder auch einem preisreduzierten neuen Titel hat der
Leser in Bamberg die Qual der Wahl zwischen mehreren empfehlenswerten Fachgeschäften; oder aber eine
glückliche Fügung führt ihn direkt ins Antiquariat
Lorang an der Oberen Brücke, wo sich ihm beides in
beeindruckender Vielfalt und erlesenem Ambiente
darbietet.

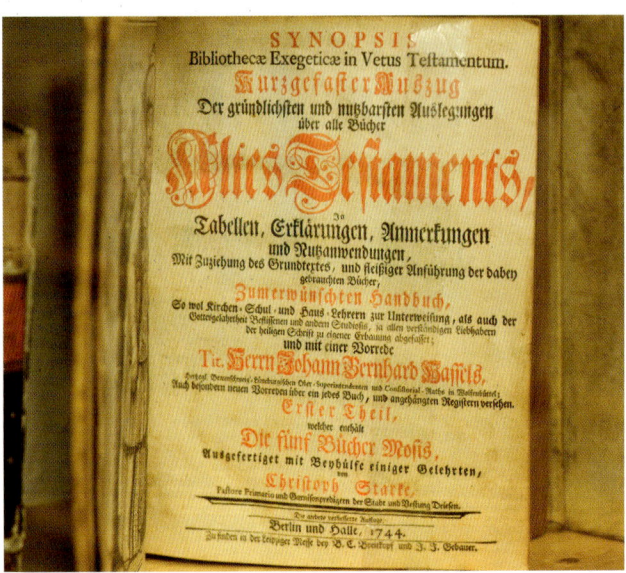

Antiquariat Lorang
Karolinenstr. 1
96049 Bamberg
Tel. 0951 / 56733
antiquariat-lorang
@t-online.de

Öffnungszeiten:
April bis Oktober
Montag bis Samstag
9 – 20 Uhr
Sonn- u. Feiertag
10.30 - 18.30
November bis März
Montag bis Samstag
9 – 19 Uhr

70.000 Bücher stehen dichtgedrängt in den
raumhohen Regalen bzw. türmen sich davor auf dem Fußboden der 150 opulenten
Quadratmeter Ladenfläche. Wer den Laden
– angezogen durch die üppig bestückten
Büchertische vor dem Eingang – betritt,
findet sich zunächst in der verlockenden
Welt des Modernen Antiquariats wieder:
aufwendig gestaltete Bildbände, Appetit anregende Kochbücher oder anspruchsvolle
Kinderbücher, ergänzt um eine vielfältige
Auswahl an CDs – es ist wahrlich nicht
einfach, diesen Raum mit seiner vier Meter
hohen barocken Decke ohne ein Schnäpp-
chen zu verlassen, schließlich erweist sich
das Angebot nicht nur als hochwertig, sondern dazu noch als unschlagbar günstig.
Wer jetzt aber glaubt, er habe den Großteil

des Geschäftes gesehen, wird überrascht
sein, wie viele Räume, angefüllt mit Büchern aus unzähligen Themenbereichen,
sich noch offenbaren. Der Gang durch den
Laden erweist sich als abwechslungsreicher
Weg durch das verwinkelte Innenleben
dieses stadtbildprägenden Gebäudes, das
lange Zeit ausschließlich als Wohnhaus
diente. Zimmer reiht sich an Zimmerchen
und die vielen Fenster bieten überraschen-
de Ausblicke auf das Alte Rathaus und
das Schloss Geyerswörth. Alte Grafiken
und Stiche zieren die Wände. Ein Raum
gehört ganz der Kunst – ein Steckenpferd
des Inhabers Robert Lorang, dem er sich
während seines Studiums widmete –, ein
weiterer der Belletristik, wieder andere bieten alte und seltene Kinderbücher, Bücher
aus den Bereichen Musik, Theater, Technik,
Natur oder Geschichte, um nur einige
wenige aufzuzählen. Müßig zu erwähnen,
dass einige bequeme Sessel im Antiquariat
Lorang dazu einladen, ungestört und wie
zu Hause zu ruhen und zu schmökern.
Mit dem Antiquariat in seiner jetzigen

*„Die Symbiose von neuer Literatur
mit alten, seltenen Büchern dürfte
deutschlandweit nahezu einmalig sein."*
– Robert Lorang

Form ging für Robert Lorang ein Traum in
Erfüllung – nicht ohne den Umweg über
mehrere andere Ladengeschäfte, die er
während der 90er Jahre in der Bamberger
Altstadt vorübergehend betrieb. Doch seit
1997 kann er, keinen Steinwurf vom Alten
Rathaus entfernt, eigene Vorlieben mit den
Wünschen der Kunden kombinieren. „Die
Symbiose von neuer Literatur mit alten,
seltenen Büchern dürfte deutschlandweit
nahezu einmalig sein", betont der Inhaber.
Ausschlaggebend für das heutige Konzept
war ein Urlaubserlebnis: Kurz nach dem
Studium ließ sich Robert Lorang Anfang
der 90 Jahre in Amsterdam, der Stadt der
Antiquariate, durch ein Geschäft fesseln,
das aus vielen kleinen verschachtelten
Räumen in einem historischen Gebäude
bestand – sein heutiger Laden weckt bei
Kunden zuverlässig sehr ähnliche Gefühle.

Das Antiquariat Lorang gleicht mit seinem schlauch-
artigen Grundriss einer Schatzkammer, bei der sich
ein Raum an den anderen reiht.

Kraft durch Farbe

Gabriele Murr zeigt Farbe. Schon an den Fenstern ihres Geschäftes springen den Passanten die ausgesuchten Liebhaberstücke ins Auge: abstrakte Kunst, Schmuck, Taschen und Uhren, alles hat einen künstlerischen, fast avantgardistischen Anspruch. Beim Betreten der Galerie erlebt man eine Explosion der Farben und Formen.

GABRIELE MURR

**KUNST
BILDEREINRAHMUNG
DESIGN**

Geyerswörthplatz 2
96049 Bamberg
Tel. 0951 / 53133
info@gabriele-murr.de
www.gabriele-murr.de

Kern-Öffnungszeiten
(Kann jahreszeitlich
auch variieren):
Mittwoch,
Donnerstag, Freitag:
9 – 12 und 15 – 18 Uhr
Samstag:
10 – 14 Uhr
Mo. und Di. nur nach
Vereinbarung

Hier kommt man am besten an, indem man erst einmal in Ruhe den Blick schweifen lässt, um dann auf Entdeckungstour zu gehen. Abstrakte Malerei hat in der Galerie einen Ehrenplatz. Der ästhetische Eigenwert einer Farbkomposition wird zum Beispiel in Bildern von Heinz Mack oder auch Victor Vasarely auf den Punkt gebracht. Dabei ist Gabriele Murr, die um die

halbe Welt gereist ist und kulturelle Vielfalt außerordentlich schätzt, nicht auf Abstraktes oder auf bekannte Namen festgelegt. Sie nehme auch figürliche Kunst und unbekannte Namen auf, wenn die Werke Ausstrahlung besitzen, sagt sie. In ihr steckt selbst eine Künstlernatur. „Meine Gabe ist es, vorhandene Dinge so zu kombinieren, dass alles bestens zur Geltung kommt, egal ob es Bilder und Rahmen sind oder Möbel und Bilder im Raum oder Frau und Schmuck oder Mensch und Tasche."

Bilder und Rahmen – damit fing für die Galeristin, die Handbuchbinderei erlernt hat, in den 80er Jahren alles an. Zunächst mit Rahmen für alte Grafik, anfangs noch im Antiquariat ihres Vaters, bis ein Kunde fragte, wo man in Bamberg eigentlich moderne Bilder rahmen lassen könne. „Diese Frage hat mich aufgerüttelt", erinnert sie sich. Offensichtlich hatte der Kunde damit einen Zentralnerv getroffen. Die „Bildereinrahmung mit Fingerspitzengefühl" gehört bis heute zu einer der Stärken von Gabriele Murr. Sie war nicht nur die erste Bambergerin, die auch moderne Kunst rahmte, sondern als Galeristin zudem eine der ersten, die moderne Kunst in der Domstadt präsentierte und damit ungläubige Blicke hervorrief. Die Zeit, als man mit ein paar gewagten Motiven Bürger erschrecken

konnte, ist heute zwar vorbei. Dennoch: Etwas Exotisches haftet der Galerie nach wie vor an.

Diese Exotik äußert sich nirgends deutlicher als in der Farben- und Formenpracht des Schmucks. Die handgemachten Objekte von Langani, Coeur De Lion oder Monies wirken manchmal wie zeitgemäße Interpretationen des Schmucks von Naturvölkern. In ihrem Design stellen sie kleine Kunstwerke dar. Extravagante Formen und starke Farben kennzeichnen die Taschen von Olbrish und die Geldbörsen von Déqua und Mywalit aus, von denen Einzelstücke sogar in Museen stehen. Klassisch elegant und zugleich modisch sind die Uhren des deutschen Designers Rolf Cremer. So oder so passt eins zum anderen. Das Gesamtarrangement ist nicht immer gewöhnlich,

sondern eher ungewöhnlich, aufregend und im besten Sinn lebhaft. Die Inhaberin nennt es „mein kleines Paradies".

Kunstvolle Objekte – von Bildern über Taschen bis zum Schmuck (linke Seite: Bilder von Heinz Hoffmann, diese Seite, Mitte: Polaris-Schmuck).

„Mein kleines Paradies."
– Gabriele Murr

Halbmond und Perle – die grünen Schätze Bambergs

Welterbe und Kulturlandschaft

von Karin Dengler-Schreiber

Wer einmal am Rand des Michelsberger Waldes gestanden hat, hinter sich den seit dem Mittelalter unveränderten Waldrand, vor sich die sanften Schwünge der Waldwiese und dann dem verwunschenen Weg hinunter ins Ottobrunnental gefolgt ist –

– wer einmal von den Mauern der Altenburg aus das Grün der Hänge sich mit der Stadtlandschaft verzahnen sah –

– wer einmal von Bug kommend rechts und links des Flusses unter alten Bäumen unmittelbar die historische Stadt erreicht hat –

– der spürt ganz intensiv, welch unbezahlbaren Schatz Bamberg mit diesem unmittelbaren Neben- und Ineinander von natürlicher Kulturlandschaft und Stadtensemble bewahrt hat. Alle anderen Stadteingänge im Norden, Osten und Südosten sind besetzt mit den Notwendigkeiten moderner Bedürfnisse – Tankstellen, Industriegebiete, Baumärkte, Verkehrsanlagen.

Doch der „grüne Halbmond" der Landschaft im Berggebiet – von Gaustadt über die Altenburg hinunter zum Hain – legt sich wie ein schützender Mantel um den wertvollen Bestand des Welterbes Bamberg mit seinen weithin sichtbaren Wahrzeichen, jene stadtbildprägende Silhouette mit ihren Türmen und Dächern. Weite Teile dieser Landschaft wurden geprägt durch die Immunitäten (Rechts- und Herrschaftsbereiche) der Klöster St. Michael und St. Theodor (heute Karmeliten) und der Stifte St. Jakob, St. Stephan und des Domes. Zahlreiche historische Landschaftselemente sind bis heute erhalten, alte Wegeführungen von der Stadt in die Umgebung etwa, so beispielsweise die älteste Fernverbindung nach Westen. Diese führt über den Jakobsberg zum Sattel unter der Altenburg hinüber nach Wildensorg und von dort aus nach Würzburg.

Die Klosterlandschaft erwacht aus dem Dornröschenschlaf

Besonders wichtige historische Dokumente stellen die Reste der „Klosterlandschaft" St. Michael dar: das Ensemble des Klosters mit seinen rundum gruppierten Gärten, dem Obstbaumgarten „Reuthersberg" im Norden, dem barocken Terrassengarten nach Osten und dem Weinberg im Süden, die Propstei St. Getreu, die ehemaligen Wirtschaftshöfe, Fischweiher, Obst- und Weinberge – vieles sozusagen im Dornröschenschlaf, aber vorhanden und wiederzuerwecken. Mit der Wiederanlage eines Weinbergs am Südhang des Klosters ist der Anfang gemacht.

Auch die einstigen Bachtäler, die das Berggebiet – jenen letzten Ausläufer des Steigerwalds – in die berühmten „sieben Hügel" teilen, sind wenigstens teilweise

Die Gärtnerstadt (im Vordergrund) hat mit ihren typischen Gärtnerhäusern und den handtuchartigen Parzellen einen ganz eigenen Charme und wartet gelegentlich mit einem atemberaubenden Panoramablick auf.

noch erfahrbar, auch wenn dort eigentlich schon zu viel verbaut wurde. Denn diese „Kerbtäler" dienen unter anderem als Frischluftschneisen. Durch sie kann kühle Luft in den im Sommer leicht überhitzten Bamberger Talkessel hinunterfließen – jedenfalls dort, wo Gebäude und Straßen diesen Zufluss nicht stoppen. Unsere Vorfahren wussten dies und legten Straßen und Gebäudezeilen überwiegend auf den Höhenrücken an. Seit dem 19. Jahrhundert entdeckten immer mehr Menschen die Vorzüge der „Aussichtsterrasse" Berggebiet mit ihren großartigen Ausblicken und bauten sich dort Villen in großen Gärten und Parks – Die Villa Remeis ist ein promi-

nentes Beispiel dafür. Aber erst nach dem Zweiten Weltkrieg begann man die Bebauung in einem so hohen Maß zu verdichten, dass das schließlich zu Verkehrsproblemen führte, die kaum noch lösbar sind. Wir haben einen Punkt erreicht, wo jeder weitere Tropfen das Fass zum Überlaufen bringen kann. Die Freiräume des Berggebiets müssen zur Tabuzone für weiteres Baugeschehen werden und zur Pufferzone für die Welterbe-Highlights auf den sieben Hügeln.

Gärtnerstadt unter besonderem Schutz

In diesem Punkt ähnlich verhält es sich mit dem zweiten „grünen Erbe" der Stadt, dem

Gärtnergebiet. Seit dem 13. Jahrhundert hat sich hinter der großen Nord-Süd-Handelsstraße östlich des rechten Regnitzarms (Hallstadter Straße, Königsstraße, Steinweg, Nürnberger Straße) eine besondere Kultur entwickelt, der Erwerbsgartenbau, der die Stadt vor allem mit Gemüse versorgte. Die weit nach Osten ausgedehnten Gärtnerfelder wurden im 20. Jahrhundert zunehmend zu Bauland umgewandelt – ganz Bamberg-Ost entstand auf Gärtnerland, so dass die verbliebenen zentralen Flächen inzwischen mitten in der Stadt liegen. Sie sind der Kern, von dem die Entwicklung einst ausging und bilden mit ihrer Parzellenstruktur, mit den Ketten der typischen Gärtnerhäuser, den Scheunen und den wärmenden Mauern zwischen den Grundstücken die „Gärtnerstadt". Diese wird als „sozio-ökonomische" Einzigartig-

Die Achse, die das Kloster Michelsberg und den Dom mit der Oberen Pfarre und St. Stephan verbindet, ist als Vierkirchenblick bekannt.
Gesäumt werden die Gebäude von den Denkmälern des Weltkulturerbes und den bis in die Stadt reichenden Ausläufern des Michaelsberger Waldes.

keit ausdrücklich in der Begründung der UNESCO für die Aufnahme Bambergs in die Welterbe-Liste genannt.

Auch diese „grüne Perle" Bambergs wird vor allem durch Bauwünsche immer wieder bedroht. Mit dem von der Bundesregierung geförderten Projekt „Urbaner Gartenbau" versucht das „Zentrum Welterbe Bamberg" Wege zu eröffnen, die den Erhalt der typischen Bamberger Gärtnerkultur mit ihrem reichen Zukunftspotential ermöglichen. Der „grüne Halbmond" am Rande des Berggebiets und die „grüne Perle" der Gärtnerstadt gehören zu den Juwelen im reichen Schatzkästchen der Welterbe-Stadt Bamberg, das als Garant für ein liebenswertes Leben an die nachfolgenden Generationen weitergegeben werden soll.

Längst dem Flusse

Ein Spaziergang an den Ufern der Regnitz

„Die Regnitz kann sich auf ihrem Weg durch Bamberg sicherlich nicht über Eintönigkeit und Langeweile beklagen. […] Ihr ganzer Weg, von Bug bis dort, wo sie die Stadt wieder verlässt [ist] ein Mosaik von lebendigen Bildern, die zusammen ein großartiges Gemälde ergeben". So steht es in einem Bericht der Bamberger Ostmark aus dem Jahr 1925.
Das ist noch heute so.

Das Wasserschloss Concordia; dahinter: die beiden Osttürme des Doms und – durch einen Baum fast verdeckt – der Vierzehnheiligen-pavillon der Neuen Residenz auf dem Domplatz

von Marion Dubler

Die einzigartige Verbindung von Stadt und Landschaft lässt sich in Bamberg nirgendwo eindrucksvoller erleben als an den Uferwegen der Regnitz, die von der Inselspitze des Hains zur ERBA-Halbinsel führen. Start unseres Spaziergangs entlang der Regnitz ist der Monopteros, ein Rundtempel in der Volksgartenanlage Theresienhain, angelegt auf Anordnung des nach der Säkularisation zuständigen Kurfürsten Maximilian IV. Joseph von Bayern. Seit 1803 steht der Pavillon auf einem kleinen Hügel am Fluss, als Teil eines malerischen Landschaftsbildes, ganz im Sinne der „neuen Mode" eines Englischen Landschaftsparks. Das gegenüberliegende Ufer birgt kleine Schätze, erst auf den zweiten Blick erkennbar und unter mittlerweile dicht aufgekommenem Baumbewuchs ziemlich verborgen. Als im

Jahr 1800 die 15-jährige Philippine Auguste Böhmer mit ihrer Mutter Station in Bamberg machte und nach Bug aufbrach, waren die Hänge noch frei von Bäumen. Sie beschrieb den Anblick in einem Brief so: „[…] Man geht längst dem Flusse […] auf der anderen Seite eine Kette von schönen grünen Hügeln, die sich im Wasser spiegeln und oben mit niedlichen kleinen Gartenhäuserchen gekrönt sind."
Was das junge Mädchen sah, zeigt sich bei genauem Hinsehen in der laubfreien Zeit, besonders im Schräglicht der Sonne: die Terrassengärten der Engelsburg und der Villa Reindl. Deren Barockgebäude ist sogar erhalten geblieben.

Wir aber machen uns auf zur neuen Nordspitze auf der ERBA-Insel (die Buch-

Die Häuser am Fuß des Stephansbergs – seit Kurzem mit direktem Anschluss zur Fähre.

staben stehen für die Baumwollspinnerei ERlangen-BAmberg), die im Rahmen der Landesgartenschau 2012 als Pendant zur Südspitze des Bamberger Hainparks entstand. Unser Vorhaben, möglichst immer längst dem Flusse zu gehen, wird jedoch durch das Bootshaus und das Hainbad für eine kurze Strecke unterbrochen. Vor 1910 stand hier das Salubritati, ein Badehaus für die Öffentlichkeit, an dessen Uferseite der Flanierweg einst vorbei führte. Heute werden wir also zu einem kleinen Schwenk gezwungen, biegen danach aber wieder zurück auf die Gerade der stimmungsvollen Stengel-Allee mit ihren teils Jahrhunderte alten Linden. In der Ferne deutet sich schon durch das „Wasserschloss" Concordia auf der gegenüberliegenden Seite einer der schönsten Blicke auf die Bergstadt an.

Barocke Spiegelungen

Spätestens nach dem Überschreiten der Brücke am Walkspund sollte man kurz innehalten und den Anblick genießen: die Concordia, Ignaz Tobias Böttingers barocker Prachtbau, spiegelt sich voll Stolz im Fluss und verdoppelt ungeniert ihre Wirkung, darüber der Turm der Stephanskirche und hinter einem steilen Fachwerkgiebel verspricht der Vierzehnheiligenpavillon der Residenz außerordentliche Architektur. Am diesseitigen Ufer besticht dagegen ein bescheiden wirkendes Ensemble aus den Häusern am Mühlwörth und der Schleuse 100. Hier, wo der Ludwigskanal zur Umfahrung der Mühlen abzweigt, wurden früher die Pferde zum Leinritt übergesetzt, die die Schiffe flussaufwärts zogen. Heute bringt die seit einigen Jahren wieder installierte Seilfähre Spaziergänger und Radfahrer übers Wasser. Das Förderprojekt für Jugendliche, unterstützt von vielen Vereinen und Firmen, wird ehrenamtlich betrieben und ist mittlerweile sehr beliebt bei den Bambergern und ihren Gästen.

Der Monopteros stand alten Quellen zufolge einst im Schlosspark Seehof. Seit 1803 ziert er den südlichsten Punkt des Theresienhains.

Der Rosengarten auf der Tiefgarage Geyerswörth. Seine Neuanlage geht auf einen Entwurf des Gartenamtsleiters Viktor Luster aus dem Jahr 1936 zurück.
In der Bildmitte die Stadtpfarrkirche zu Unserer Lieben Frau (Obere Pfarre) mit Turm und Türmerwohnung.
Oben:
Der Hollergraben, Altwasser des linken Regnitzarms.

Wir beschließen, ein andermal diesen besonderen Platz zu genießen, möglicherweise mit einem Espresso der mobilen Fahrradbar, um danach Richtung Stephansberg überzusetzen. Also rechts abbiegen und weiter zwischen der historischen Schleuse und dem entzückenden Schleusenwärterhaus. Dabei lohnt sich ein Blick über den Gartenzaun und weiter hinauf, denn dort schieben sich die vier Domtürme für einen kurzen Moment ins Blickfeld.

Perspektivenwechsel auf Schritt und Tritt

Am ehemaligen Stadtbad, in dem heute der Tourismus- und Kongress-Service untergebracht ist, rücken die Domtürme dann unvermittelt näher. Beim Weitergehen verschwinden sie jedoch fast wieder, plötzlich dominiert die Obere Pfarre mit ihrem gotischen Chor und dem unverwechselbaren Turm die Ansicht. Erstaunlich, welche Perspektivenwechsel der Fußgänger selbst auf kürzesten Strecken erleben kann! Uferwege gibt es im Innern der Altstadt nicht, zu eng haben die Bewohner früherer Jahrhunderte ihre Häuser an die Lebensader Regnitz gesetzt. Lassen wir uns also vom Strom der Touristen mitspülen, hin zum wohl bekanntesten Fotomotiv Bambergs – dem Alten Rathaus mit seinem fast putzig wirkenden Rottmeisterhäuschen. Durch enge Gassen müssen wir uns nun schlän-

Wieder freigelegt –
der Abschnitt des
historischen Leinritts
hinter dem Schloss
Geyerswörth.
Hier wurden die Pferde
entlang geführt, die die
Schiffe flussaufwärts
zogen.
Am gegenüberliegen-
den Ufer: ehemalige
Gerberhäuser.

Das Flussrathaus –
eine dreiteilige Baugrup-
pe, bestehend aus dem
Rottmeisterhäuschen,
dem Brückenturm
und dem eigentlichen
Rathausbau.

Blick von der Oberen
Brücke auf Kleinvenedig
in der Abendsonne;
rechts im Bild das
ehemalige Schlachthaus
mit Arkaden zum Fluss,
heute Universitäts-
bibliothek.

Sonnenplätzchen am Schiffbauplatz - mit „Dreiklang" von Bernhard Luginbühl. In der Abendsonne leuchtet der reich verzierte Giebel des Chirurgischen Pavillons, heute Stadtarchiv.

Uferweg von der Markusbrücke zur Konzerthalle – im Rahmen der Landesgartenschau 2012 angelegt.

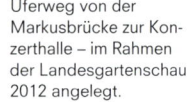

geln, immer wieder gezwungen, kurz inne zu halten. Entweder quält sich ein Bus um Engstellen oder es gilt, den Touristenstrom hinauf zum Domberg zu queren. Nicht einfach, aber der kleine Stopp lässt sich gut nutzen zum Blick auf ein repräsentatives Bürgerhaus, auf Fassadendetails oder auf den mit Rokokostuck verzierten Turm des Alten Rathauses.

Es geht aber noch enger. Vor Bambergs berühmtestem Gasthof in der Dominikanerstraße nehmen zahlreiche Gäste eine Kostprobe des Rauchbiers. Wer die erzwungene Entschleunigung nutzen mag, dessen Blick kann auch hier auf hübsche Kleinigkeiten fallen: auf das „Schlenkerla", das mit seiner roten Joppe den Ausleger

der Brauereigaststätte ziert, auf die farblich passenden Geranien vor weißer Wand mit dunklem Fachwerk oder auf die Jahreszahl 1406.

Nach dem Abbiegen in die Kasernstraße werden die ersten Häuser von „Klein Venedig" sichtbar. Am Ufer angekommen, bieten eine Bank, ein Mäuerchen oder der Sandstrand Gelegenheit für eine kurze Rast … der Blick schweift hinüber zur Zeile der Fischerhäuser. Flache und steile Dächer, größere Anwesen und kleinere, alterskrumme Dachfirste, Laubengänge aus Holz, hübsche, teils winzige Gärten. Das weiße Personenschiff „Christl" legt ab und gleitet flussabwärts. Auch wir ziehen weiter.

Lohnender Uferwechsel

An der Markusbrücke angekommen, wird es wieder Zeit für einen Wechsel der Perspektiven, diesmal verbunden mit einem Wechsel der Uferseite. Wer sich auf der Brücke noch einmal umwendet, wird belohnt, denn hoch über den Häusern der Unteren Sandstraße erhebt sich eindrucksvoll der Klosterberg St. Michael. Der Terrassengarten mit seinen frisch geschnittenen Kornelkirschen-Hecken und

der in barocker Manier niedrig gehaltenen Lindenallee fungiert als grüner Sockel für den imposanten, weit hin sichtbaren Gebäudekomplex.

Der Weg, den wir ab hier bis zum Areal an der ERBA gehen werden, wurde in großen Teilen erst 2011 angelegt. Das Ufer ist hier malerisch bewachsen. Fast schon zu dicht, denn auf der anderen Seite, zur Sandstraße hin gibt es unterhalb des Klosters noch viel zu sehen. Flussabwärts betrachtet stehen nebeneinander eine ehemalige Tabakfabrik von 1796, heute Spielstätte des Marionettentheaters, der Jugendstilbau des Chirurgischen Pavillons von Hans Erlwein aus dem Jahr 1901, heute Sitz des Stadtarchivs, und das Hotel Residenzschloss. Dessen historische Gebäudeteile entstammen zwei sehr gegensätzlichen Ideen des 18. Jahrhunderts: Zunächst hatte der Domdechant und spätere Fürstbischof Franz Konrad von Stadion in Anlehnung an den Schlosspark Seehof Bambergs ansehnlichsten Barockgarten mit zwei großen, langgestreckten Pavillonbauten errichten lassen. Gut 20 Jahre später konnte Fürstbischof Franz Ludwig von Erthal als aufgeklärter Fürst mit dieser barocken Prachtentfaltung wenig

Ein Flusslauf in Doppelfunktion: Fischpass und Wasserspielplatz für Groß und Klein im ERBA-Park

Der „Rote Leitfaden" aus Cor-Ten Stahl begleitet als Dauerinstallation den Weg auf der gesamten Länge bis zur Inselspitze.

anfangen. Er erwarb das Areal, erweiterte die Gebäude und wandelte sie in eines der ersten Allgemeinen Krankenhäuser Deutschlands um.

Am Heinrich-Bosch-Steg angekommen könnte man fast glauben, der Weg ende an der Konzert- und Kongresshalle. Doch es geht tatsächlich auf einer Art Steg weiter, der entlang der Glasfassaden eines Hotels führt. Die ERBA-Insel kann nicht mehr weit sein. Nach etwa 10 Minuten Gehzeit ist das Areal der Landesgartenschau 2012 erreicht – vorbei an kleinen Hausgärtchen, die mit Sandsteinmauern zum Uferweg hin abgestützt sind, und an einer auf dem Rücken liegenden, steinernen Schildkröte, einem Mahnmal des südkoreanischen Künstlers Jin Mo Kang zum Gedenken an die Opfer von Atomkatastrophen.

Hommage an die Baumwollspinnerei

Die erste Brücke führt über den Fischpass, der mit dem historischen Abzweig des früheren ERBA-Kanals beginnt. Der Mäandrierung, die von den Fachleuten des Wasserwirtschaftsamts vorgegeben war, haben die Landschaftsarchitekten Brugger als Hommage an die Baumwollspinnerei eine Art Matrix aus sich kreuzenden Fäden entgegengesetzt, die sich über das gesamte Areal legen. Wir folgen nun also geradlinigen Wegen, die von Baumreihen oder Alleen begleitet werden, die hin und wieder den geschlängelten, der Natur nachgebildeten Fischpass überqueren, bis zur künstlichen Hügellandschaft, unter der teils kontaminierter Industrieaushub versickerungssicher „versteckt" wurde, und kommen zur Kleingartenanlage, in der schon Generationen von Arbeitern und Angestellten der ERBA ihre Freizeit verbracht haben.

Keine Frage, die Bamberger Bürger haben ihren neuen, modernen Park mit Freude in Besitz genommen. Kinder tummeln sich an den Spielplätzen, im Wasser und auf den Inselchen des tief eingegrabenen Fischpasses, Basketballer und Beachvolleyballer

Das Café „Zuckerl", eingerichtet im ehemaligen Schleusenwärtenhaus der ERBA

sind in ihrem Element, leichtfüßige Jogger, eine stramm geführte Nordic-Walking-Truppe, Picknick-Gruppen in unterschiedlichster Zusammensetzung, ein junger Vater, der sich zur Freude seines kleinen Sohnes von einem Grashügel rollen lässt, auf dem Nachbarhügel ein junges Paar in der Abendsonne ... ein neuer Volksgarten ist entstanden.

Am gegenüberliegenden Ufer des Main-Donau-Kanals begleitet uns schon seit geraumer Zeit die Silhouette des Bamberger Hafengebiets; ein Gegensatz zu Kirschblüten und Tulpen diesseits, der zu keiner Zeit störend wirkt.
Wir sind am Ziel, an der Nordspitze und gesellen uns zur bronzenen „BaERBAla" von Rainer Kurka, die seit 2012 in die Abendsonne schaut. Linker und rechter Regnitzarm vereinen sich wieder zu einem Fluss, der nach einer leichten Biegung und von hier aus nicht zu sehen, in den Main mündet. Die Sonne geht langsam unter. Wohl nirgends im Stadtgebiet ist das so schön zu sehen. Nach knapp 5 Kilometern

Schöner Kontrast im Frühjahr: weiße Blüten der Felsenbirne und dunkle Nadeln der Kiefer; im Hintergrund eine mächtige Pappel aus der ERBA-Zeit.
Links:
Das BaERBAla – Bronzeplastik von Rainer Kurka an der Inselspitze.

und einem Mosaik von Bildern ruht das Auge sich nun auf der glatten Wasserfläche aus.
Wie schrieb 1934 Konrad Weiß in den Münchner neuesten Nachrichten? „Diese Stadt schenkt dem empfänglichen Sinne überreich und man möchte kein Geschenk zur Gewohnheit werden lassen."

Eine Karte mit dem eingezeichneten Spazierweg befindet sich auf S. 262.

Von Wunschträumen und Erfüllungen in historischen Gärten

Gartenarchitektin – das war schon früh der Traumberuf von Marion Dubler. Ihre Leidenschaft für historische Gärten kam aber erst so richtig zum Tragen, als sie ein eigenes Büro mit dem Schwerpunkt Gartendenkmalpflege eröffnete.

Marion Dubler
Bughofer Str. 2
96050 Bamberg
Tel. 0951 / 20879400
www.
gartenfuehrungen.de

Termine nach
Vereinbarung

Die Beschäftigung mit der Historie eines Gartens, das Entdecken historischer Gartenstrukturen in versunken geglaubten Gartenanlagen und das Bewahren denkmalgeschützter Substanz ist eine lohnenswerte Aufgabe, die sie immer wieder aus Neue begeistert.

Bei vielen erläuternden Rundgängen hatte sie festgestellt, wie interessiert und gespannt ihre Zuhörer den Schilderungen lauschten. Woran liegt das? „Wohl in erster Linie daran, dass in uns Menschen nach wie vor die Sehnsucht nach dem Paradies schlummert", meint die Gartenarchitektin. „Historische Gärten vermitteln dieses Gefühl und erzählen vom Fühlen und Sehen einer längst vergangenen Zeit.
Wer sich die Mühe macht, nach den Auftraggebern und Schöpfern zu fragen, der wird bald feststellen, dass es sich – über die jeweilige Gartenkunstmode hinaus – meist um bemerkenswert individuelle Kreationen handelt." Bei den stets fachlich fundierten Führungen gibt Marion Dubler ihren Gästen daher auch Einblicke in Biografien, berichtet von Wunschträumen und Erfüllungen, aber auch von Kümmernissen. Damit man sich quasi den Garten „mit nach Hause nehmen" kann, bekommt

jeder Gast ein Faltblatt mit den wichtigsten Informationen zu den historischen Gärten, durch die geführt wird. Damit knüpft die Autorin an ihr mittlerweile vergriffenes Buch „Bambergs schöne Gärten" an. Das Schreiben, so gesteht sie, sei ebenfalls eine Passion.
Welche Ziele können angesteuert werden? Für Stadtführungen mit dem Schwerpunkt Gärten bietet sich Bambergs Fülle an historischen Gärten und Gärtnerflächen an. Pro Jahr organisiert Marion Dubler ein bis zwei exklusive Tagesfahrten von Bamberg aus. Dabei bekommen ihre Gäste immer ganz besondere Einblicke in private oder staatliche Gärten; 2015 öffnete beispielsweise die Hofgärtnerei an der Residenz Würzburg eignes für die Gruppe ihre Gewächshäuser. Aber auch eine Reise in die Welt der Markgräfin Wilhelmine von Bayreuth, die unserer Region gleich drei außergewöhnliche Gartenschöpfungen hinterließ, bietet sich die Gartenarchitektin an.

Mit ihrer individuellen Offerte wendet sich Marion Dubler an eine breit gefächerte Zielgruppe. Neben den gern gesehenen Gästen in unserer Region möchte Marion Dubler auch die Einheimischen ansprechen. So findet sich auf ihrer Homepage ein faszinierendes Spektrum an Möglichkeiten, sich dem Thema historische Gärten zu widmen.
Es gibt Angebote für Gruppen- oder Individualreisende, für Wissenshungrige aus Vereinen der Region, für Jubilare, die mit ihrer Festgesellschaft einen geführten und komplett durchorganisierten Tag verbringen möchten, oder für Gäste auf der Durchreise, die sich einen Nachmittag in einem Schlossgarten gönnen wollen. Ein Klick auf die Webseite verrät mehr …

„Historische Gärten erzählen vom Fühlen und Sehen einer längst vergangenen Zeit."
– Marion Dubler

Oben: Skulpturen des fränkischen Bildhauers Ferdinand Tietz – frisch und ohne Schwere, fast spielerisch und scherzend spiegelt sein Werk den Geist des Rokoko wider.

Unten: Sanspareil, geschaffen für die Markgräfin Wilhelmine von Bayreuth, ist tatsächlich „Ohnegleichen" in der Geschichte der Gartenkunst. Als absolutistische Herrscherin setzte Wilhelmine im Felsenhain an der Burg Zwernitz ihre verklärte Vorstellung eines Naturideals in Kombination mit barocken Stilelementen um.
Im Bild der sog. „Morgenländische Bau", davor das Blumenparterre.

Urlaub im eigenen Garten

Es ist schon so: Im eigenen Garten kann es schöner sein als
auf einer Südseeinsel. Auf die Gestaltung kommt es an,
ob der Garten zur Wohlfühl-Oase wird oder bloß den Zweck
eines grünen Freiraums erfüllt. John Landschaftsbau setzt eine
große Bandbreite an gestalterischen Ausdrucksformen und
Qualitätsarbeit ein, um Garten(t)räume zu verwirklichen.

**John GmbH
Garten-, Land-
schafts- und
Sportplatzbau**

Kaiweg 1
96103 Hallstadt
Tel. 0951 / 74780
info@john-galabau.de
www.john-galabau.de

Öffnungszeiten:
Montag bis
Donnerstag
8 – 17 Uhr
Freitag
8 – 13 Uhr

Der Trend zum Urlaub im eigenen Garten nimmt zu. Nicht weil Urlaub außerhalb seinen Reiz verloren hätte, sondern vielmehr, weil die Möglichkeiten, den Garten zur Entspannung und zum Ausgleich zu nutzen, so bereichernd sind. „Den eigenen Garten zu genießen, ist wohl die schönste Form der Entspannung", findet Alexander Hofbauer, Geschäftsführer bei John Landschaftsbau. „Man kann sich jeden Tag an der Vielfalt und dem stetigen Wandel erfreuen, denn ein Garten ist ja nichts Statisches." Dabei sind Nutzungskonzepte und die Gestaltungsmöglichkeiten so unterschiedlich wie die Menschen selbst. „Es ist gerade die Herausforderung für uns", führt Hofbauer aus, „dass wir jeden Kunden mit seinen individuellen Bedürfnissen bedienen können. Vom Kunden mit Design-Anspruch, der einen an die Architektur angelehnten, reduzierten Garten wünscht, aus dem einzelne Highlights

hervorstechen, bis zum Liebhaber des klassischen Gartens, der natürliche, fließende Formen mit viel Leben bevorzugt."
Bewährte Materialien wie Jurakalk, Granit und Sandstein, haben Einfluss auf die Gestaltung. Realisierbar sind jedoch auch Pflanzungen mit Olivenbäumen und Palmen. Der Klimawandel verändert die Gärten – Kiesgärten mit hitzeverträglichen Steppenpflanzungen werden immer häufiger eingesetzt, da die Sommer wärmer und trockener werden. Möglichst pflegeleichte Anlagen, die wenig Wasser benötigen, sind der Trend für die kommenden Jahre. Eine der schönsten Möglichkeiten, den Sommer im eigenen Garten zu genießen, stellen Swimming-Teiche dar. Anders als bei herkömmlichen Pools muss das Wasser nicht chemisch aufbereitet und regelmäßig ausgetauscht werden, der Swimming-Teich reinigt sich auf natürliche, biologische Weise von selbst – eine ausgesprochen elegante

*„Den eigenen Garten
zu genießen, ist wohl die reinste
Form der Entspannung."*

*– Christoph Dahners (li.)
und Alexander Hofbauer*

Art, den Garten aufzuwerten. John Landschaftsbau ist in diesem Bereich Vorreiter. „Wir sind das einzige Unternehmen der Region mit einem System im Hintergrund, das seit 20 Jahren zuverlässig funktioniert", betont Christoph Dahners, der seit 2008 zusammen mit Alexander Hofbauer die Geschäftsführung inne hat.

Die Swimming-Teiche offenbaren eine besondere Stärke: John nutzt die gesteigerte Leistungsfähigkeit, die ein Verbund von Unternehmen bietet. Über den Bereich der Swimming-Teiche hinaus bestehen Partnerschaften mit Spezialunternehmen in der Dachbegrünung und beim Sportplatzbau.

Eingeführt und vorangetrieben wurde diese Arbeit vom ehemaligen Geschäftsführer Jürgen Spiller. Er löste den Firmengründer Randolf John, der 1959 den Grundstein für das Unternehmen gelegt hatte und sehr stark im kreativen Bereich tätig war, ab 1990 in der Geschäftsführung ab. Mit dem heutigen, 80 Mitarbeiter starken Team teilen sie sich den Innovationsgeist, der das Unternehmen seit seinen Anfängen groß gemacht hat. Die Projekte zeigen das ganze Spektrum dessen, was den individuellen Garten zu einem hochwertigen Erholungsraum macht.

Ein Swimming-Teich ist ein Ort, an dem die Seele zur Ruhe kommen kann.

Im Staudengarten werden Pflanzenträume wahr

Stauden sind etwas Wunderbares. Sie entwickeln sich das ganze Jahr über und setzen Akzente mit schönsten Farben, besonderen Blättern sowie interessantem Wuchsverhalten. Die winterharten Pflanzen überstehen sogar extreme Klimabedingungen.

Bamberger Staudengarten Strobler

Gundelsheimer Str. 80
96052 Bamberg
Tel. 0951 / 97100910
Verkauf:
Kronacher Straße
www.bamberger-staudengarten.de
info@bamberger-staudengarten.de

Öffnungszeiten
Verkauf:
März bis November
Montag bis Freitag
7 – 12 Uhr
und 13 – 16.30 Uhr
Samstag 9 – 13 Uhr

Gärtnermeister Johann Strobler erfährt Tag für Tag, von Kunden und aus eigener Anschauung, dass Stauden mit ihrer schier unerschöpflichen Vielfalt „etwas für die Seele" sind. Mit den Pflanzen werden die Jahreszeiten intensiv erlebt. Der kleinste Vertreter ist zwei Zentimeter hoch, der größte erreicht mehrere Meter. Die Blütensaison beginnt im Frühling mit Steingartenstauden, geht über zu den Präriestauden und farbintensiven Prachtstauden im Sommer, weiter zu den Spätsommer- und Herbstblühern. Einen wichtigen Bestandteil des Sortimentes stellt die große Vielfalt der Gräser, Farne, Kräuter und Wasserpflanzen dar. Auf einer Betriebsfläche von elf Hektar werden Arten und Sorten von 3.000 verschiedenen Stauden vermehrt und kultiviert. Nur die besten Pflanzen werden ausgewählt und kommen in den Verkauf.

Bunte Vielfalt (oben: Mandelwolfsmilch, unten: orangeblütiger Sonnenhut).

*„... etwas für die Seele"
– Johann Strobler
über die Vielfalt der
Stauden*

Was überhaupt sind Stauden genau? Nach einer Definition des Gartenbautechnikers Johann Strobler handelt es sich um „krautige, ausdauernde Blütenpflanzen, die meist im Herbst mit ihrem oberirdischen Teil absterben, über den Winter einziehen und mit ihrem unterirdischem Teil im Boden überwintern." Der Betrieb hat Stauden für alle Standorte und Lebensbereiche, speziell angepasst an das milde Mittelgebirgsklima, so dass die Pflanzen in und um Bamberg bestens aufwachsen können.

Kräftiger Wuchs und Sortenechtheit bilden oberste Prinzipien für die Qualität. Hierfür setzt Johann Strobler, der Hauptverantwortliche der Staudengärtnerei, profunde Kenntnisse und langjährige Erfahrungen ein. Der Betrieb bildet mit über 30 Mitarbeitern und einem großen Sortiment eine feste Größe in der „grünen Branche". LKWs bringen die Pflanzen in einem Radius von 350 Kilometern zu Wiederverkäufern, aber auch direkt zu Großprojekten. Ein ausgesuchter Teil ist indes für den Privatverkauf bestimmt. In der Kronacher Straße können die Kunden durch die Beete streifen und sich inspirieren lassen – der Besuch allein gestaltet sich wie ein Ausflug zu einer kleinen Gartenschau. Auf Wunsch kann Gartenbautechniker Johann Strobler jedes Staudenbeet individuell so planen, dass ein durchgehendes Blütenmeer entsteht – ein Pflanzenparadies im eigenen Garten.

Kaufen und plaudern an der Blumentheke

Kaufen und plaudern hat Tradition im Laden von Monika Lurtz.

Während die Floristin ihre kurz und üppig gebundenen Sträuße und Gestecke frisch vor den Augen ihrer Kunden fertigt, kommt es oft zu interessanten Gesprächen. So hat sich seit der Eröffnung von ML Florales im Jahr 1998 eine treue Stammkundschaft gebildet. Beim Einkauf sind sogar schon Freundschaften entstanden.

Die regelmäßigen Kunden des verkehrstechnisch günstig gelegenenLadens wissen genau, was sie zu erwarten haben. Für die Sträuße und Gestecke verwendet Monika Lurtz überwiegend Rosen und Hortensien. „Ich kaufe meine Lieblingsblumen täglich frisch. Daher kann ich flexibel auf Kundenwünsche reagieren", erzählt die Inhaberin. Für etwas Spezielles, z.B. eine bestimmte Rosenfarbe, sollte man aber am besten vorbestellen – „kurzer Anruf genügt". Die aus einer Bamberger Gärtnerfamilie stammende Floristin schätzt vor allem barocke Formen, angefangen von ausgesuchten Wohnaccessoires (Leuchter, Übertöpfe …) bis zu Objekten für den Außenbereich (Amphoren, große verzierte Pflanzkübel …). Vor allem in der Adventszeit ist das Geschäft eine Augenweide, was nicht zuletzt an dem besonderen Weihnachtsschmuck und selbstgebundenen Kränzen liegt. Menschen mit einem Sinn für schöne Dinge und einem gewissen Lebensstil teilen die Vorliebe der Inhaberin. So eben auch die Memmelsdorfer Künstlerin Nathalie Otto, eine in München arbeitende Malerin, die sich mit diversen Ausstellungen in Bamberg und Umgebung bereits einen Namen gemacht hat. Ihre zum großen Teil abstrakten Werke finden sich in vielen guten Adressen der Stadt, unter anderem bei ML Florales. „Man kennt sich eben", sagt Monika Lurtz und schmunzelt. Die beiden Schöngeister liegen auf einer Wellenlänge und mögen sich seit den Anfängen von ML Florales. Beide fühlen sich durch Kreativität verbunden und sehen sich als bodenständige Frauen, die sich gegenseitig inspirieren.

ML Florales
Deko – Blumen –
Wohnaccessoires
Villachstr. 10
96052 Bamberg
Tel. 0951 / 2081234

Öffnungszeiten:
Dienstag bis Freitag
10 – 18 Uhr
Samstag
10 – 14 Uhr

„Ich kaufe meine Lieblingsblumen täglich frisch."

– Monika Lurtz

Viel mehr als nur ein Blumenladen – ML Florales bietet Platz für die Kunst. Hier ein Werk von Nathalie Otto.

Räume zum Durchatmen

Verwunschene Gärten und großzügige Freiflächen, liebliche Pflan-
zenbeete und stattliche Bäume –
Bamberg und Umgebung ist reich
an Gärten und Landschaften,
in denen sich Stadt und Natur auf
einzigartige Weise miteinander
verbinden. Hinter zahlreichen
öffentlichen und privaten Grün-
anlagen verbirgt sich die ordnende
Hand des Unternehmens Luster.

**Garten- & Land-
schaftsbau Luster**
Waizendorfer Str. 43a
96049 Bamberg
Tel. 0951 / 53022
www.luster-garten.de
info@luster-garten.de

Öffnungszeiten:
Montag bis Freitag
9.30 – 18 Uhr
Samstag
9 – 14 Uhr

Seit 1937 ist Luster mit Baumschulen sowie im Garten- und Landschaftsbau eine gestaltende Kraft. Die Wege des barocken Terrassengartens innerhalb der Klosteranlage St. Michael, der Garten des Wasserschlosses Villa Concordia, die Brunnenanlage im Innenhof von Kloster Banz und die Außenanlage des Priesterseminars am Bamberger Heinrichsdamm stellen Highlights dar, bei denen jeder das Ergebnis sehen kann. Nur wenigen zugänglich und daher kaum bekannt sind viele andere Projekte, für die die Gartenprofis verantwortlich zeichnen: begrünte Hinterhöfe in der Innenstadt, denkmalgeschützte Bereiche der historischen Gärtnerstadt und all die Gärten, mit denen sich Privatpersonen ihren ureigenen Raum zum Durchatmen schaffen. Nimmt man noch die nüchternen Zweckanlagen hinzu wie Park- und Sportplätze, wird klar, um was für ein weites Feld es sich bei der Arbeit eines Landschaftsgärtners handelt.

„Jeder wird bedient", sagt Seniorchefin Hedwig Luster. „Möchte jemand drei Rosen in seinem Garten geschnitten haben, ist es selbstverständlich, das auch zu übernehmen." Den Grundstock für das Multi-Kompetenz-Unternehmen legte ihr Mann Rudolf Luster ab den 70er Jahren. Seit 2008 setzt seine Tochter Maria Luster-Nitschke in der Geschäftsleitung die Geschicke fort, im Team mit ihrer Mutter

Hedwig und den erfahrenen Mitarbeiterinnen und Mitarbeitern, die sich zuverlässig um alle Aufgaben kümmern. „Man muss nicht nur Pflanzenkenner, sondern auch Menschenkenner sein", kommentiert Maria Luster-Nitschke ihre Arbeit. Oft würden sich die genauen Vorstellungen der Kunden erst im gemeinsamen Gespräch herauskristallisieren. Aus der Gestaltung eines kleinen Reihenhausgartens könne so am Ende etwas Großes werden, wie das Beispiel eines „Naschgartens" mit verschiedenen Obstarten belegt, den Luster für einen Kunden realisierte.

Der Spezialist errät mit seinem geschulten Blick mitunter schon am Haus eines Menschen dessen Vorliebe für das Grüne. Dem Kunden wiederum hilft es sehr, dass er auf der zwei Hektar großen Ausstellungs- und Verkaufsfläche von Baumschulen Luster am Stadtrand von Bamberg viele Pflanzen direkt in Augenschein nehmen kann. Was etliche erstaunt, ist, dass es in der Baumschule wirklich Bäume zu kaufen gibt und hier nicht nur Fachwissen gepflegt wird. Doch nicht nur das, zusätzlich zu Bäumen

und anderen Pflanzen in beachtlicher An-
zahl verfügt die Firma Luster über ein gutes
Sortiment an Erden und Dünger für den
Gebrauch im Garten. Bei jedem einzelnen
Projekt entsteht ein Werk, das mit der
richtigen Pflege dem Gartenbesitzer über
Jahrzehnte Freude bereiten kann.

Eindrucksvolle Referen-
zen für den Garten- und
Landschaftsbau: Villa
Concordia (oben) und
Kloster Banz.

„Man muss nicht nur
Pflanzenkenner, sondern auch
Menschenkenner sein.“
– Maria Luster-Nitschke (rechts)
mit Tochter und Ehemann

Lukull im Himmelsgarten

Früchte in den Deckenmalereien von St. Michael zu Bamberg

von
Werner Dressendörfer

Wie der sprichwörtliche Phoenix aus der Asche entstand nach dem verheerenden Kirchenbrand vom 27. April 1610 die nicht nur von den Bambergern vielbesuchte Grabkirche des Heiligen Otto auf dem Michelsberg neu.

Die bisherige, durch das Feuer zerstörte hölzerne Flachdecke wurde dabei vollständig durch gemauerte Gewölbe ersetzt. Diese nahmen in der Rippenführung gotische Formen auf und boten sich nach ihrer Fertigstellung im Jahr 1614 als Malfläche für monumentale Deckenmalereien an. Bis 1617 „wuchsen" auf diese Weise 578 Pflanzen in großer Naturtreue im Gewölbe. Sie bilden den Gesamteindruck eines wahren „Himmelsgartens", der noch heute beim Eintreten in die Kirche unwillkürlich die Blicke auf sich zieht.

Unter einer derart paradiesisch anmutenden Laube versammelten sich die Gläubigen zur Messe. Viele von ihnen ließen, angeregt durch die Malereien, dabei auch die Gedanken schweifen, dankten dem Schöpfer und suchten womöglich in der Fülle der Gewächse neugierig nach vertrauten Pflanzen. Bestimmt werden manche so auch das Süßholz gefunden haben, das Bamberger Gärtner gewerbsmäßig anbauten und dessen zum Kranz aufgerollte Wurzeln auch in den Apotheken verarbeitet wurden. Und möglicherweise kam dem ein oder anderen beim Schauen eine alte Bamberger Legende in den Sinn. Demnach spross überall dort, wo der Heilige Kaiser Heinrich oder seine ebenfalls heiliggesprochene Gattin Kunigunde ihren Fuß auf den Boden setzten, das süße Wurzelholz dem Menschen zu Nutz aus der Erde. So verbinden sich auch mit vielen anderen Pflanzen Gedanken, die weit über botanische Erkenntnisse oder gärtneri-

Das Süßholz war der Legende nach ein Wunderholz, das Heinrich und Kunigunde stets begleitete.

Geschaffen für eine Passionsfrucht – die Maracuja-Blume.

Die weiße Blüte, die rote Frucht und die Dreizahl des Blattes eignen sich bei der Erdbeere für eine religiöse Auslegung.

Rund 600 verschiedene Pflanzen verwandeln das Deckengemälde am Michelsberg in einen blühenden Himmelsgarten. In den Augen der Gläubigen verwandeln sich die Früchte in Symbole.

sche Erfahrung hinausgehen, die ihnen eine volkstümliche Auslegung beimessen oder gar als Symbol religiöse Aussagen ins Gedächtnis rufen, wie der Apfel. Bei dessen Anblick stand jedem die Erinnerung an den fatalen Sündenfall vor Augen, ohne dass es dazu des persönlichen Auftretens Adams und Evas oder gar der Schlange bedurft hätte.

Pflanzen des Speisezettels

Ganz gewiss wurde und wird durch die Bilderfülle der Appetit angeregt, denn es findet sich eine ganze Reihe von Pflanzen und Früchten im Himmelsgarten, die vom heimischen Speisezettel bekannt waren. Wem liefe nicht beim Anblick der beiden fruchtschweren Kirschbaumzweige das Wasser im Munde zusammen? Beim Biss in die prallen Früchte, die vor gut 2000 Jahren durch den römischen Feinschmecker Lukullus aus dem türkischen Giresun nach Europa kamen, fühlte sich der

Mensch früherer Zeiten an jene Blutspuren erinnert, die die Dornenkrone am Haupt des Erlösers hinterließ. Das Nebeneinander von weißer Kirschblüte und blutroter Frucht erinnerte sie an die Passion des Herrn und zugleich auch an das Mitleiden seiner Mutter.

Gleiches gilt für die Erdbeere, an der sich ebenfalls weiße Blüte und rote Frucht gegenüberstehen, ein Nebeneinander, das darüber hinaus auch als Symbol für die unbefleckte Mutter des Gottessohnes verstanden wurde. Dessen Heiligkeit wird durch die Dreizahl in der Form des Blattes unübersehbar betont. Den Engeln sollten die süßen Früchte als Speise dienen und am Johannistag (24. Juni) meinte man, ginge Maria mit den unschuldigen Seelen der verstorbenen Kinder im Paradies auf eine große Erdbeerwiese, wo sich die Kleinen nach Herzenslust an den delikaten Beeren satt essen durften.

Achtung, Höllenfeuer! Die Paprika mahnt den Genießer zur Vorsicht.

Von der Tomate ist der Schritt zum Liebesapfel nicht mehr weit.

Am spektakulärsten zeigen sich aber die Möglichkeiten symbolischer Ausdeutung der Natur bei einer Pflanze, die heute als Zierpflanze und Lieferantin der Maracuja-Frucht geschätzt wird. Diese kam gegen Ende des 16. Jahrhunderts vereinzelt aus Südamerika nach Europa. Dort staunte man, dass sich selbst unter Heiden eine Blüte fand, die unverkennbar die Leiden des Herrn widerspiegelte. Man nannte sie deshalb Passionsblume. Die drei Narben des Griffels erinnerten an die drei Kreuzesnägel, die fünf Staubbeutel an die Zahl der Wunden des Herrn, die zehn Blütenblätter an die standhaften Apostel. Unter ihnen fehlte nicht nur der Verräter Judas, sondern auch Petrus, der Jesus dreimal verleugnet hatte. Im kräftigen Stempel meinte man den Hammer zu erkennen, mit dem die Nägel eingeschlagen wurden, in den Ranken die Geißelschnüre und in den geteilten Blättern die Hände der Häscher. All dies hatte man auch 1609 in einem Augsburger Flugblatt festgehalten und der dort abgedruckte Holzschnitt bildete die Vorlage für die Malerei des Himmelsgartens.

Warnung vor irdischem Prunk

Diese doch recht mittelalterlich erscheinende Argumentation der Pflanzensymbolik findet sich ähnlich für andere Gewächse überliefert, die aus der Neuen Welt in das

Abendland kamen. So erscheint auch die Paprika im Himmelsgarten. Spanischer Pfeffer hieß sie damals, denn ihre in auffälligen Farben leuchtenden Früchte, die Chilies, schmeckten für den europäischen Gaumen ungewöhnlich scharf. Und schon bot sich eine moralisierende Aussage an: Die bemerkenswerten Früchte habe Gott geschaffen, um den Menschen daran zu erinnern, dass das schöne Äußere unheilvoll verbunden ist mit der brennenden Schärfe. Die konnte jeder empfinden, der unvorsichtig in die bunten Früchte biß, ebenso wie demjenigen das Höllenfeuer droht, der zu sehr am irdischen Prunk hängt. Auch der echte, fast ebenso scharf schmeckende Pfeffer findet sich am Gewölbe unter der Orgel und zeigt dort sehr schön die Dreizahl der sich ändernden Fruchtfarbe. Diese deuteten manche ähnlich wie bei der Maulbeere als Symbol für Leben, Leiden und Tod des Herrn.

Unter den amerikanischen Gewächsen vertreten ist auch die Tomate, die in Österreich heute noch Paradeiser genannt wird. Früher hieß die über Nordafrika nach Italien gelangte Pflanze auch Liebesapfel, weil man die italienischen Namen pomo dei mori, Mauren-Apfel, ins Französische nach dem Lautstand als pomme d'amour „übersetzte“. Das führte direkt zum deut-

Die Ananas-Frucht, lange Zeit der Inbegriff von Exotik.

schen Wort Liebesapfel. Lange Zeit hielt man die roten und gelben Früchte für giftig, bis man ihnen in geringen Mengen anregende aphrodisische Kräfte zuschrieb, damit sich der Name Poma amoris bewahrheiten möge.

Unter der Orgelempore, ganz in der Nähe des Pfeffers, findet sich die für die Entstehungszeit wohl aufsehenerregendste Frucht. Deren Abbild dürfte im frühen 17. Jahrhundert ungläubiges Staunen ausgelöst haben: eine Ananas! Vielleicht hatten die gebildeten Leute schon einmal irgendwo gehört, dass dieser Exot dem Vernehmen nach aus Brasilien stammt und dort in der Provinz des Heiligen Kreuzes wuchs, aber gesehen oder gar gekostet hatten sie diese ungewöhnliche Frucht nie. Auch Kürbis, Quitte, Feige, Maulbeere, Opuntie, Aprikose, Pflaume, Pfirsich, Stachelbeere, Johannisbeere und Granatapfel finden sich unter den Michelsberger Früchten und mit fast jeder verbindet sich eine erbauliche Geschichte.

So erinnerten die farbenfrohen Abbilder im Himmelsgarten von St. Michael zu allen Zeiten an die Schönheit, aber auch an den Nutzen der göttlichen Schöpfung. Ganz besonders die wohlschmeckenden und süßen Früchte konnten einen kleinen Vorgeschmack paradiesischer Freuden schon auf Erden geben. Wenn auch die gemalten Früchte des Himmelsgartens nicht unserem Gaumen schmeicheln können, ein wahrer Augenschmaus sind sie bis heute allemal geblieben.

Hinweis für Besucher: Wegen dringend nötiger Sanierungsarbeiten ist die Kirche seit Ende 2012 vorübergehend geschlossen. Der Zeitpunkt der Wiedereröffnung war bei Redaktionsschluss leider ungewiss.

vielfalt
ist unser
markenzeichen

ECHT. STARK. OBERFRANKEN!

Heimat für Genießer

Genussregion Oberfranken
Land der Brauereien

Oberfranken Offensiv e. V.
www.oberfranken.de
www.genussregion.oberfranken.de

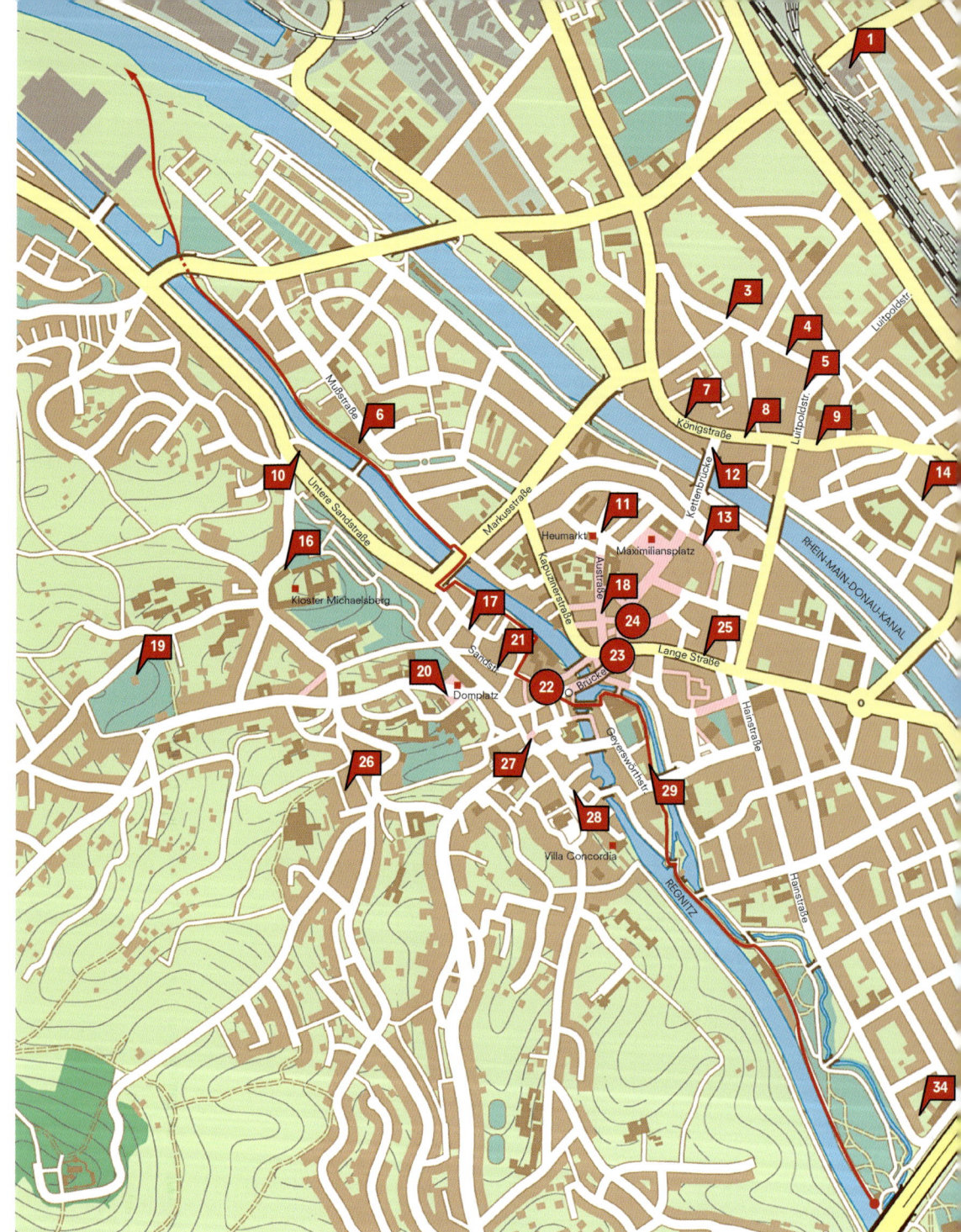

25	Absatz	.... S. 172	11	Der Brotladen	.... S. 97
32	ADMservice	.... S. 160	16	da Francesco	.... S. 70
22	ALI er & sie	.... S. 170	9	Delikatess Müller	.... S. 28
22	A.P. Männer	.... S. 170	11	Der Bademeister	.... S. 146
6	Bamberger Symphoniker	......S. 188	12	ducke Inneneinrichtung,	...... S. 140
26	Brentano-Theater	.... S. 224	30	Dubler Gartenführungen	...... S. 246

21	Heinrich & Heinrich	S. 56
22	Hofbräu	S. 74
21	Jazzclub	S. 181
7	Josch Restaurant	S. 76
24	Kastner On Stage	S. 165
8	Kerling	S. 98
7	Kleehof	S. 72
21	Krippenmuseum Bamberg	S. 197
10	Kunstraum Kesselhaus	S. 198
7	La Tortissima	S. 105
29	La Villa	S. 78
23	Licht + Design	S. 158
7	Lichtspielkino	S. 181
22	Lorang	S. 230
33	Loskarn	S. 95
18	M.A.G.	S. 102
31	Mahrs Bräu	S. 43
25	Messerschmitt	S. 68
23	Mohren-Haus	S. 124
24	Müller 7 Concept Store	S. 144
22	Murr	S. 232
20	Museen um den Bamberger Dom	S. 194
15	Mussärol	S. 21
5	Odeon	S. 181
18	Pamina Bio	S. 109
2	Pornschlegel	S. 136
22	Pusch	S. 154
23	Riffelmacher	S. 110
25	Scharnke	S. 116
22	Schlenkerla	S. 35
25	Storath	S. 100
35	Stuber	S. 95
27	Teegießerei	S. 104
20	Theater der Schatten	S. 220
23	Thomsen	S. 142
34	Christiane Toewe	S. 200
22	Triebel	S. 121
19	Villa Remeis	S. 112
4	Vino e Camino	S. 60
14	Atelier Bernd Wagenhäuser	S. 199
1	Weyermann Malzfabrik	S. 46
22	Zauberhaft	S. 164

Die rote Linie an der Regnitz markiert den Ufer-Spazierweg zum Beitrag auf Seite 238.

22	Eberls Genusswelt	S. 126
7	Eigenart Gestaltung	S. 123
23	Feldbaum	S. 162
16	Fränkisches Brauereimuseum,	S. 35
3	Gärtner- und Häckermuseum	S. 19
28	Haus zur Trommel	S. 120

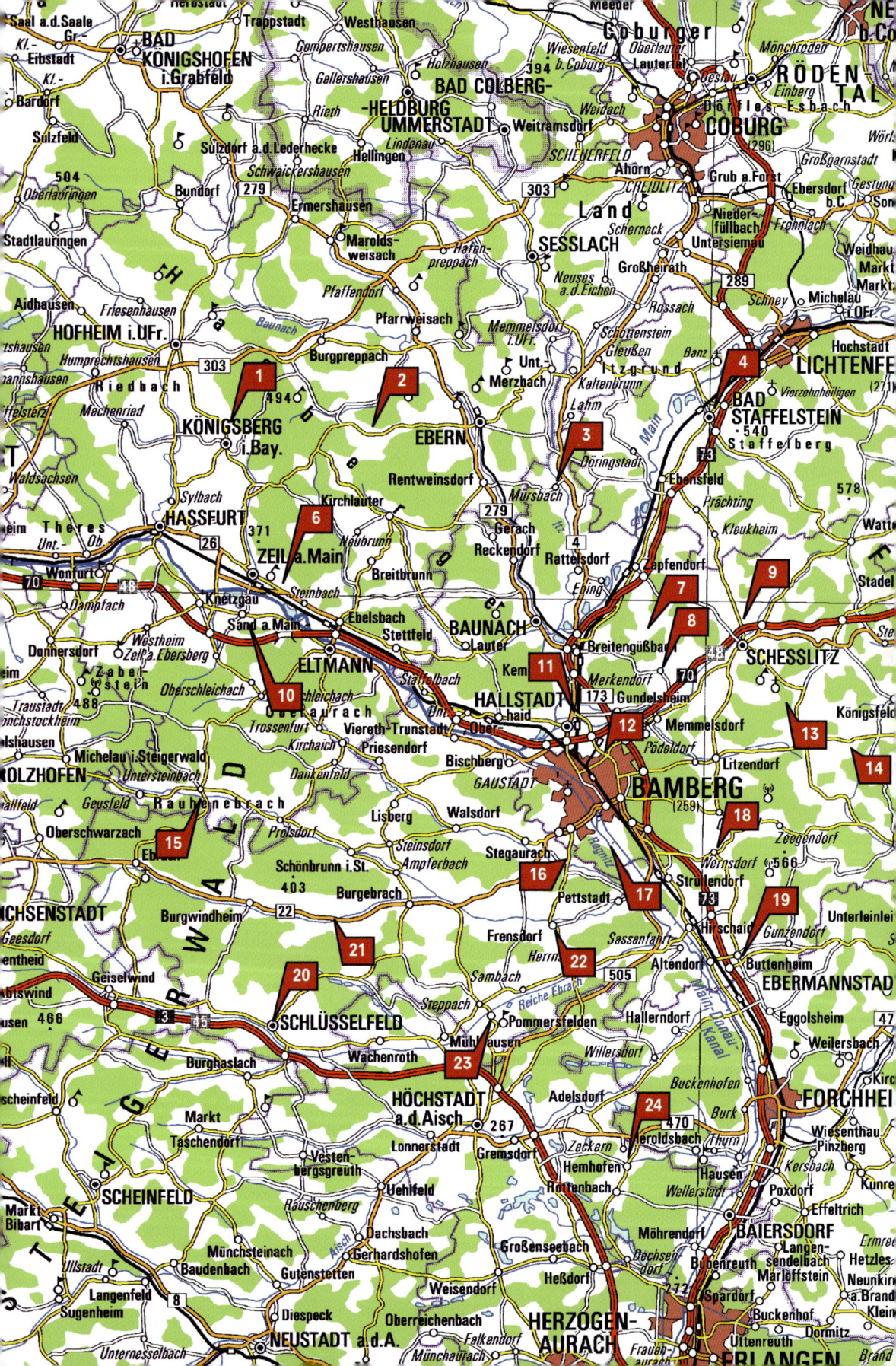

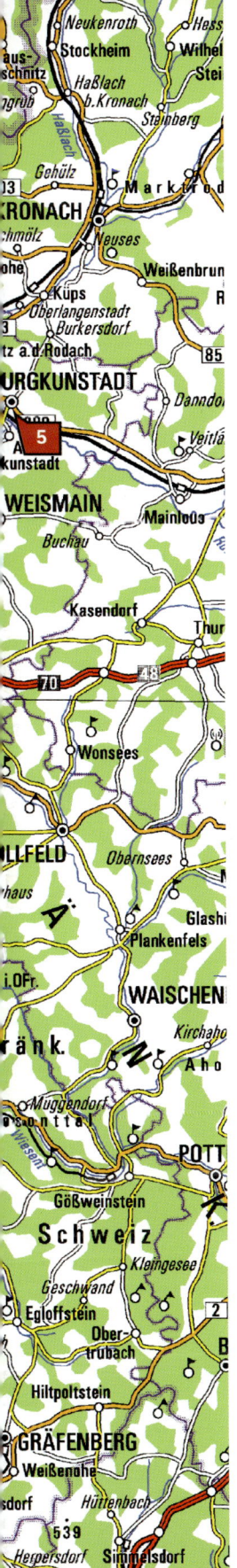

Bamberg Stadtrand und Umgebung

10	A & E Rippstein (Weingut), Sand am Main	S. 44
24	abokiste, Hemhofen	S. 20
22	Bauernmuseum Bamberger Land, Frensdorf	S.210
6	Bauerschmitt (Weingut), Ziegelanger	S. 219
1	Urte Benkert, Goldschmiede, Königsberg	S. 142
11	Georg Döppmann (Keramik), Hallstadt/Dörfleins	S. 204
5	Forellenzucht Juratal, Burgkunstadt	S. 24
17	Hoffmannsklause (Galerie), Bamberg-Bug	S. 196
4	Janes Cake Tragedy, Bad Staffelstein	S. 103
11	John (Garten , Landschafts-, Sportplatzbau), Hallstadt	S. 226
23	Kellerhaus Pommersfelden (Café)	S. 94
1	Kunsthandwerkerhof Königsberg	S. 214
3	KunstMühle Mürsbach (Galerie)	S. 183
19	Levi Strauss Museum und Shop, Buttenheim	S. 157
16	Luster (Garten- & Landschaftsbau), Bamberg	S. 230
12	ML Florales (Deko, Blumen, Wohnaccessoires)	S. 251
23	Oeffner (Käserei), Weiher/Pommersfelden	S. 22
22	Pickel (Landgasthof), Frensdorf	S. 76
7	Sassendorf (Gasthaus), Sassendorf	S. 74
18	Schiller (Gasthof), Wernsdorf	S. 86
15	Schindelsee (Gasthof), Schindelsee/Rauhenebrach	S. 73
9	Schloss Burgellern (Restaurant und Hotel)	S. 80
23	Schloss Weissenstein, Pommersfelden	S. 184
22	Schmaus Museumsgasthof, Frensdorf	S. 210
13	Schütze (Atelier), Ludwag	S. 194
20	Schwarzbrennerei, Schlüsselfeld	S. 79
20	Schwarzer Adler (Brauereigasthof), Schlüsselfeld	S. 39
12	Strobler (Staudengarten), Bamberg	S. 228
1	Sibylle Thomé (Fotografie), Königsberg	S. 142
8	Wagner (Brauereigaststätte), Merkendorf	S. 74
2	Weingarten Jesserndorf	S. 54
14	Weiß (Naturlandhof), Laibarös	S. 25
21	Zehendner (Brauereigaststätte), Mönchsambach	S. 41
15	Zum Grünen Baum (Brauereigasthof), Theinheim	S. 80

Autoren

Marcus Rudolf Axt, Jahrgang 1974, ist seit August 2013 Intendant der Bamberger Symphoniker – Bayerische Staatsphilharmonie. Er studierte Musikwissenschaft, Theaterwissenschaft und Germanistik an den Universitäten Bayreuth und Bologna. Ab 1998 baute er als Leiter der Konzertorganisation und persönlicher Referent des Intendanten gemeinsam mit Franz Willnauer das traditionsreiche Bonner Beethovenfest auf. 2003 übernahm er unter der neuen Intendanz von Ilona Schmiel die Leitung des Künstlerischen Betriebs und war auch für die Programmplanung des Beethovenfestes zuständig. 2005 wurde er Orchestermanager der Bamberger Symphoniker und 2008 als Leiter der Konzertplanung zu den Berliner Philharmonikern berufen.

Peter Braun, geboren 1960, gelernter Kfz-Mechaniker, arbeitet nach seinem Studium der Zahnmedizin seit 1989 als Publizist und freier Journalist. Veröffentlichungen in der Süddeutschen Zeitung und dem Rheinischen Merkur. Hörfunkarbeit für den Bayerischen Rundfunk, die Deutsche Welle, MDR, SWR und BBC. Zahlreiche Buchveröffentlichungen bei Suhrkamp, dtv, Artemis & Winkler, Berlin Verlag. Hörfunk-Sonderpreis für das Hörspiel „Die Zauberin sollst du nicht leben lassen". Berganza-Preis 2005.

Dr. Karin Dengler-Schreiber, Jahrgang 1947, veröffentlichte zahlreiche Bücher und Artikel zur Geschichte, Baugeschichte und Denkmalpflege von Bamberg. 2004 wurde ihr für ihre ehrenamtliche Arbeit das Bundesverdienstkreuz verliehen, 2009 der Bayerische Verdienstorden. Kurz vor ihrem 60. Geburtstag scherte sie aus den gewohnten Bahnen aus und veröffentlichte einen Kriminalroman, der in Bamberg spielt. Zwischen 2008 und 2010 leitete sie das „Zentrum Welterbe Bamberg", die Managementstelle für die Welterbestätte Bamberg.

Barbara Dicker, Jahrgang 1964, ist in Franken geboren, lebt in Franken und hat ein Faible nicht nur für fränkische Kulinarik. Die studierte Anglistin und Fachredakteurin hat zusammen mit ihrem Mann Hans Kurz beim ars vivendi-Verlag „Das Bier Kochbuch", „Das Schnaps Kochbuch" und „Das Wein Kochbuch" veröffentlicht. Zu den Kochbüchern haben die beiden sich die Kurzgeschichten-Reihe „Promille-Krimis" ausgedacht, die ab 2015 erscheint. Außerdem kommt in diesem Jahr bei Schwarzkopf & Schwarzkopf „111 Gründe, Franken zu lieben" heraus.

Prof. Dr. Werner Dressendörfer, Jahrgang 1947, studierte Pharmazie in Würzburg und legte eine Approbation als Apotheker ab. Anschließend absolvierte er das Aufbaustudium Geschichte der Naturwissenschaften an der LMU München. 1978 folgte die Promotion. Werner Dressendörfer verfügt zudem über eine Ausbildung zum Bibliothekar des Höheren Dienstes an wissenschaftlichen Bibliotheken. 1980 gründete er die E.T.A. Hoffmann-Apotheke in Bamberg. Von 1982 bis 2012 Lehraufträge an den Universitäten Erlangen, Würzburg, Regensburg und Bamberg.

Marion Dubler studierte in Weihenstephan Landespflege. 1999 absolvierte sie den Aufbaustudiengang Denkmalpflege an der Otto-Friedrich-Universität Bamberg. Seitdem ist sie freiberuflich in der Gartendenkmalpflege tätig und lehrt dieses Fach im Masterstudiengang Heritage Conservation an der Universität. Ihre Leidenschaft gilt den historischen Gärten. Um einer breiten Öffentlichkeit dieses Wissen zu vermitteln und die Begeisterung für die Schönheit dieser Kunstgattung zu wecken, hält sie Vorträge und veranstaltet für Gruppen und Individualreisende Tagestouren und Führungen zu den schönsten Gärten der Region. www.gartenarchitektin.info, www.gartenfuehrungen.de

Dr. Oliver van Essenberg, Jahrgang 1970, arbeitete als Mitgründer eines Plattenlabels (Hyperium, Nürnberg) zunächst in der Musikbranche. Er studierte Germanistik mit Schwerpunkt Journalistik an der Universität Bamberg und promovierte 2003 in Literaturwissenschaft. Nach Tätigkeit in einer Agentur, wo er den Bereich Öffentlichkeitsarbeit verantwortete, machte er sich 2008 selbstständig und gründete 2010 den Verlag „selekt".

Dr. Rolf-Bernhard Essig, geboren 1963 in Hamburg, lebt als Autor, Kritiker, Entertainer in Bamberg. Bekannt wurde er mit Radiosendungen zu Redensarten wie „Essigs Essenzen" oder „Und jetzt mal Butter bei die Fische!" (Deutschlandradio Kultur, SWR). Seine Bücher für Erwachsene, Jugendliche, Kinder verknüpfen ideal Vergnügliches und Information. Zuletzt erschienen sein Roman „Die Kunst, Wasser zu fegen" und – zusammen mit seiner Frau Gudrun Schury – „Schlimme Finger. Kriminalgeschichte der Künste von Villon bis Beltracchi". Näheres unter www.schuressig.de

Dr. Christine Freise-Wonka, Jahrgang 1958, studierte Kunstgeschichte, Vor- und Frühgeschichte sowie klass. Archäologie in Würzburg. Ihr Promotionsstudium schloss sie in Bamberg mit den Fächern Kunstgeschichte und Mittelalterarchäologie ab. Seither ist sie als Buchautorin, Dozentin der VHS, Schulungsleiterin der städtischen Gästeführerausbildung und aktive Gästeführerin in Bamberg tätig.

Dr. Christian Fiedler, Jahrgang 1970, studierte Geografie und Journalismus an der Universität Bamberg. Er arbeitet als Wissenschaftler am Bundesinstitut für Bevölkerungsforschung. Seit vielen Jahren beschäftigt er sich in seiner Freizeit mit der Historie des heimischen Braugewerbes. Für sein Buch „Bamberg, die wahre Hauptstadt des Bieres" erhielt er 2007 den Bierorden der Bamberger Brauereien.

Nora Gomringer, geboren 1980, ist erste Veranstalterin des Bamberger Poetry Slam, freie Lyrikerin und seit 2010 Direktorin des Internationalen Künstlerhauses Villa Concordia, Bamberg. 2011 erhielt sie den Kulturpreis Deutsche Sprache Jakob Grimm. Ihr lyrisches Werk erscheint bei Voland & Quist in Leipzig.

Norbert Krines kam 1973 in der „heimlichen Hauptstadt des Bieres" Kulmbach zur Welt. Für sein Studium (Germanistik, Sozialkunde und Geschichte) zog er in die „wahre Hauptstadt des Bieres" Bamberg. Seit seinem Abschluss arbeitet er als freier Texter und selbstständiger Dozent für Deutsch als Fremdsprache u.a. an der Otto-Friedrich Universität Bamberg und am Sprachinstitut Treffpunkt. Seit 2001 ist er aktiver Heimbrauer. In seinem Blog www.bierdestages.de beschreibt er seit Januar 2011 jeden Tag ein anderes fränkisches Bier – mittlerweile über 1600 Stück! Ziel dieses Projekts ist es, alle in Franken gebrauten Biere zu erfassen, zu beschreiben und die Bierregion Franken in ihrer Gänze abzubilden.

Georg Lang, 1948 in Bamberg geboren und in fünf verschiedenen Ortschaften Frankens aufgewachsen, begann nach dem Abitur ein ausschweifendes „studium generale" und widmete sich daneben dem Brotstudium Architektur/Stadt- und Regionalplanung in München und Berlin. Seine Berufstätigkeit führte ihn nach Berlin, Lörrach (Südbaden) und zurück nach Bamberg. Seit 2004 ist er Sympathisant der internationalen Slow Food Bewegung, die er mit Beiträgen zur regionalen Ess- und Trinkkultur unterstützt.

Martin Neubauer, Jahrgang 1963. Nach der Schauspielschule in München, Theaterjahren in Hannover und Essen sowie Rundfunk- und Fernsehtätigkeit verlegte er sich besonders auf die Rezitation. Mit musikalisch-literarischen Programmen tritt er bundesweit auf. Seit 1993 leitet er das Brentano-Theater in Bamberg, dessen Spielplan sich besonders um Vergessenes bemüht. Mehrere Hörbücher und Essays u.a. zum Thema Brentano liegen vor.

Andreas Reuß, geboren 1954, studierte in Regensburg und Würzburg Katholische Theologie und Germanistik für das Lehramt an Gymnasien. Seit 1977 schreibt und fotografiert er für Zeitungen und Zeitschriften, seit 1990 entstanden – meist zusammen mit Stefan Fröhling – 20 Bücher bzw. Buchbeiträge. 2008 wurde Reuß Mitglied der Fraktion der Grünen im Bamberger Stadtrat.

Arnd Rühlmann wurde 1972 geboren und lebt seit 1995 in Bamberg. Er arbeitet freiberuflich als Kleinkünstler, Schauspieler, Sänger und Regisseur. Von ihm gibt es Chanson CDs, Kindertheaterstücke und satirische Romane (zusammen mit Heidi Friedrich). Gemeinsam mit Schauspieler und Musiker Jürgen Heimüller gründete er 2004 nana theater e.V. und ist seit 2005 außerdem Organisator und künstlerischer Leiter der „Fischerei-Festspiele." Im Oktober 2011 eröffnete Rühlmann in Bamberg die Kleinkunstbühne „nana theater im Club Kaulberg".

Enrico Santifaller, Jahrgang 1960, studierte Geschichte und Soziologie. Er arbeitete als Redakteur der Frankfurter Neuen Presse und der Offenbach Post. Seit 1994 ist er freier Architekturjournalist und Autor. 2000 wurde er als außerordentliches Mitglied in den Bund Deutscher Architekten BDA aufgenommen, 2005 mit dem DAI-Literaturpreis Baukultur ausgezeichnet. 2008 – 2012 Vorstandsmitglied der BDA Gruppe Frankfurt. Jüngste Buchveröffentlichungen: Aktuelle Architektur in Oberfranken 2.0 (Büro Wilhelm Verlag, Herbst 2015).

Markus Schäfer, Jahrgang 1970. Nach dem Studium der Architektur und mehrmonatigen Auslandsaufenthalten in Griechenland, Indien und im Nahen Osten arbeitete er in Büros in Aachen, Maastricht und Bayreuth. Der Architekt und Stadtplaner gründete 2003 gemeinsam mit Alexandra Baier und Yvonne Slanz die Arbeitsgemeinschaft transform. Das Büro initiierte anlässlich der Landesgartenschau zusammen mit dem Zentrum Welterbe das Projekt „Urbaner Gartenbau" in Bamberg. Seit 2010 ist er Geschäftsführer der Bamberger Süßholz-Gesellschaft, deren Ziel es ist, die Tradition des Süßholzanbaus in Bamberg wiederzubeleben.

Bernd Wagenhäuser, geboren 1953, schloss 1978 ein Studium der Plastischen Formgebung an der Hochschule für Gestaltung, Wiesbaden, ab. Von 1997–2012 war er Mitglied im Vorstand des Berufsverbandes Bildender KünstlerInnen, Landesverband Bayern, seit 1988 wirkt er als Juror in Gutachtergremien / Kunst und Bauen mit, u.a. für die Staatlichen Hochbauämter in Ansbach, Aschaffenburg, Bamberg, Bayreuth, Hof, Würzburg.

Impressum

Konzept, Redaktion, Porträttexte
Dr. Oliver van Essenberg

Mitarbeit (Porträttexte der Seiten)
Kerstin Bönisch (170-171)
Barbara Dicker (120-123, 162-165)
Christine Freise-Wonka (214)
Dr. Hubertus Habel (19)
Dr. Birgit Kastner (194-196)
Dr. Barbara Pittner (210-211)

Fotografen
Volker Ehnes (VE)
Uwe Gaasch (UG)
Eva Hagen / ADM Service (EH)
Josef Hagen / ADM Service (JH)
Werner Kohn (WK)
Norbert Lanzloth (NL)
Erich Weiß (EW)

Layout
Stephan Drescher / globaldigital.de

Druck
Westermann Druck Zwickau GmbH

Verlag
selekt
Untere Königstr. 19
96052 Bamberg
Tel. 0951 / 2975923
www.selekt.org
info@selekt.org

Mit freundlicher Unterstützung von

Weitere Bücher der Reihe *Lebensart genießen* sind im Medienfachhandel
und über die Internetseiten des Verlags erhältlich.

www.lebensart-fichtelgebirge.de

Lebensart
genießen

IN UND UM **NÜRNBERG**

selekt³

www.lebensart-nuernberg.de

www.lebensart-wuerzburg.de

www.lebensart-bayreuth.de